中国金融专家专著系列

期货立法基础理论研究

贺绍奇　著

中国财富出版社

图书在版编目（CIP）数据
期货立法基础理论研究/贺绍奇著．—北京：中国财富出版社，2015.8
ISBN 978-7-5047-5839-2

Ⅰ.①期… Ⅱ.①贺… Ⅲ.①期货交易—金融法—立法—研究—中国
Ⅳ.①D922.287.4

中国版本图书馆 CIP 数据核字（2015）第 191679 号

策划编辑 寇俊玲 **责任编辑** 齐惠民 谷秀莉
责任印制 方朋远 **责任校对** 饶莉莉 **责任发行** 敬 东

出版发行 中国财富出版社
社　　址 北京市丰台区南四环西路 188 号 5 区 20 楼 **邮政编码** 100070
电　　话 010-52227568（发行部） 010-52227588 转 307（总编室）
010-68589540（读者服务部） 010-52227588 转 305（质检部）
网　　址 http://www.cfpress.com.cn
经　　销 新华书店
印　　刷 北京京都六环印刷厂
书　　号 ISBN 978-7-5047-5839-2/D·0123
开　　本 710mm×1000mm 1/16 **版　　次** 2015 年 8 月第 1 版
印　　张 18.25 **印　　次** 2015 年 8 月第 1 次印刷
字　　数 347 千字 **定　　价** 68.00 元

序

期货立法已被列入2015年全国人大立法计划的预备项目。对于期货，仍然有诸多基础理论问题需要深入研究。基础理论问题研究透彻了，规则的制定就有了方向，制度设计就具有了更大的合理性基础。

尽管对2007—2008年金融危机爆发的原因众说纷纭，但对于场外衍生交易与危机之间的关系已形成共识，即监管薄弱甚至根本就没有监管的场外衍生交易所产生的巨大金融风险是导致危机发生的一个重要原因。衍生交易代表了虚拟经济，在2007—2008年金融危机爆发前，全球衍生交易规模高达600多万亿美元，是全球GDP的10倍，其中，绝大部分是不受监管或监管非常薄弱的场外交易，因此，有许多人认为，金融危机的发生就是金融创新脱实就虚、过度虚拟化所致。

期货立法主要有两个目的：一是将衍生交易都纳入监管范畴，防止衍生交易风险积聚危及金融安全和金融稳定，给不了解其风险的投资者带来伤害；二是要让衍生交易服务于实体经济，充分发挥其避险和发现价格的功能，防止其脱实就虚，沦落为不负责任的投机和赌博。解决的路径就是尽可能地让衍生交易集中在受到严格监管的交易场所进行交易，以便能够对各市场参与者及市场进行有效监管。这就提出诸多的理论问题：应当把哪些商品交易或金融交易界定为衍生交易？如何把衍生交易与其他商品交易、证券交易或非法赌博区分开来？对风险极大的场外衍生交易，有没有有效的监管方法和手段？如果有，需要把场外衍生交易放到什么样的场所去交易才能够对其实施有效监管？如何防止衍生交易脱实就虚、演变成与实体经济毫无关系的危害极大的赌博？期货市场与现货市场密切相关，如何区分这两个市场，如何防止风险跨市场传染和扩散？如何防止和管控跨市场操纵、内幕交易和其他违法行为?

本书对这些基本理论问题的探讨具有以下几方面的特点。一是在比较研究中，对发达国家理论成果及立法经验不但进行了横向比较，而且对其理论与制度演变的历史进行了详尽的考察，并在此基础上进行了纵向比较。这对于我们深入了解和准确把握这些发达国家的理论成果及立法经验教训很有帮助。二是对发达国家相关立法的比较并不仅仅停留在立法的文本上，而是深入翔实地考察了立法背景、学界和决策者对有关问题理论上的探讨，这有助于我们准确把握有关制度、体制及机制的内在机理。三是国内学界对新加坡、澳大利亚期货法的研究不多，本书对新加坡和澳大利亚的期货立法研究非常系统全面，这不仅拓宽了相关领域的研究范围，也为我国立法和理论研究提供了重要的参考素材。四是作者对期货立法涉及基础理论问题的研究视角和见解也有许多独到之处，这些独到见解对期货立法和期货法的研究都具有理论价值和实践价值。

是为序。

信春鹰

2015 年 6 月 25 日

引　论

期货法已经被列入了全国人大立法规划中，但期货立法诸多基础理论问题却仍然没有讨论清楚。例如，什么是期货？什么是期货交易？目前证券交易所推出的股票期权产品是否属于期货法调整的期货，证券法上的证券衍生品与期货法上的期货合约与期权合约是什么关系？期货与大宗商品市场远期合约是什么关系？期货法是否只调整期货？其他非期货衍生品是否属于期货法的调整范畴？期货交易是否只允许在交易所进行交易？场外衍生交易是否属于期货法的调整范畴？我国是否需要把所有衍生交易都纳入期货法调整范畴？如果纳入，如何纳入统一立法的范畴？如果期货法调整范畴不仅包括期货，还包括其他场内与场外衍生交易，那立法还能称之为“期货法”吗？

笔者认为，基础理论弄明白了，有助于提高立法的质量。

新中国首部期货立法是1999年6月2日国务院发布的《期货交易管理暂行条例》，该条例的调整范围只有商品期货，不包括金融期货。2006年9月，我国首个金融期货交易所设立，推出了首个场内金融期货——沪深300指数期货。为此，国务院对该条例进行了全面修订并重新于2007年3月颁布，名称改为《期货交易管理条例》，取消了名称中“暂行”二字。2012年又进行了一次全面修订，一是为了满足推出新的衍生品和扩大市场参与者的需要；二是为了打击非法期货交易所，加强金融风险管控。

期货交易的杠杆性与虚拟性（期货合约价值虽然是由基础资产决定的，但有的基础资产本身就是虚拟的，现实中根本就不存在与之相对应的现货或市场）决定了期货交易容易被用于投机且容易放大风险，一旦失控，就可能引发动荡，诱发金融风险。规范期货交易，防止滥用和有效管控其风险就是借助法律规范和监管强制期货交易场内化，即期货交易必须集中到受到严格监管的交易所或其他指定的场所进行交易。对于场内交易，发达国家已经摸索出了一套比较完备的法律规范体系、监管方法和手段，但金融创新却一直试图突破场内交易的限制，规避场内交易的监管，出于对金融创新的鼓励与支持，立法与监管不得不不断通过豁免或例外安排为场外衍生交易让路，从而在场外形成了一个更为庞大的衍生市场。因此，在期货交易场内化的同时，研究了场内市场与场外市场的演变与发展，以及场内市场的内在含义。第 10 章《交易所去互助化改革及其治理结构》探讨了交易所去互助化趋势及去互助化后给交易所及市场自律带来的变革。第 11 章《衍生交易场内化——以美国衍生市场监管历史为例》则以叙事的方式论述了美国衍生交易场内化与场外化交替演变的历史过程及内在逻辑，分析和探讨了 2008 年金融危机后对场外衍生品的监管改革理念及内在逻辑。

本书第四板块是专题性的比较研究，共 3 章。第 12 章《错误销售及投资者适当性制度研究》对衍生交易中保护投资者的重要手段——投资者适当性制度进行了比较研究，并对我国投资者适当性制度完善提出了建议。第 13 章《新加坡与美国场外非法期货交易法律规制比较》则对美国、新加坡打击场外非法期货交易立法及监管对策做了比较研究，分析和论述了可资借鉴的经验与教训。第 14 章《两种立法体例下证券现货与期货市场交易监管与立法的协调》则比较了证券与期货统一立法、统一监管与证券与期货分开立法、分业监管两种体例下的监管与立法的协调。

本书认为，期货立法必须要置于多层次商品市场法律体系和多层次资本市场法律体系下进行整体构思与设计，应把期货市场（衍生市场）看成多层次商品（实物商品）市场和多层次资本市场中的一个层次，明确其功能定位，准确识别可能导致其功能偏离的各种风险，找到正确的应对解决方案，确保其功能得到正常、有效发挥。这就要求期货立法与监管与大宗商品市场、证券市场、场内衍生市场与场外衍生市场立法与监管协调统一。而要做到协调统一，就必须要准确定义、明晰现货与期货、场内与场外、衍生与非衍生的边界，以便能够采取合适的监管、防范的手段，采用适当的监管标准。而金融创新与商业创新所带来的产品与交易的复合化、结构化与复杂化的特征决定了单纯依靠外在特征或功能特征都无法准确对产品与交易定性，必须结合外在特征和功能特征进行综合分析，而这就为立法带来了很多技术上的难题，也给监管执法带来了诸多的不确定性，这正是期货立法与监管执法非同寻常的地方。这就要求期货立法必须在定义和监管上保持足够的灵活性和弹性，对金融创新具有很强包容性，但同时又能有效防止金融创新可能带来的监管套利和对现行法律规范及监管的破坏性冲击。在这方面，本书花了非常大的篇幅比较了发达国家的立法经验与做法，分析和论证了可资借鉴的经验与教训。

作者

2015 年 6 月

目　录

第一部分　调整范围

第二部分　相邻市场立法与监管协调

第三部分　期货市场

第四部分　国际比较研究

第一部分

调整范围

1　期货市场的边界及期货法的调整范围

我国期货立法首要解决的一个问题就是期货市场的边界如何界定，而期货市场边界的界定涉及期货交易概念的界定，以及在实际监管执法中期货交易如何认定的问题。要界定清楚期货交易的概念，明晰期货交易的认定标准，就必须厘清期货交易与远期交易、期货交易与证券交易、场内期货交易与场外期货交易之间的区别与联系。

1.1　厘清期货市场边界的法律意义

从衍生市场发展的历史角度来分析，期货首先出现在商品交易市场，它经历了商品现货批发市场、商品远期市场到商品期货市场的演变过程。随着期货基础产品范围的不断扩大，期货市场又经历了从有形商品期货到无形商品期货的演变过程，即期货基础资产逐步从农产品发展到大宗原材料、贵金属，并进一步扩大到证券、货币、利率、汇率以及各种商品篮子与指数等无形资产，即金融商品。与此同时，产品创新与市场创新进一步模糊了期货交易与场外远期交易、期货交易与证券交易之间的界限，从而不断给打击非法期货交易与其他非法的场外衍生交易带来新的挑战。

期货交易认定本质是要明晰期货市场边界，准确适用法律和确定监管管辖，其目的是让所有期货交易都能够得到有效和适当的监管，一方面是消除存在于监管空隙的灰色市场，即逃避场内交易监管的场外的变相期货交易与游离于证券市场与期货市场边界进行监管套利的金融衍生交易；另一方面是要取缔存在于“黑色市场”即地下市场的非法期货交易。变相期货交易主要是为了规避场内交易和监管，而证券交易与期货交易的区分则主要是为了解决产品与市场交叉与重叠所带来的监管重叠与冲突。

立法通常要求期货合约和期权合约交易必须在受到严格监管的场内进行交易，为防止规避场内监管，立法上对于期货合约通常都是采取比较宽泛的定义或解释，同时，为防止过分宽泛定义或解释不当地侵蚀场外远期市场和已经置于其他法律体系调整和监管的证券市场和其他场外市场，立法上通常又采取豁免或排除的规定，将远期合约、证券合约及结构性产品、其他兼具远期合约与期货合约特征的商品交易排除在外，这就为规避场内监管、进行监管套利变相期货交易提供了空间。因此，变相期货交易本质上是为逃避场内监管而以豁免或排除的远期交易、证券交易或结构性产品以及其他场外衍生交易等形式而进行的非法场外期货交易。

就现行立法技术发展以及理论研究所取得的成就而言，确定期货交易的认定标准主要有 3 个路径可供选择：一是形式意义上的方法；二是功能意义上的方法，或实质意义上的方法；三是形式意义与实质意义相结合的方法。形式意义上的方法就是以期货交易的技术特征和法律特征作为认定标准，如标准化合约、对冲平仓（取代基础商品的实际）、保证金交易、逐日盯市、中央对手方清算等。实质意义上的认定标准则是以合约的功能，即交易的目的作为认定标准，即期货合约的功能是转移风险或投机，交易的标的实际上是合约，而非合约基础商品；而远期合约功能是转移基础商品的权属，交易目的是满足商业上的供求。形式意义与实质意义上相结合的方法则是兼顾合约特征、功能及交易目的总体情况来进行判断与认定。

随着商品交易的金融化①，期货合约、远期合约与证券合约之间的界限不但在形式上日渐模糊，而且在其功能上也有趋同的趋势。采用传统形式意义上的认定标准或实质意义上的认定标准以及同时将两套标准结合起来使用，都难以准确将它们区分开，也无法有效遏制各种变相期货交易的泛滥。在此种情况下，有些国家选择统一立法、统一监管的方法来解决所有的这些问题，即统一期货交易与远期交易、证券交易与期货交易的监管，消除场内期货交易与场外商品衍生交易之间的监管差异，以便从根本上消除投机者利用场外变相期货交易规避监管、进行监管套利的激励，达到根除违法场外期货交易的目的。

1.2 多层次商品市场体系下的期货市场与中远期市场

为厘清期货交易、远期交易、证券交易、场外交易与场内交易的关系，

① 简单地说，金融投资者对商品进行投资，就被称为商品金融化。John Baffes，TassosHaniotis，Placing the 2006/08 Commodity Price Boom into Perspective，July 2010。也有学者从商品市场与金融市场之间关系的角度来定义商品金融化。金融化是指金融动机、金融市场、金融参与者、金融机构在国际与国内经济运行中的作用不断扩大，在商品市场中作用日渐突出。投资者在商品衍生市场投资日益增多引发了我们称之为商品市场“金融化”的过程。金融化的结果是商品市场与金融市场关系更加密切。MichałFalkowski，Financialization of Commodities，http：//ssrn.com/abstract=2168172（2011）。

有必要把期货交易认定及法律规范放到多层次商品市场体系和多层次资本市场体系框架内去分析，即把商品交易市场看成一个由即期现货市场、中远期市场和期货市场（也即场外市场与场内市场）构成的多层次体系，把资本市场看作一个由现货市场、期货市场及场内与场外市场构成的多层次体系，见图1-1。

图1-1 多层次商品市场体系

多层次商品市场体系比较见表1-1。

表1-1 多层次商品市场比较

	大宗商品批发市场	大宗商品中远期市场	商品期货市场
功能	流通、价格发现	流通、价格发现、风险管理	价格发现、风险管理、投资
市场参与者	与商品有关的生产商、加工制造商、零售批发商	大的商业终端用户	商业终端用户、银行和金融机构
交易特点	有实体交易场所；交易是个性化一对一谈判达成；强制性以实物商品进行交割；即期交易	目前普遍采取电子交易系统；交易方式有多种，有集中竞价，电脑撮合的，也有通过私下谈判，通过电子交易系统成交的；合约可能标准化，也可能是个性化一对一谈判达成的；通常采取杠杆交易（保证金交易）；商品延期交付；实物交付进行交割，也有通过相反交易进行抵销，或通过其他方式对冲进行对冲平仓的	集中场内交易；集中中央清算；合约高度标准化；保证金交易并逐日盯市；交易交割通常采取对冲平仓方式

续 表

	大宗商品批发市场	大宗商品中远期市场	商品期货市场
监管重心	主要是防范市场垄断、欺诈，因金融化程度不高，无过度投机之虞，监管主要是维护市场公平竞争和保护消费者	主要是防范市场操纵与欺诈，因为采用杠杆交易，金融化程度比较高，比较容易导致过度投机，相对方信用风险具有传染性，可能诱发区域性或行业性系统性风险	主要是防范内幕交易、市场操纵、欺诈，金融化程度非常高，采用集中交易和高杠杆交易，流动性比较强，但也便于投机，过度投机导致风险积聚，存在引发系统性风险的隐忧

笔者认为：①大宗商品多层次市场体系是服务于实体经济要素流通、价格发现、风险管理等不同功能要求的一个完整的市场体系，它主要由大宗商品现货批发市场、中远期市场和期货市场构成。②不同层级市场因功能定位不同，对金融化（虚拟化）包容的程度也就不同；金融化程度越高，市场就越容易滋生投机、欺诈与操纵，金融风险就越容易积聚，对法律规范和监管标准的要求也就越高，不同层级市场法律规范与监管上既有趋同部分，又需要有差异化的安排，宽严必须适度。③法律对市场滥用规制主要有两个路径，一是对过度金融化（虚拟化）进行控制；二是审慎监管与行为规范（conduct of business）。金融化控制手段包括对合约标准化、现金对冲平仓、集中交易、杠杆（保证金）交易进行大额交易报告、大额头寸控制以及市场交易头寸总额控制等手段。审慎监管与行为规范主要是对市场运营者（交易所）、清算机构、交易商的金融风险进行管控，禁止欺诈、操纵、内幕交易。④中远期市场是实体经济风险与虚拟经济风险相互传染的通道，中远期市场的规范与监管是阻断彼此风险传染的关键环节。通常，在中远期市场持有中远期头寸的生产商、经销商会通过期货市场的相反交易来对冲这些头寸的风险，而其在期货市场交易对手方通常就是各类金融中介机构和机构投资者，所以，通过期货市场与中远期市场，实体经济与虚拟经济的风险就可以实现跨行业传导，导致风险相互传染，中远期市场就成为切断相互传染的一个关键的环节。⑤为防止中远期市场成为实体经济与虚拟经济之间的风险传染通道并有效隔阻，法律制度设计与监管上就必须要确保中远期市场异化为投资盛行的虚拟化的期货市场。因此，要求

实物交割、限制通过现金结算（cash settlement）冲销取代买卖商品的实际交付（physcial settlement）就成为中远期市场监管所坚持的政策底线。⑥要防止监管上和法律规范上不对称导致的监管套利，就必须让中远期市场法律规范与期货市场法律规范监管相互衔接、协调统一。

从发达国家的经验来看，在路径选择上，多层次商品市场的法律规范与监管归结起来主要有两种模式，一是以新加坡为代表的统一立法与统一监管模式（以下简称新加坡模式），二是以美国为代表的统分结合、分头监管的模式（以下简称美国模式）。新加坡统一立法与统一监管就是将商品期货交易、远期交易与现货交易等所有商品合约交易都纳入《商品交易法》进行调整，由单一监管机构统一监管。而美国联邦《商品交易法》实际上是一部调整多层次商品市场体系的统一立法，不过在该立法中，尽管它通过豁免或排除的方式豁免远期交易，但此类豁免只限于场内监管的豁免，《商品交易法》禁止操纵和欺诈的规则仍然适用于豁免的交易。实质上，对于场内期货交易和场外远期交易分别采取了直接监管和间接监管的方法。与此同时，对于豁免的能源市场，美国又通过专门调整该行业的立法对电力、燃气、石油等商品市场交易（包括现货交易和豁免的商品衍生交易）进行规范，并授权能源监管委员会、联邦贸易委员会负责这些立法实施，这样，能源市场实际上同时受到行业主管部门和期货交易委员会的多头监管。

新加坡模式通过统一立法、统一监管消除了远期市场与期货市场监管套利空间，从而从根本上消除了变相期货交易滋生的土壤。这种解决办法干脆利落，但可能的缺陷是忽视了各层次市场功能上的差异和特点，对创新可能产生抑制作用。美国模式需要在各层次市场边界区分上建立一套识别认定标准，以便能够准确对多层次商品市场中远期交易与期货交易加以严格区分，防止在期货市场与远期市场边界形成一个逃避监管的灰色期货市场。这可以充分照顾到不同层次市场的差异与特点，但由于理论上和立法技术上难以为期货交易认定提供一个精准且极富包容性的标准，因此，监管机构和法院在具体个案裁决中无法保持连贯性和一致性，产生诸多法律上的不确定性，从而为变相期货交易的滋生提供了便利。

1.3 多层次资本市场下的期货市场与证券市场

证券市场与期货市场原本是两个不相干的市场，各国对证券市场与期货市场采取分别立法和分别监管体制，但随着20世纪70年代、80年代金融期货的出现，有两类金融创新改变了这一格局：一是传统证券嵌入期货形成了结构性证券（或被称为混血工具或结构性产品）；二是越来越多的证券产品作为期货基础商品形成了各种证券期货产品。这就导致证券市场与期货市场越来越多地相互交叉和融合，导致了法律适用和监管管辖上的冲突。

证券期货市场是多层次资本市场的延伸和发展，证券期货市场与传统证券市场（证券现货市场）形成一个多层次资本市场体系（见图1－2、表1－2）。但证券期货市场与证券现货市场的交叉与融合导致了法律适用与监管管辖上的冲突。在解决此类冲突的路径选择上，主要有以下几种模式。

图1－2　多层次资本市场体系

表1－2　证券期货市场与传统证券市场

	证券期货市场	传统证券市场			
		一级市场	二级市场	场外市场（私募）	场内市场（公募）
功能定位	价格发现、风险管理	融资	流动性	满足创业、成长型企业融资和合格投资者投资需求	满足成熟阶段企业融资和公众投资者的投资需求

1.3.1　新加坡模式

新加坡模式的主要特点与多层次商品市场模式类似，在传统商品期货与金融期货分业经营与分别监管的体制基础上，对证券与金融期货采取统一立法和统一监管，颁布了《证券与期货法》，并由金管局统一负责该法的实施，负责证券市场和金融期货市场的监管。

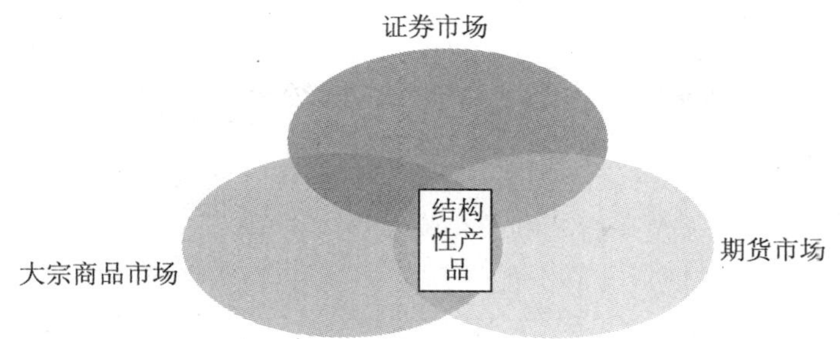

图 1-3 多层次商品市场体系与多层次资本市场体系

1.3.2 美国模式

美国模式的显著特点就是对衍生市场采取统一立法和统一监管，对证券与期货则采取分业经营与分业监管的体制，通过建立协调机制协调由证券期货和结构性产品引起的管辖冲突。

1.3.3 澳大利亚模式

澳大利亚模式的特点是对证券与衍生品实行统一立法和统一监管模式。2001 年《公司法》在金融产品划分上采取了二分法，即将金融产品分为证券与衍生品，用更为宽泛的“衍生品”的概念取代了原来“期货合约”的概念，衍生品包括商品类衍生品和金融类衍生品，也包括场内交易的期货和场外交易的柜台衍生品。对衍生品与证券的监管，不但在管辖上实现了统一，而且在监管标准上也基本实现了统一。同时，该法还明确规定，证券与衍生品如在定性上产生竞合，则证券定义优先适用。

值得关注的是，新加坡最新立法修订将《商品交易法》所有商品衍生交易都转移到《证券与期货法》，由金融局负责统一监管，并用“衍生品”概念取代了现行《证券与期货法》的“期货合约”的概念。衍生品的定义涵盖无形商品和有形商品为基础资产的所有期货、远期、期权与互换。

1.4 我国期货立法的解决方案

1.4.1 现行立法关于期货交易认定标准的规定

我国大宗商品交易市场发展始终受到“变相期货”问题的困扰。“十五”经济发展规划明确提出要大力发展大宗商品交易后，以广西白糖、海南橡胶、吉林淀粉批发市场为代表的全国性、网络化、规范化的大宗商品电子交易市场相继成立，国家质检总局在2002年制定了《大宗商品电子交易规范》（GB/T 18769—2002）。《大宗商品电子交易规范》采用当日无负债的结算、保证金等场内期货交易市场采用的交易制度。“准期货痕迹”使其受到抨击。国家质检总局2003年出台的《大宗商品电子交易规范》（GB/T 18769—2003）明确了大宗商品电子交易“现货交易”的性质，并删除了某些交易制度的表述，尽可能划清了与期货交易的界限。但由于缺乏有效监管，实践中，大宗商品电子交易中许多中远期合约交易实际上都演变成了变相赌博或变相期货交易，市场操纵和欺诈等恶性案件频繁发生。

自2006年开始，打击变相期货交易就成为我国整顿、规范市场秩序的一项重要内容。2006年国务院办公厅在《关于印发2006年全国整顿和规范市场秩序工作要点的通知》（国办发〔2006〕21号）就提出要“取缔地下钱庄和变相期货市场”。国务院2007年颁布的《期货交易管理条例》（以下简称《条例》）提出了一个“变相期货交易”的概念。《条例》第89条对“变相期货交易”作了如下定义，即变相期货交易是指采用以下交易机制或者具备以下交易机制特征之一的交易：①为参与集中交易的所有买方和卖方提供履约担保的；②实行当日无负债结算制度和保证金制度，同时保证金收取比例低于合约（或者合同）标的额20%的。2007年4月13日商务部《关于大宗商品交易市场限期整改有关问题的通知》规定凡未经证监会批准而采用集中交易方式进行标准化交易的机构或市场应当对照《期货交易管理条例》第89条规定进行检查。商务部在对大宗商品交易市场进行整顿的同时，试图为该市场发展制定出明确的行业规范，在2008年3月27日发布了《大宗商品电子交易规范》（征求意见稿），征求公众意见。2009年中央开始对大宗商品电子交易市场进行清理整顿，但效果并不理想。2010年2月，商务部、公安部、工商总局、法制办、银监会和证监会六部委下发了《中远期交易市场整顿规范意见》，六部委试图联合监管执法，协调查处变相期货交易的问题，但其实效仍然不理想，未能有效遏制变相期货交易的泛滥。

鉴于2007年《期货交易管理条例》关于变相期货交易认定标准存在严重缺陷，2011年的清理整顿实际上是中止了相关规定的实施，采用了38号文及配套文件规定的政策标准而非法律标准作为认定变相期货交易的依据，负责清理整顿领导工作的也由证监会牵头、各部委参加的联席会议取代了法律上规定的监管机构，联席会议一个重要的职能就是对违法证券期货交易活动性质进行认定。《国务院关于清理整顿各类交易场所切实防范金融风险的决定》

(国发〔2011〕38号)笼统地列举了认定各种变相金融交易的标准，如买入或卖出时间价格(买卖同一交易品种间隔不少于5个交易日)、集中竞价等。

2012年修订后的《条例》删除了有关“变相期货交易”的规定，而在修订后的《条例》中第2条增加了关于期货交易的定义。很显然，国务院认为，要解决变相期货交易认定的问题，首先就必须解决期货交易的定义问题，必须对什么是期货交易作出明确规定，才能够为变相期货交易的认定建立一套适当的标准。它规定：期货交易“是指采用公开的集中交易方式或者国务院期货监督管理机构批准的其他方式进行的以期货合约或者期权合约为交易标的的交易活动”。《条例》紧接着将期货合约定义为“期货交易场所统一制定的、规定在将来某一特定的时间和地点交割一定数量标的物的标准化合约”。期货合约包括商品期货合约和金融期货合约及其他期货合约。《条例》将期权合约定义为“期货交易场所统一制定的、规定买方有权在将来某一时间以特定价格买入或者卖出约定标的物(包括期货合约)的标准化合约”。修订后的《条例》第6条第2款规定：“未经国务院批准或者国务院期货监督管理机构批准，任何单位或者个人不得设立期货交易场所或者以任何形式组织期货交易及其相关活动。”结合上述规定，可以推导出，尽管取消了“变相期货交易”的规定，但修订后的《条例》实际上是扩大了“变相期货交易”的外延，即所有在未经国务院批准或者国务院监督管理机构批准的期货交易所场所以任何形式组织的期货交易及相关活动都属于“变相期货交易”。

1.4.2 监管执法和司法实践中关于期货交易的认定标准

监管执法采用的期货交易认定标准见表1-3。

表1-3 监管执法采用的期货交易认定标准

时间	认定标准
2010年商务部、证监会等六部委《中远期交易市场整顿规范意见》6条禁令	(1)交易客体：标准化合约。(2)交易机制：保证金交易。(3)交易渠道：通过代理人交易。(4)参与者：自然人和无行业背景的企业入市交易
2011年38号文、2012年37号文	(1)交易标的：标准化合约。(2)交易方式：电子化集中交易。(3)交易目的：允许对冲平仓而不是实物交付。(4)交易场所：集中竞价、电子撮合、匿名交易的场所

续 表

时间	认定标准
司法裁判	(1) 法律与技术特征。2007 年《期货交易管理条例》89 条规定的认定标准。 (2) 交易目的。是转移风险，还是转移交易标的物的权属。目的测试主要看交易方是否是为了对冲合约获得风险利润

说明：(1) 38 号文是指《国务院关于清理整顿各类交易场所切实防范金融风险的决定》(国发〔2011〕38 号)，37 号文是指《国务院办公厅关于清理整顿各类交易场所的实施意见》(国办发〔2012〕37 号)(以下简称《实施意见》)。(2)《实施意见》明确指出“大宗商品中远期交易”“是指以大宗商品的标准化合约为交易对象，采用电子化集中交易方式，允许交易者以对冲平仓方式了结交易而不以实物交收为目的或不必交割实物的标准化合约交易”。这实际上是把“集中交易”“标准化”“平仓对冲”作为认定期货交易的 3 个标准。(3) 标准化的认定标准。《实施意见》把“标准化合约”分为两种情形：一种是由交易场所统一制定，除价格外其他条款固定，规定在将来某一时间和地点交割一定数量标的物的合约；另一种是由交易场所统一制定，规定买方有权在将来某一时间以特定价格买入或者卖出约定标的物的合约。(4) 司法实践，法院在司法实践中提出目的测试认定方法，在目的测试上借鉴了美国多因素法（总体情形法）的认定标准，以修正 2007 年《期货交易管理条例》第 89 条关于“变相期货交易”概念提出的认定标准的不足。①

---

① 笔者找到上海一个法院 2010 年审结有关非法黄金期货交易的案件。在这个案件中，法院适用了 2007 年《期货交易管理条例》第 89 条关于变相期货交易的规定，认定被告从事变相期货交易，构成非法经营罪。该案历时两年，在 2009 年经过两审后，发回重审，重审经历两审终结。在认定变相期货交易时，法院不但审查交易法律与技术特征，而且审查交易的目的是从市场价格波动中获得风险利润，还是获得黄金实物所有权。在该案审理过程中，也有人认为，《期货交易管理条例》第 89 条规定变相期货的认定权属于监管机构，而上海法院认为，《宪法》第 126 条规定，人民法院依法独立行使审判权，不受行政机关、社会团体和个人的干涉，案件定性是一个法律适用的过程，是审判权的重要内容，要求行政主管部门对个别案件的定性意见作为定案前提的做法违背了上述宪法原则。案件的主审法院还提出，认定变相交易不但要审查交易行为特征是否符合《期货交易管理条例》规定的变相期货交易的行为特征，而且要综合全案证据及事实，判断交易目的是否是对冲合约获取风险利润。如果交易的合约到期，应当被依法、全面、适当履行，当事人不能擅自变更或解除，并且交易不具备变相期货交易的特征或特征不明显的，则是现货交易。

于书生．非法代理境外黄金合约买卖与变相期货交易的认定［J］．人民司法，2011 (8)：19.

不过值得注意的是，上述案件只是个案，并不能反映大多数法院的立场。实际上，一些法院在适用 2007 年《期货交易管理条例》有关变相期货交易的规定时，就坚持认为，对于是否属于变相期货交易的认定，只有证监会才有此权力，法院无权或也无能力作出认定。2006 年，浙江嘉兴市大江南丝绸有限公司作为原告起诉中国茧丝绸交易市场和嘉兴中国茧丝绸市场交易结算有限责任公司，指控其非法组织蚕丝变相期货交易，并通过串通交易、操纵交易价格等行为侵占客户保证金。在相关争议中，法院拒绝对涉案交易是否是变相期货交易作出司法认定，理由是“认定变相期货须经中国证监会调查”。大江南公司提出，2005 年 2 月期间，原告持有 2005 年 3 月干茧合约 420 手，经结算公司撮合，与某会员协议平仓 200 手，之后原告实际交割了 241 手，但被告——交易市场按其自行制定的有关规则，在原告未违约情况下，于同年 4 月 7 日和 4 月 26 日向原告扣收了违约罚金 796.5 万元和 11.9 万元。2005 年 11 月，被告串通个别会员无交易保证金下达成交指令并成交合约，被告突然多次违规变更交易规则，将交易保证金比例从 5%提高到 20%至 40%，并据此将原告的在手合约全部强行平仓，将原告的交易保证金全部扣收，导致原告巨额经济损失。原告经调查后发现，被告结算公司只有对企业间现货交易进行结算和担保的经营资格，没有期货交易结算资格。被告违反了我国《期货交易管理条例》的禁止性规定和现行的《大宗商品电子交易规范》，已造成对原告的民事侵权。

1.4.3 存在的主要问题

1. 立法形式意义上的定义无法为变相期货交易的认定提供一个准确的标准

现行立法在期货交易定义上采用形式意义上的定义方法，把期货合约和交易的外在特征作为认定标准。从 2007 年、2012 年关于“期货合约”“期货交易”“变相期货交易”“非法期货交易”的定义，可以看出我国“期货交易”的定义采取了形式意义上的定义方法，把以下几个特征作为认定期货交易的标准：①标准化合约（交易客体）；②中央清算；③实行保证金和当时无负债交易机制（交易制度）；④场内交易，即在集中交易市场或国务院或监管机构批准的其他交易场所进行交易。

现行立法关于期货交易的认定标准见表 1－4。

表 1－4　现行立法关于期货交易的认定标准

	2007 年	2012 年
期货交易	无	2 条 2 款：采用公开的集中交易方式或者国务院期货监督管理机构批准的其他方式进行的以期货合约或者期权合约为交易标的的交易活动
期货合约	85 条（一）：是指由期货交易所统一制定的、规定在将来某一特定的时间和地点交割一定数量标的物的标准化合约。根据合约标的物的不同，期货合约分为商品期货合约和金融期货合约。商品期货合约的标的物包括农产品、工业品、能源和其他商品及其相关指数产品；金融期货合约的标的物包括有价证券、利率、汇率等金融产品及其相关指数产品	2 条 3 款：期货合约是指期货交易场所统一制定的、规定在将来某一特定的时间和地点交割一定数量标的物的标准化合约。期货合约包括商品期货合约和金融期货合约及其他期货合约。 82 条 1 款 1 项：商品期货合约，是指以农产品、工业品、能源和其他商品及其相关指数产品为标的物的期货合约。 82 条 1 款 2 项：金融期货合约，是指以有价证券、利率、汇率等金融产品及其相关指数产品为标的物的期货合约

续　表

	2007 年	2012 年
交易场所	4 条：期货交易应当在依法设立的期货交易所或者国务院期货监督管理机构批准的其他交易场所进行。禁止在国务院监督管理机构批准的期货交易场所之外进行期货交易，禁止变相期货交易。 6 条：设立期货交易所，由国务院期货监督机构审批。未经国务院期货监督管理机构批准，任何单位或个人不得设立期货交易所或以任何形式组织期货交易及其相关活动	4 条：期货交易应当在期货交易所、国务院批准或国务院期货监督管理机构批准的其他期货交易场所进行。禁止在前款规定的期货交易场所之外进行期货交易。 6 条：设立期货交易所，由国务院期货监督机构审批。未经国务院批准或者国务院期货监督管理机构批准，任何单位或者个人不得设立期货交易场所或者以任何形式组织期货交易及其相关活动
变相期货交易	89 条：任何机构或者市场，未经国务院期货监督管理机构批准，采用集中交易方式进行标准化合约交易，同时采用以下交易机制或者具备以下交易机制特征之一的，为变相期货交易：①为参与集中交易的所有买方和卖方提供履约担保的；②实行当日无负债结算制度和保证金制度，同时保证金收取比例低于合约（或者合同）标的额 20％的	无。新修订的 75 条取代了原来的 78 条。以“非法设立期货交易场所或者其他形式组织期货交易活动”取代了原来“非法设立或者变相设立期货交易所”，“擅自从事期货业务，或者组织变相期货交易活动”
监管	第 5 条：国务院期货监督管理机构对期货市场实行集中统一的监督管理	第 5 条：国务院期货监督管理机构对期货市场实行集中统一的监督管理
期货交易认定标准	1. 交易客体——标准化的将来交付义务合约：（1）标准化合约；（2）将来交付。 2. 交易方式：集中化交易。 3. 交易机制：（1）中央清算；（2）保证金和当日无负债。 4. 交易场所。交易所或监管机构批准的其他交易场所	1. 交易客体——标准化的将来交付义务合约：（1）标准化合约；（2）将来交付。 2. 交易方式：公开集中化交易或监管机构批准的其他形式。 3. 交易场所：期货交易所、国务院或期货监管机构批准的其他交易场所

如果以上述4个特征作为变相期货交易的认定标准，则会产生以下两个方面的问题。一是让大量变相期货交易逃脱法律制裁。如果将上述4个特征作为构成变相场外期货交易的必要要件，也就是说场外商品合约交易必须要同时满足上述4个特征，才能认定为变相期货交易，欠缺任何一个特征都不构成变相期货交易，这可能让大量变相期货交易逃离打击。二是如果上述4个特征中的任何一个特征都是构成变相期货交易的充分必要条件，即场外商品合约交易只要满足上述4个特征中的任何一个特征就可认定为变相期货交易，则变相期货交易打击的范围就太过宽泛。

2. 监管执法和司法实践对立法上的概念阐释还不够深入，未能提出可操作的具体认定标准

尽管我国监管执法和司法实践丰富和发展了立法上关于期货交易的认定标准，尤其是法院提出的目的测试、整个情形分析的认定标准，但其缺陷仍然十分明显。

（1）标准化的定义及认定标准含糊不清。

（2）作为目的测试的一个重要要件，对冲平仓的认定标准没有阐释清楚，缺乏明确区分的认定标准。

（3）缺乏集中化交易的定义。现行立法没有对“集中交易方式”“国务院期货监管机构规定其他交易方式”做出解释，监管执法和司法实践也没有对此作出明确阐释或认定的标准。

（4）交易场所。交易场所是区分期货交易与其他非期货交易，如远期交易、证券交易、柜台衍生品交易的一个重要因素。2012年《期货交易管理条例》关于期货交易的定义中，规定了期货交易必须在期货交易所和期货监管机构批准的交易场所进行交易，但它并没有对“交易所”和“其他交易场所”加以定义或做出解释，当然就没有一个明确的认定标准。这就无法为区分合法场内期货交易、合法柜台衍生品交易与非法变相期货交易提供一个明确的判断标准。

1.4.4　立法建议

1. 期货交易的定义

立法上关于期货交易的定义实际上涉及好几个概念的定义：一是期货合约的定义；二是期货市场的定义；三是关于商品的定义。期货交易的定义可以通过这3个概念的定义加以明确，而无须单独对期货交易下定义。

我国将来的期货立法可以对这3个概念加以定义，不再单独对期货交易下定义。期货合约的定义除应将期货“将来债务”“价值性”的特征、“合约

标准化”和合约与期货市场的关系阐述清楚外，更重要的是应该将交易的目的（交易的功能），即避险作为期货合约的构成要件。目前《期货交易管理暂行条例》的定义遗漏了这一重要特征，可以将其修改为：“期货合约，是指根据期货交易所或期货交易市场统一规定的、规定在将来某一特定时间和地点交割一定数量商品并允许在合约到期时按照期货市场交易规则或惯例通过对冲平仓方式取代实际交付的标准化合约。”

对于期货市场的定义，则可借鉴新加坡的立法，将期货市场定义为：“能够接受多边买卖期货合约的报价并按照事先确定的程序和交易规则自动对报价进行撮合和匹配的场所或设施（包括电子交易设施）。但不包括下列设施或场所：①只为一个人使用的进行买卖报价或接受买卖报价的；②当事方能够对合约重要条款（除价格外）进行谈判，合约重要条款（除价格外）不是由该场所或设施事先根据交易规则或惯例拟定好的。”

对于“商品”，则可定义为：“任何可以作为期货合约标的物的资产、比率（包括利率和汇率）、权利与权益。”

2. 立法上区分期货交易与远期交易、证券交易、场外交易的解决方案

（1）对于期货交易与远期交易、场外期货交易及变相期货交易的认定

立法上可以授权期货监管机构将某些商品合约交易纳入期货交易的范畴或排除在外。如可以在期货合约的定义后紧接着加一个限定条款，规定：“期货监管机构可以通过制定规章，将符合上一款规定的合约排除，或将不在上款规定范畴内的合约认定为本法意义上的期货合约。”

这样，立法上仍可维持形式意义上的定义方法，但同时也允许期货监管机构在实际监管执法中，在期货交易、远期交易与变相期货交易的认定标准上，采取实质意义上与形式意义上相结合的认定标准。从形式意义上来说，主要审查合约是否具备标准化和场内交易的法律特征（即是否采取了具有场内交易典型特征的交易机制，如集中交易、保证金交易、中央对手方清算、平仓对冲等）。从实质意义上来说，除了审查合约是否具备标准化和场内交易特征外，还要结合当事人的身份、地位以及履行实际交付或接受实际交付的能力与意图分析当事人交易的目的，以此做出更为准确的认定。就目的认定而言，除上述合约标准化和场内交易特征外，还可借鉴国外普遍采用的以下目的测试标准：①当事人是否具有交付或接受交付的能力；②是否具有实际需要对冲的风险；③合约约定是否具有交付或接受交付的意图。

（2）证券与期货交易的区分

在证券与期货的区分上，可以有两种选择。①如果是将来允许证券交易所与期货交易所交叉上市证券期货产品，则可以在《证券法》第 2 条第 3 款

后增加一款，即在“证券衍生品发行、交易的管理办法，由国务院依照本法原则的规定”后增加一款，规定“不包括在期货市场上市的期货合约”。②如果仍然沿袭目前市场分开、立法分开与分别监管的体制，则可以在《证券法》第2条第3款后增加一款规定“上款规定的证券衍生品，不包括期货合约”。

（3）监管协调机制的建立与健全

在监管执法协调机制建立健全上，可在2011年清理整顿基础上让期货监管机构作为牵头方，建立健全协调机制，建立和完善、明晰期货交易、远期交易、证券交易、场内交易与场外交易的认定标准，建立健全协调监管机制。

3. 期货交易的法律规范

期货交易与远期交易、证券交易、场内与场外的区分本质上要解决它们之间法律适用与监管协调的问题，在这方面，应坚持一个基本原则，即功能相近的产品也应该在法律适用和监管上采取统一的标准，这样才能消除监管套利。

（1）在现有体制下，在法律适用与监管上，明确期货交易或场内交易优先原则。①期货交易、远期交易与证券交易发生重叠与交叉时期货交易优先。所谓期货交易优先，就是该交易应优先作为期货交易来监管。②场内与场外发生交叉和重叠时，场内交易优先。场内交易优先是指凡适合场内交易的适格衍生品，应要求必须进场交易，不能在场外进行。在场外与场内衍生品区分及管辖划分上，可以采取凡是适合场内交易的足够标准化和具有足够流动性（主要依据交易量、价格发现功能）的适格衍生品（无论是期货还是互换等柜台衍生产品），都必须在组织化交易平台交易的制度。所有组织化交易平台都应纳入统一立法和统一监管的体制下。

（2）明确交易所或其他负责场内交易执行的交易设施的概念与外延，逐步实现组织化交易平台法律与监管上的协调统一，开放组织化交易平台在产品上的交叉上市，活跃市场竞争，促进金融创新。

（3）从长远来看，建立健全多层次商品交易市场和多层次资本市场法律体系和监管，确保其协调统一才能最有效解决期货交易、远期交易、证券交易、场内与场外交易之间因监管差异所导致的各种监管套利问题。无论我国今后是选择美国模式，还是选择新加坡或澳大利亚模式，期货立法、金融衍生立法、商品交易立法、证券立法都必须有整体构思、整体设计，在监管执法上应该有完善的、运转高效的协调机制。

2 《期货法》调整范围国际比较研究

《期货法》调整范围可以从3个层面来界定：一是其调整产品的范畴，即到底哪些衍生品属于《期货法》调整的范畴，哪些衍生品不属于《期货法》调整的范畴，是否所有衍生品，包括场内与场外衍生品都纳入统一立法、统一规范的范畴，整合到一部立法；二是调整的交易场所范畴，即哪些交易场所属于《期货法》调整的范畴，是否所有衍生品交易场所，即集中交易市场、柜台市场以及电子交易设施等都属于《期货法》调整范畴；三是调整的市场主体范畴，是否所有的期货业的从业机构、从业者，衍生市场主要参与者都要纳入其调整和规范的范畴。从比较法视角来看，各国立法采用的解决方案均有不同。

2.1 新加坡

新加坡经历了一个从商品现货交易与商品期货交易统一立法、统一监管到金融期货与金融现货统一立法与统一监管，最终走向商品期货与金融期货统一立法、统一监管的演变过程。

2.1.1 金融期货与商品期货分开立法、分业监管的阶段

1. 1986年《期货交易法》

新加坡调整期货交易的第一部立法是1986年的《期货交易法》(*Future Trading Act* 1986)，该法调整范围只限于金融期货，不包括商品期货。该法第2节关于“商品”的定义主要包括两类：①金融工具；②黄金和其他监管当局规定的商品、项目、产品、服务、权力和利益。

2. 1992年《商品期货法》

1992年，新加坡颁布了《商品期货法》(*Commodity Future Act* 1992)，这是新加坡第一部专门调整商品期货的立法。1992年《商品期货法》第2节关于“商品”的定义仅包含橡胶和其他作为商品期货合约基础商品的产品。

当时，新加坡商品交易所上市的商品期货产品主要是橡胶和咖啡期货。[①] 1992年《商品期货法》第3节（1）明确规定，该法不适用于新加坡国际货币交易所及该交易所设立、运营的期货市场以及新加坡金融局根据1985年《期货交易法》批准设立的期货市场。同时，该法第3节（2）也明确规定，《期货交易法》不适用于贸易发展局（the Development Board，商品期货监管机构）批准的商品期货交易所和根据该法进行的商品期货交易。

该法奠定了商品期货与金融期货分别立法与分别监管的体制。

3.2001年《商品交易法》——商品现货与期货统一立法、统一监管体制的形成

（1）调整的产品范畴扩大到除《商品交易法》调整的商品，即金融工具、黄金和石油期货之外的所有商品

1992年《商品期货法》并没有有效地根除场外非法期货交易场所，因为大量非法期货交易都是以商品交易形式来诱骗客户的。为彻底根除场外非法期货交易，2001年《商品期货（修正）法》（*the Commodity Future（Amendment）Act*）将其调整范围扩大到了场外非法期货交易场所，名称也被更改为《商品交易法》，此次修订主要是为了保护非专业投资者，即普通投资者。它还将柜台商品衍生品和现货商品合约纳入了《商品交易法》调整的范畴，其目的是消除监管盲区，将欺诈公众的场外期货交易彻底扫荡出去。不过，其意图并非是要阻碍合法柜台商品衍生交易和商品现货经纪。[②]

新的《商品交易法》将其调整范围扩大到所有商品和所有商品交易。立法将“商品”概念扩大到包括除《期货交易法》调整的“商品”，如金融工具、黄金和石油期货之外的所有商品，包括农产品、商品、工艺品和其他作为商品期货合约、商品远期合约、杠杆商品交易、差价合约（contract made pursuant to trading in differences）和现货商品交易标的的商品，也包括上述商品指数、权利、权益和部长通过政府公告公布认定为商品的其他指数、权利或利益。它要求所有从事各种商品合约交易的企业和个人都必须申领执照，包括与商品期货合约交易、商品远期合约交易、杠杆商品交易、差价交易和现货商品交易相关的经纪和顾问业务等。此外，提供咨询服务、经纪服务，

---

① http://www.iesingapore.gov.sg/wps/portal/WCMPreview?WCM_GLOBAL_CONTEXT=/wps/wcm/connect/ie/My+Portal/Main/Others/Commodity+Trading+Act/Commodity+Trading+Act.

② “Commodity Futures and Certain Types of Commodity Trading”，http://www.mti.gov.sg/legislation/Pages/Commodity%20Futures%20and%20Certain%20Types%20of%20Commodity%20Trading.aspx.

从事商品远期合约交易、差价合约交易、杠杆交易、现货交易集合管理服务的也都必须申领执照。

（2）扩大了“交易场所”的范畴，调整的范畴由传统有形的交易所扩大到无形的电子市场

《商品交易法》也扩大了交易场所的范围，将电子市场或商业模式纳入了“交易场所”概念中，无论在新加坡，还是在其他地方，只要进行商品合约交易，就属于该法调整范畴内的商品期货市场，但不包括只提供商品价格或其他信息的电子设施。

4.2001 年《证券与期货法》——金融投资产品现货与期货统合立法与统一监管体制形成

（1）现货市场与期货市场的合并

1999 年 12 月，新加坡股票交易所和新加坡国际货币交易所（International Monetary Exchange）合并成为新加坡交易所（the Singapore Exchange)，实现了现货与期货市场的整合。

（2）金融服务立法与监管的整合

为适应证券市场与金融期货市场整合的需要，新加坡政府对证券立法与期货立法进行整合，2001 年颁布了《证券与期货法》。《证券与期货法》整合了《证券业法》（*the Securities Industry Act*）和《期货交易法》（*the Future Trading Act*)，并把公司募集资金和单位信托的有关规定从《公司法》摘出来并整合到了《证券期货法》。[①] 与此同时，2001 年还颁布了《金融顾问法》（*the Financial Advisors Act*)，对金融投资咨询采取了单一的立法，从业者只需申领单一执照。

2001 年《证券与期货法》和《金融顾问法》建立了一个新的监管体制。新的监管制度分为两类；从事金融顾问服务的受《金融顾问法》调整；从事金融产品交易或代表客户从事交易的受《证券与期货法》调整。

2001 年《证券与期货法》《金融顾问法》对新加坡资本市场监管框架进行了全面改革。

①证券和期货市场中介执照申请一体化，即申领单一执照。所有从事金融产品交易的人采取单一执照制度，而不是目前根据产品和业务的性质分别申领执照。

②重新定义了“证券交易”“期货经纪”和“市场”的概念，认可了交易系统提供者作为市场运营者的地位，包括海外交易所运营的系统，如电子交

---

① MAS，“The Securities and Futures Act 2001” Consultation Document (2001) .

易系统。

③建立健全了证券和期货清算法律和监管框架，包括在法律上给予所有核准清算机构豁免适用破产法的特权。原来《期货交易法》有类似的规定，而类似规定在《证券业法》中却没有，《证券与期货法》则将其同时适用于证券与期货市场清算机构的总则。它除了完善清算机构的规定外，还就清算机构成员破产规则的效力作出了新的规定，以确保成员破产不会中断清算的进行。

④把分散在不同立法和规章中的有关公司融资方面立法及制度整合到了单一的立法中，即所有与证券市场有关的，包括公司融资、披露、接管和股份转让，都转移到《证券与期货法》。a. 当时属于新加坡股票交易所上市手册中的上市公司持续披露和上市公司收购等都上升为立法。b. 对原《公司法》中的招股说明书进行了修订，以便加强市场责任感，提高招股说明书的披露标准。发行人必须将招股说明书报金融局，该招股说明书在注册前必须披露两周，如果其有违法之处，或不符合公共利益，金融局可以拒绝给予注册。金融局还被授予如果发现招股说明书有欺诈之嫌就叫停发行的权力。

5. 有关集合投资计划规定的整合与理顺

把《公司法》中有关单位信托的规定纳入了《证券与期货法》。将“权益”（interest，股份和债券之外的）替换为“集合投资计划”。《证券与期货法》授权金融局核准在新加坡向公众出售的集合投资计划，而不是作为计划信托契据取得核准。

2.1.2 商品期货与金融期货统一立法、统一监管阶段

这一阶段是通过改革及修法完成的。

2007 年，新加坡对《商品交易法》进行了修订，这次修订包含了两项改革：①商品期货整合到《证券与期货法》，由该法调整，监管权也转移到了金融局；②将柜台商品衍生品（over-the-counter commodity derivatives）和现货商品合约（spot commodity contracts）的监管纳入《商品交易法》的调整范畴。

经过此次修订后，金融期货、商品期货，包括黄金、石油期货，都纳入了《证券与期货法》的调整范围，而《商品交易法》规定的“商品”则只包括除纳入《证券与期货法》调整范围之外的农产品、商品或物品以及这些商品的指数、权利或权益的商品远期合约、杠杆商品交易、差价合约和现货商品交易。

2008 年 2 月，新加坡把商品期货监管职责从负责《商品交易法》执法的

国际企业新加坡局（the International Enterprise Singapore Board，IE）转移到负责《证券与期货法》执法的金融局。而其他期货衍生品（如商品远期、商品差价合约、杠杆商品交易）和现货商品交易，仍然由国际企业新加坡局负责，受《商品交易法》调整。

上述调整为将新加坡建设成为期货交易中心创造了便利。通过这次调整，一是形成了统一监管的体制，即由单一的监管者监管所有期货有关活动；二是形成了单一执照制度，统一了从事商品期货和金融期货经纪业务的执照申领和合规标准。单一的执照制度创造了更为亲善的投资环境。① 对于这样的调整，新加坡金融局在征求意见中解释说，这样“可以让业界对商品衍生品和商品期货之间的监管方法有更清晰的了解”。业界则认为，这预示着，将商品期货转移到《证券与期货法》将让商品交易受到更严格的监管。因为按照该法，所有实体都必须遵守相关资本、营业规范、风险管理和报告要求，而目前适用这些实体的《商品交易法》则规定了不同标准。②

新加坡期货的立法名称、调整范围、监管机构见表 2-1。

表 2-1　　新加坡期货的立法名称、调整范围、监管机构

立法名称	调整范围	监管机构
《商品期货法 1992》（*The Commodity Future Act of* 1992） 1993 年更名为《商品交易法》	在新加坡商品交易所交易的商品期货合约（主要是橡胶和咖啡）	贸发局
《商品交易法 2001》（*The Commodity Trading Act of* 2001） 2001 年《商品期货法（修正案）》（*Commodity Future*（*Amendment*）*Act*）通过，该法名称由《商品期货法》更改为《商品交易法》	所有商品和所有形式的商品交易活动，包括与商品期货合约、商品远期合约、杠杆商品交易、差价交易和现货商品交易等有关的经纪与咨询业务	国际企业新加坡局

① MAS，“The Securities and Futures Act 2001” Consultation Document（2001）.

② Gillian Carr，Financial authorities in Singapore have recommended consolidating the oversight of all commodity derivatives and futures to one regulatory body，as part of a proposed broader move to regulate the country's market in line with international standards，http：//www. risk. net/energy-risk/news/2156355/singapore-commodity-derivatives-regulation-set-overhaul.

续 表

立法名称	调整范围	监管机构
《商品交易法（修正法）2007》（*The Commodity Trading (Amendment) Act of* 2007）	商品期货转移到《证券与期货法》调整，修订《证券与期货法》关于商品的定义，在《金融顾问法》中引入“商品”的定义，商品期货受两法调整	新加坡金融局

说明：2007年前，新加坡商品期货与金融期货分别立法，分别监管。2007年改革与修法后，实现了期货交易的统一立法与统一监管。

新加坡商品期货与金融期货交易的法律规范比较见表2-2。

表2-2　新加坡商品期货与金融期货交易的法律规范比较

	商品期货	金融期货
适用的法律	2001年前，《商品期货法1992》； 2001年后《商品交易法》； 2007年后《证券与期货法》	2001年前，《期货交易法1986》①； 2001年后《证券与期货法》； 2007年后《证券与期货法》
异同	监管框架、业务规范（business conduct）基本相似； 审慎监管上，对资本与财务的要求不同	监管框架与业务规范基本相似； 审慎监管上，对资本与财务的要求不同

2.1.3　危机后衍生市场统一立法与统一监管

金融危机后，新加坡又在2012年提出修法方案，对《商品交易法》和《证券与期货法》进行修订，将商品衍生交易调整全部转移到由《证券与期货法》调整，同时，将商品衍生市场的监管职权与职责全部转移到了新加坡金融局。在《将商品衍生品监管从国际局转移到金融局征求意见书》中，金融局解释将商品衍生品监管权力集中到金融局的目的是让各类柜台衍生品的监管方法协调起来和更加一致，让市场参与者更清楚地了解商品衍生品和商品期货之间的监管差异。2012年的改革方案彻底实现了衍生市场的统一立法与

① 1986年《期货交易法》（*Future Trading Act*）第2节对“商品”的解释：金融工具；黄金和其他监管当局规定的商品、项目、产品、服务、权力和利益。

统一监管，不仅商品衍生品与金融衍生品实现了统一立法与统一监管，场内衍生品与场外衍生品也实现了统一立法与统一监管。对于 2012 年的改革方案，新加坡金融局做了如下几个解释。

（1）日益标准化的商品衍生品特征与商品期货之间日益相似，二者之间界限日渐模糊，以致很难弄清楚具体合约到底是属于《商品交易法》还是属于《证券与期货法》管辖。

（2）满足国际标准的要求。20 国峰会要求改善柜台衍生市场的监管，金融稳定局随后发布落实 20 国峰会的报告，提出了几个要求，随即许多国家都进行了监管改革，加强了对柜台衍生品的监管。为满足国际标准要求，新加坡金融局建议将《证券与期货法》调整范围扩大为包括商品、信用、权益、外汇和利率 5 大类的“衍生合约”。在将来立法修改中，将把“商品”作为衍生品基础资产的一个种类。目前《商品交易法》中的“商品”包括所有有形商品，无形商品则可以通过规章来界定，但到目前为止，还没有纳入无形商品。经过此次改革，只有实物交付清算的商品远期合约排除在《证券与期货法》调整范畴外，其他所有商品衍生产品都被纳入了《证券与期货法》调整范畴。

为协调市场准入和合规监管，国际企业局和金融局建议把商品衍生品的监管转移到金融局。这样从事商品衍生品经纪业务的实体和从事商品衍生品市场和设施运营的实体（交易所或交易市场）都只需要从单一监管机构申领执照，而不是多个机构。因此，将商品衍生品从《商品交易法》转移到《证券与期货法》后，《商品交易法》只调整现货商品交易，当前那些从事现货交易的中介或管理与现货商品有关的基金可以申请获得现货商品经纪人执照或成为现货商品集合投资管理人。

完成上述监管体制改革后，新加坡金融局在 2012 年 2 月提出了有关柜台衍生品市场监管改革的立法建议，主要内容：①柜台衍生品强制性的中央清算；②衍生合约强制性的报告；③衍生市场运营者、清算设施和交易数据仓库许可制度；④柜台衍生中介许可制度。

新的改革扩大了《证券与期货法》的调整范围，将其调整范围扩大到所有衍生品。新的立法用“衍生合约”取代了原立法中“期货合约”的概念。衍生合约基础资产包括 5 类主要基础资产，即商品、信用、权益、外汇和利率。

2012 年修法方案还将衍生合约交易平台和平台运营者纳入了《证券与期货法》的调整范畴。

2012 年改革后，新加坡彻底完成了对衍生市场的统一立法与统一监管。

（1）《商品交易法》的调整范围缩小到只限于现货商品交易，国际企业新加坡局管辖范围也缩小到现货商品交易市场监管。

（2）从事商品衍生品和商品期货业务的企业只需按照《证券与期货法》从金融局申请资本市场执照，负责期货和衍生品市场和清算设施运营的实体也只需要获得金融局核准，而不是同时获得金融局和国际企业新加坡局的核准。

2.2 澳大利亚

2.2.1 澳大利亚期货业的产生及发展

澳大利亚第一个期货交易所是悉尼原毛期货交易所（Sydney Greasy Wool Future Exchange），在1960年5月开始投入运营。直到1975年，该所只有羊毛期货交易。后来期货品种增加，交易所名称也改为悉尼期货交易所，交易涉及的商品扩大到包括羊毛外的其他农产品，如牛和脱骨牛排。不过，最大的一次扩容是1979年，交易所开始交易金融期货。同时，交易所交易的合约首次达到100万手，这总共用了14年时间。随后，交易量增幅加速，1年过后，到1980年5月，合约成交就达到了200万手；再1年后，1981年7月，交易量就飙升到300万手；到1984年7月，交易量再次攀升到400万手。1985年10月，交易所成交的交易中有100万手合约的总价值超过500万元。1986年，日均合约达到12000手。到1986年《期货业法》完成立法时，悉尼期货交易所交易的商品期货包括羊毛、牛、白银、90天银行票据、美元、股份指数期货和交易所交易期权，其中绝大多数是金融期货，羊毛只占其业务的1%～1.5%。①

1985年，澳大利亚第二家期货交易所——澳大利亚金融期货交易所（the Australian Financial Futures Market）在墨尔本成立。该交易所只交易特定公司股份价值基础上的澳大利亚期货合约（Australian Future Contracts）。到1986年时，交易限制在8家在墨尔本股票交易所上市的8家蓝筹股的股票期货。

悉尼期货交易所是一个非营利担保有限公司，有26名公司会员。只有场内会员被允许在场内进行交易，附属会员（associate members）必须通过场

① Cf Giuffre R, "Regulation of the Commodity Futures Market in Australia" (1982) 5 UNSWLJ 170.

内会员进行交易，通常佣金收取半价。①

2.2.2 澳大利亚期货业立法

澳大利亚期货业立法分为 3 个阶段：一是完全自律阶段（1960—1979 年）；二是州法调整阶段（1979—1986 年）；三是联邦法调整阶段（《期货业法 1986》颁布后）。

联邦法调整阶段又分为 2 个阶段：一是《期货业法 1986》调整阶段；二是 1989 年后由《公司法》中专门调整“期货合约”的专章——第八章调整阶段。2001 年《公司法》修改，用更宽泛的“衍生品”（derivatives）概念取代了“期货合约”的概念。

1. 完全自律阶段（1960—1979 年）

自悉尼原毛期货交易所设立，交易所会员就起草了章程和规章，对市场进行自律监管。因此，早期澳大利亚衍生市场监管完全是自律的，并只局限于交易所会员的范畴。早期会员同时进行羊毛现货交易，彼此认识，这在非常宽松的监管中得到体现。交易所的章程和规章多次进行了修改，但整个监管框架没有发生变化，直到 20 世纪 80 年代。

2. 州法调整阶段（1979—1986 年）

由自律走向他律的标志性事件是 1979 年新南威尔士州通过的《期货市场法》。该法的通过表明期货业进入了州法调整的时代。该法主要有以下几个方面的内容：①规定了交易场所申请成为期货交易所的条件；②规定交易所必须向州公司事务委员会提供协助，以协助其履行该法所规定的职能；③要求期货交易所在对会员采取任何纪律制裁措施时，通知公司事务委员会；④给予公司事务委员会对交易所和清算机构记录进行检查的权力；⑤赋予公司事务委员会或受到伤害的人可以向最高法院提出申请，要求交易所业务规则得到遵守执行的权力；⑥规定了违法的罚金处罚，罚金为 500～1000 澳元；⑦授权公司事务委员会，经部长或其他人批准，根据该法对违法者提起诉讼。

根据该法，新南威尔士州设立了公司事务委员会，作为市场自律组织的监督者，而自律组织继续履行对市场的直接监控。对于自律组织作出的决定，公司事务委员会不能改变，但可以禁止交易所做出不适当的改变。

实际上，州公司事务委员会的监管权力很有限，且很少行使。

为配合州立法，悉尼交易所对章程和规章进行了修改，1982 年，新的规

① Cf Giuffre R, “Regulation of the Commodity Futures Market in Australia” (1982) 5 UNSWLJ 170.

则开始生效。新的规则规定了：①交易所董事会和成员的组织框架；②会员大会规则和董事会规则；③适用于会员的合同条件；④会员必须遵守的最低行为标准；⑤交易所对违规的会员可能采取的措施；⑥交易所董事会和清算机构的权力，以及当市场发生意外情形或做法时，可以采取某些措施的权力。

3. 联邦法调整阶段

（1）1986 年《期货业法》

悉尼期货交易所受新南威尔士州法监管，不在该州的非会员则不受监管，会员则受到悉尼期货交易所规则约束。鉴于此种情况，将期货业纳入联邦监管之下似乎就是必然的选择。

在 1978 年 12 月，州与联邦通过谈判签订了协议《联邦与州公司和证券监管合作方案》（*Commonwealth-State Scheme for Co-operative Companies and Securities Regulation*，以下简称《合作方案》）。按照该方案，设立了一个“公司与证券部长理事会”（Ministers Council for Companies and Securities），它由 6 个州负责公司与证券监管的部长组成。按照《合作方案》以联邦名义颁布的任何法律都必须在部长理事会（Ministrial Council）获得无记名一致通过后才能生效。而且，该理事会通过的公司和证券立法草案，首先应获得联邦立法机关通过，然后由各州采纳。

《合作方案》的目的是增强商业法律环境的确定性，降低企业守法成本，通过对投资者提供适当的保护维护投资者的信心，更大程度实现资本市场效率。这些目标要通过一体化的立法和各州一体化的监管来实现的。

该方案付诸实施推出的一个主要立法是《公司法 1981》。该法在 1982 年 7 月 1 日生效。它涉及公司注册、公司事务、清算等事项。此外，还包括：①《公司法（股份收购法）1980》，它是关于公司接管的立法，该法于 1981 年 7 月 1 日生效；②《证券业法 1980》，它调整证券行业和股票市场；③《公司和证券法 1980》；④《期货业法 1986》。为方便引用，这些立法通常被称为“公司法典”“证券行业法典”，而在每个州，这些立法都被通称为“公司法典”。

实际上，首次提出需要将期货市场纳入全国统一监管的是 1981 年 9 月发布的《卡姆贝尔报告》（*The Campbell Report*）。该报告是联邦议员卡姆贝尔主持撰写的。报告建议比照股票交易所监管体制构建期货市场监管框架。拟议的联邦监管架构将基于《证券业法典》，并将现行悉尼期货交易所的要求也考虑了进去。立法者考虑该立法将：①建立澳大利亚期货经纪人执照制度，不管其是否是悉尼期货交易所的会员；②制定期货经纪人应遵守的行为操守法典；③监督澳大利亚所有期货交易所；④设立一个顾问委员会就期货方面政策提供咨询。

对于联邦期货立法，悉尼期货交易所大力支持，它在1985年立法草案征求意见时就表示："交易所强力支持尽早实施该法案，不希望该法案被耽搁。交易所认为受到适当监管对这个行业非常重要，交易所已经准备好履行其配合的角色。"①

1986年，《期货业法》获得联邦议会通过，并于1986年7月1日生效。该法吸收了新南威尔士州在期货业监管方面的经验。该法共9部分160个条款。

法案的第1部分是该法调整的范围。该法将期货合约（future contract）定义为是指属于合格商品协议（eligible commodity agreement）或调整协议（adjustment agreement）、期货期权（future option）或交易所交易的期权合约。立法对期货交易采取了非常宽泛的定义，目的是防止规避该法的变相期货交易的发生。

法案的第2部分是关于监管的规定。它规定，全国公司与证券委员会（the National Companies and Securities Commission）负责该法的实施，它有权要求期货经纪商保持账目记录，否则构成违法。它有权对其认为的违法行为展开调查。部长和部长理事会有权要求公司与证券委员会对某些事项进行调查。法案还对调查程序作了明确的规定。

法案还规定由部长理事会设立一个期货咨询委员会（Future Consultative Committee），就期货业有关事项向公司与证券委员会和部长理事会提供咨询。

法案的第3部分是调整期货交易所、清算机构和期货协会的规定。它规定，除期货交易所或豁免期货交易所外，任何从事期货交易的场所都是违法的。部长理事会有权给予符合规定条件的期货交易场所以期货交易所和豁免期货交易所的合法地位，也有权批准符合条件的机构成为清算机构。而且，期货协会的设立也必须获得它的批准，部长理事会有权力撤销或终止其核准。全国公司与证券委员会则被给予处理针对期货交易所和期货协会所做的某些决定提起上诉的权利。全国公司与证券委员会也有权关闭、终止交易，通过关闭或中止交易以确保交易所有序运行。

法案第4部分是关于期货经纪人、其从业人员和顾问申领执照的事项的规定。期货经纪人及从业人员未取得执照而从事经纪业务是违法的。法案还规定了取得期货经纪人及从业人员执照的条件。颁发执照可附加限制和条件，并可以吊销和暂停，但规定公司与证券委员会吊销或暂停执照时必须给予相

---

① Hon. Lionel Bowenn，Digest of Bill (Industry Bill 1986)，1986.

对人听证的机会。

法案的第 5 部分是关于期货交易行为规范的。它包括以下内容：①从事期货业务的经营者必须出示其资质，禁止做虚假、误导广告；②经纪人必须向客户提供合约文本，每月向客户提供报告；③经纪人自己个人的交易必须与客户的交易分开，且客户和经纪人的资金和财产都必须分开保管。

法案的第 6 部分是有关期货经营机构会计与审计的内容。它要求期货经纪人必须保持完整的会计记录，并规定了审计机构的聘任。它要求审计师对规定的事项必须向全国公司与证券委员会报告。法院可以在某些情况下对经纪人自营交易加以限制（如客户账户资金短少的情况下）。

法案的第 7 部分是有关投资者保护基金（fidelity funds）的内容。它规定基金由期货交易所或协会设立。该基金由相关组织如期货交易所支付和获得的利息构成，并对基金如何筹集、管理和使用做出了明确规定。

法案的第 8 部分是关于法律责任制度的规定。它规定了以下几种禁止性的违法行为：①内幕交易禁止，如果一个人在前 6 个月与公司有联系，且掌握内幕信息，就不得从事涉及该公司证券的期货交易；②价格操纵禁止，一个人不得虚构或维持虚假价格水平；③一个人不得诱骗他人从事期货交易；④违法的人要对他人遭受的损失负赔偿责任。

法案的第 9 部分是关于其他事项的规定。它规定禁止销毁或虚构账目。对持续违法者每天额外处以 50 美元的罚款，法院在某些情况下可以禁止期货合约的执行。它还规定，允许州长制定落实该法的实施条例。

（2）1989 年《公司法》

1989 年澳大利亚联邦《公司法》通过，它涵盖所有公司和证券领域，将联邦立法机关通过的《公司法典》《公司（股份收购）法典》《证券行业法典》和《期货行业法典》都整合到该法。

1989 年《公司法》是为了解决《合作方案》下立法和监管框架存在的诸多弊端。该方案下形成的法律与监管框架过于复杂，存在许多缺陷。合作方案的实施、立法与监管执法包括 3 个层面，每个层面都承担着不同职责。最顶端的是公司和证券部长理事会（Ministrial Council for Companies and Securities），它是根据以前的协议设立的。该委员会由每届政府的一个部长（实际上就是总检察长）负责领导。委员会的职能就是审查联邦立法的制定和执法的实际落实。任何联邦立法的修订都必须经过委员会的同意。第二层面就是全国公司和证券委员会。这是澳大利亚第一个全国性监管公司和证券行业的机构，该机构很大程度上归功于锐报告（Rae Report）。它依据 1979 年联邦通过的《全国公司和证券委员会法》设立，负责向部长理事会报告合作计划政策的落实和发展情况。州和地区公司事务委员会和办公室（State and Territory Corporate Affairs Commissions or Office）构成了计划实施的第三层面，负责计划日常运行。按照该计划，它们对全国公司和证券委员会负责。不过，它们是州的行政机构，由州提供资金和人员，因此受到州和地区政府意志的左右。

1987 年，参议院宪法和法律事务常务委员会发布了有关合作计划的报告，对上述合作计划提出了 3 个方面的批评：一是不存在直接对议会负责的联邦部门；二是管理上的重叠和无效率，因为涉及 9 个不同官僚部门；三是参与多方协议的一个州退出了该计划，而且由于牵涉到联邦和州两个层面，所以该计划在推动联邦统一立法和统一监管上的作用受到限制。为此，委员会报告建议应当由联邦接管公司和证券领域全部立法和监管执法职责。1987 年，联邦检察总长宣布联邦政府将承担公司和证券立法的全部责任。1987 年 10 月，澳大利亚的市场崩溃、公司倒闭进一步加速了该进程。联邦计划受到除新南威尔士州外所有州的反对，它们威胁说任何联邦立法都将被起诉到高等法院。经过密集的游说和政治上的激烈讨价还价，1989 年联邦《公司法》通过，该法将所有公司和证券领域的联邦立法，包括《公司法典》《公司（股份收购）法典》《证券行业法典》《期货行业法典》都纳入了进去。1989 年《公司法》是包括 1989 年《澳大利亚证券委员法》的一揽子立法中一个主要构成部分，根据《澳大利亚证券委员会法》，证券委员会取代了公司和证券委员会。但该法随后被高等法院宣布违宪。这迫使联邦与州政府进行谈判。1990 年联邦与州和北部地区（Northern Territory）达成了基于 1989 年《公司法》和 1989 年《澳大利亚证券委员会法》的统一公司法和证券监管全国计划，该计划从 1991 年 1 月开始实施，直到 2001 年。

全国计划依靠的是精心设计的法律适用机制。首要的一个机制就是全国适用一体化的立法。联邦同意修改 1989 年《公司法》，以便限制其适用于澳大利亚首都地区（Capital Territory）。随后，州通过落实一体化立法的相应州法，将 1989 年《公司法》的实质性和解释性的规定纳入州相关立法，在确保《公司法》仍然属于州法的前提下，一体化的《公司法》适用于整个澳大利亚。计划的第二个构成部分就是一体化的法律实施，该职责主要由澳大利亚证券和投资委员会承担。该机构为全国统一的监管机构，并对联邦总检察长负责。计划的第三个部分是单一法院系统负责该计划事项的裁决。这是通过州最高法院和联邦法院交叉授予管辖权来实现的。

1989 年《公司法》的第 8 章是专门调整期货合约的一章。立法采用了“期货合约”的概念。《公司法》第 7 章则是专门调整证券的一章。既不属于期货合约，又不属于证券的衍生品不受该法调整。1989 年《公司法》72（1）（d）明确将第 8 章规定的协议排除在期货合约定义之外，它包括澳大利亚银行或商人银行作为一方当事人的货币互换、利率互换、远期外汇合约和远期利率合约等。排除是在《期货业法案》最终版本公开前加进去的。

《公司法》72 节关于期货合约的定义中包含 4 类期货合约，分别是：合格商品协议（an eligible commodity agreement）；调整协议（an adjustment agreement）；期货期权（a future option）；合格交易所交易期权（an eligible exchange traded option）。

在期货合约的定义中，明确将一方当事人为银行的互换（包括货币互换、利率互换）、远期利率协议（一方当事人必须是银行）排除了（在当时，这些衍生品无监管），并规定监管机构有权排除某些协议。

①合格商品协议——商品期货合约构成要件（认定标准）。合格商品协议是指涉及能够通过交付清算的商品（如羊毛）的合约。该定义要求合约可能通过实物交付外的方式进行结算，这将延迟交付（deferred delivery）的普通商业协议（ordinary commercial agreement）排除在外。不过，该定义并不限于交易所交易的合约。

《公司法》第 8 章合格商品协议构成要件如下。

a. 是否是第 8 章规定的协议。第 8 章对协议的定义非常广泛，包括现存的与拟议的，正式与非正式的，口头与书面的，或法律上或衡平法上不可强制执行的协议。

b. 是否是商品协议。这又包括 3 个方面：一是否是标准化协议；二是否有商品；三是否存在交付或接受商品交付的义务。

标准化是期货合约定义中的一个关键要件。[①] 立法并没有对“标准化协议”加以定义，学界将其定义为相同的一个或一个以上的协议，即协议条款一致，没有大不同，除当事人和金额外。法院的解释是，绝大内容部分相同和同类、同性质的交易。

“商品”被定义为任何按照协议都能够交付的东西或创造出来的或证明某个行为凭证的工具。立法将“能够交付的东西”解释为“限于通过实物或证明其权属文件交付转移权属的东西”。法院认定，股份不属于商品。

第 8 章期货合约定义中“交付或接受交付义务”中的“义务”概念外延宽泛，无论是衡平法还是普通法，也无论是否是合法，都有效都行。但立法

① Companies and Securities Advisory Committee，“Law of Derivatives：An International Comparison”（Jan. 1995）

没有对“交付”加以定义。

c. 是否属于合格商品协议。合格商品协议被定义为协议签订时就是商品协议（或协议达成后成为商品协议），且很明显可能通过除交付以外的方法加以履行。通常是通过相反交易抵销来履行。在确定是否可被抵销上，必须综合考虑相关因素，包括协议的条款、市场惯例和此类协议通常情况下是如何结算的等。该定义明确地把当事人意图排除在外了，如果当事人打算交付，最终交付了，也不影响该协议成为合格商品协议。

如果上述要件均满足了，则该协议就是合格商品协议，即属于期货合约。①

②调整协议——金融期货构成要件（认定标准）。调整协议是基于无法交付的基础资产或协议明确排除了交付的协议（如指数）。协议涉及双方当事人的现金结算是按照将来某个日期指数水平或商品价值进行调整，如悉尼期货交易所的债券期货和股份价格指数期货合约，该定义也并不限于交易所交易的合约。

a. 是否有给付一定数额金钱的义务或接受特定数额金钱的权利。第 8 章中关于调整协议定义中的“权利”“义务”概念的外延是宽泛的，无论这些权利与义务在衡平法或普通法上是否合法有效，只要有这样的安排就行。

b. 支付金额或获得支付金额是参考特定时间事情的状态（reference to a state of affair at a particular time）来确定的。也就是说，具体支付金额要根据某个具体时间事情的状态来确定，确定因素（如指数的走势）和时间是根据协议约定来确定的。

③期货期权的构成要件（认定标准）。期货期权包括合格商品协议上和调整协议上的期权。它与直接建立在资产或指数上的期权完全不同。其构成要件为：是否存在第 8 章规定的权利或期权；是否是出售或买进头寸（仓位）的权利或期权；是否与合格商品协议或调整协议有关。

④合格交易所交易期权的构成要件。合格交易所交易期权是指直接以商品或特定指数为基础资产的期权，而不是基础资产为商品或指数的期货合约上的期权。它必须在当地期货交易所交易。其构成要件为：是否存在一方可以取得期权或权利的合约；该合约是否在期货交易所签订；是否属于参考某个指数买卖商品或支付价款的合约。

1989 年《公司法》第 8 章涉及的“期货合约”的概念与第 7 章涉及“证

---

① Companies and Securities Advisory Committee，“Law of Derivatives：An International Comparison”(Jan. 1995)

券”的概念有一些重叠。重叠发生在证券期权合约、公司股份单位和规定的权益3类产品上。1989年《公司法》第7章规定的证券概念中有3类与衍生品有关，它们分别是：第7章意义上的期权合约；公司股份单位（unit of shares of a body corporate）；规定的权益（prescribed interests）。《公司法》92节关于证券的定义中就明确排除了期货合约。这3类证券与第8章规定的期货合约概念仍然存在交叉。

①期权合约与第8章合格交易所交易期权的交叉。根据第9节的定义，期权合约包括：a. 给予个人按照特定价格在特定日期或之前买卖证券的权利（不管该证券是否在交易所交易）的期权合约。b. 证券交易所（或豁免股票市场）签订的给予按照特定价格买卖特定数量的货币或特定数量商品权利的期权合约。c. 在证券交易所或豁免股票市场签订的给予通过特定数字与特定指数比较确定支付金额权利的期权合约。

第2类、第3类期权合约如果是在期货交易所签订，就属于《公司法》第8章规定的“合格期权合约”。

②股份单位（units of shares）中股份期权。公司发行股份上的期权也属于股份单位，因此属于证券。第9节关于“单位”（unit）的定义就包括“取得股份权利或权益的期权”。“权利”（right）、“权益”（interests）是指任何权利或权益，无论是普通法上的，还是衡平上的，也不管其称之为什么。

③规定的权益（prescribed interests）也可能包括根据期货合约产生的权利。虽然属于期货合约的衍生品不能成为证券，而根据期货合约产生的权利则可能成为规定的权益。因此，除第8章外，公司法上规定权益义务也适用于这些衍生品。

规定的权益义务（prescribed interest obligation）包括：上市公司发行的规定权益或期货合约；澳大利亚证券委员会核准的契据；管理公司和信托机构。

（3）2001年《金融服务金改法》中关于衍生品的立法

澳大利亚期货市场从1995—1996年的6.623万亿澳元发展到1999—2000年的10.309万亿澳元。[①] 但在2001年前，澳大利亚的期货合约不包括其他衍生品，必须而且只能在交易所交易。在当时，澳大利亚没有专门调整和规范场外衍生市场的联邦立法，场外衍生市场间接受到州反赌博法和州普通法的调整。这就引起了几个问题：一是场外远期交易的合法性问题；二是大量柜

① Australian Financial Markets Report (2000), Australian Financial Markets Association (AFMA), 'The Australian Financial Markets —Summary of Total Market Turnover', p. 3.

台金融衍生交易完全游离在监管之外，引起投资者保护、金融风险防范的问题。

在澳大利亚，远期合约归类一直是个问题，如同其他金融衍生品一样，远期是否合法有效，是否会被适用州反赌博法而被确认为无效，存在诸多法律上的不确定性。市场参与者担心《公司法》第 72 节关于期货合约的宽泛定义会把远期合约也包括进去。①

在 2001 年改革前，市场监管将证券和期货合约区分开来。一般情况下，属于证券的金融产品就在证券交易所交易，属于期货合约的则在期货交易所或柜台期货市场交易。衍生品在《公司法》不被看作是一个独立类别的金融产品，衍生品被归类为证券或期货合约分别进行监管。银行交易的货币互换、利益互换、远期外汇和远期利率合约不受《公司法》调整，《公司法》72（1）（d）关于期货合约的定义中就将其排除了。②

针对大量的衍生品，即除期货合约以外的衍生品，尤其是柜台金融衍生品等长期游离于监管之外，存在大量监管漏洞与空隙，且金融期货交易所与商品交易所画地为牢，互不交叉，缺乏竞争等问题，1997 年，澳大利亚联邦政府任命的一个委员会沃利斯调查委员会（Wallis Inquiry）发布了《金融体系调查最终报告》（*Financial System Inquiry Final Report*），建议联邦政府采取功能监管方法，结束证券和其他金融产品分开立法、分开监管的体制，转由一个规范所有金融产品的单一制度来取代。采纳原则为基础的方法将确保功能类似的产品受到的监管相同，消除法律上的空隙，并建议类似产品信息披露是可比较的，这样投资者或消费者就可很容易地对其性价比进行比较，做出明智的选择。

澳大利亚公司和证券咨询委员会（the Companies and Securities Advisory Committee）对适用衍生工具的法律进行了检讨。他们建议，对金融交易所采取单一的许可制度，并对衍生品采用概括性的定义，以便将证券和衍生品之间监管差异建立在相关工具的功能基础上，而不是表征上的差异。对于那些可以同时归类为两类的产品，证券的定义优先适用。该委员会发布的《第 6 号公司法经济改革方案》（*the Corporate Law Economic Reform Program*（*CLERP*）*Paper No*. 6）就认为，证券和衍生品之间的区别正在消失，它们的功能正趋于同化，衍生品和证券分开监管已经不能适应资本市场发展的需要了。该文件注意到因为创新，法律上的差异导致监管上的不灵活和不必要

① Tony Ciro，The regulation and market organisation of financial derivatives：an Australian perspective：Part 1，J. I. F. M. 2002，4（3），92－100（2002），p. 96.

② the Corporate Law Economic Reform Program（CLERP）Paper No 6.

的合规负担，所以它建议采取功能方法，采用金融工具的新定义取代现行规定。尽管他们主张证券与衍生品功能类似，但还是建议证券和衍生品披露制度分开，不要等同。

2001 年《金融服务金改法》采纳了这些建议，对类似产品采用功能监管方法。澳大利亚议会关于法案解释的备忘录强调，新的衍生品的定义旨在专注于衍生工具功能或商业性质，而不是识别可能被看成是衍生品的每一产品。其意图就是采用聚焦产品的经济功能而不是技术上的法律特征（technical legal characteristics）。

最终，2001 年《金融服务金改法》对《公司法》有关期货的立法进行了修订。用“衍生品”的概念取代了原来的“期货合约”，把证券和衍生品都统合到了“金融产品”的大概念下。在监管体制上，证券和期货合约分开监管被更为通适的涵盖所有金融产品和服务的制度取代。新《公司法》第 7 章调整金融市场和中介的执照申领，产品信息披露和其他事项。制度的核心是金融产品的定义，包括证券和衍生品。最核心的改革就是采纳了单一金融市场许可制度和单一中介执照制度，包括证券和衍生品中介。

2001 年《金融服务金改法》用更为宽泛的“衍生品”概念取代了“期货合约”的概念，在金融产品上分类上以“证券”（securities）和“衍生品”（derivatives）二分法取代了原来“证券”与“期货合约”的二分法。按照修订后的澳大利亚公司法 761A 节，证券是指：①股份；②债券；③股份或债券上的衡平权利或利益；④认购期权，通过发行方式获得股份或债券；⑤通过发行方式认购上述证券和被管理的投资计划的权益。761D 节将衍生品定义为一方当事人将来某个时间须向另一方提供对价的安排，要提供的对价是派生于或参考其他东西来确定的。将来某个时间是指安排达成后不能少于监管机构有关条例规定的天数的某个时间。参考其他东西是指对价或安排价值的确定是全部参考或部分参考某些其他东西（无论何种性质和是否可交付），包括资产、利率或汇率、指数或商品。衍生品的定义明确将将来提供服务的合约（contract for the future provision of services）和有形财产实际交付买卖合约排除（contract for delivery of tangible property）。

衍生品是指符合下列情形的安排：①一方当事人有或有义务购买，另一方有或有义务按照将来某个日期的价格出售有形财产（除澳大利亚或外国货币外）。②该安排不允许出售方的义务通过支付现金的方式履行或进行抵销，以取代财产的交付。③市场惯例或获得执照市场的规则不允许出售方通过将其出售义务与其他同类出售方享有购买义务的安排抵销。仅仅因为对价参考消费者价格指数等类似通胀指数来确定的财产买卖安排，并不就是衍生品。

761D(c)(3) 还明确规定，属于 764 (A)(1) 证券概念范畴的安排，不能作为衍生品，也就是说，如按照立法的定义，某类金融产品同时属于证券或衍生品的，则优先适用证券概念。

2001 年《金融服务金改法》之所以采用了“衍生品”的统称概念取代“期货合约”，并给予其非常宽泛的定义，其目的就是要最大限度把如期货、信用衍生品、利率和其他互换等所有已经出现的衍生品或将来可能出现的新的衍生品都包括进去。

金融危机后，澳大利亚为落实 20 国峰会要求，加强柜台衍生品的监管，澳大利亚财政部提出了立法草案，推出如下几个方面的立法建议。

①授权金融服务和超级年金部部长规定哪些种类衍生品必须要履行强制性的报告、清算或执行义务。

②澳大利亚证券和投资委员会将发布衍生交易规则（Derivative transaction rule）确立上述规定衍生品交易参与者要履行的强制性的义务（报告、清算或执行）。

③上述规则颁布前必须获得部长的同意，规则的范围和措施的技术特点要进一步受到条例的约束。

④将对交易仓库此类金融基础设施实体采取新的执照申领制度。交易仓库将记录所有监管者想获得的交易数据。①

2.3 韩国

2009 年生效的韩国《金融投资服务和资本市场法》完成了证券与期货统一立法，该法将金融投资产品（financial investment instrument）归类为证券与衍生品两类。证券被定义为：“韩国公民或外国人发行的金融投资工具，除取得该金融工具支付金额外，投资者不再承担任何支付义务（除投资者认购和出售该基础资产承担的支付义务外）。证券包括债务证券、权益证券、受益凭证、投资合同证券、衍生连接证券（derivative-linked securities）和证券存储凭证。”衍生连接证券，它代表某种权利，支付或应获得的金额按照事先确定的基于基础资产单位或指数的价格、利率、指标的计算公式来计算。

衍生品被定义为“符合下列情形的合约：①约定在将来某个特定时间交付货币或类似财产，支付金额根据基础资产、基础资产价格、利率、指标、

① Corporations Legislation Amendment (Derivatives Transaction), http://parlinfo.aph.gov.au/parlInfo/download/legislation/billsdgs/2061012/upload_binary/2061012.pdf; fileType=application/pdf.

单位，或上述因素上的指数来计算的合约；②当事人约定给予，根据当事人单方面意愿，进行交付和接受货币或类似物品交易的权利，按照基础资产、基础资产价格、利率、指标、单位，或上述要素上的指数来计算的合约。③当事人达成交换货币或类似物品的合约，按照事先确定的价格在将来某个期限内，金额按照基础资产、基础资产价格、利率、指标、单位和上述要素基础上的指数的合约。”衍生品包括远期、期权和互换合约及场内和场外衍生品。

区分衍生挂钩证券与衍生品的标准就是是否可能存在超出其本金的损失，即金融投资产品的投资者是否有义务在投资该产品之后承担额外支付义务的。因为购买衍生挂钩证券时，购买者支付了所有应付价款，无论发生什么变化，购买者都不会另行负担支付义务。例如，信用违约互换和信用挂钩票据，前者为衍生品，后者为衍生挂钩证券。在分类上虽将其分为证券，但在投资者保护上却将其作为衍生品看待。

韩国《金融投资服务和资本市场法》在金融投资产品的定义上采用了功能方法（functional approach），即以产品的功能作为定义的基础。不过，立法者担心单纯抽象定义容易产生法律上的不确定性，因此，立法才进一步将金融投资产品分为证券和衍生品两类，并采取列举的方法以最大限度地降低法律上的不确定性。这样的安排可清楚表明：一旦满足证券或衍生产品的条件，就将被认定为金融投资产品，不属于证券或衍生产品，就不是《金融投资服务和资本市场法》调整的投资产品。

2.4 美国

2.4.1 商品期货时代

1922 年，美国联邦议会通过了《谷物期货法》，该法调整范围限于谷物期货。此后，鉴于商品衍生市场的发展，国会一次次通过立法修订，把更多商品纳入联邦《商品期货法》的管辖范畴。

1936 年，美国国会将《谷物期货法》改名为《商品交易法》，将其适用范围扩大到除谷物外的所有农产品。也就是说，所有农产品期货交易都必须到联邦监管机构指定的合约市场进行交易，并接受监管。

此后，又有陆续的修订，这进一步扩大了《商品交易法》的适用范围：1938 年 4 月 7 日，增加了毛条；1940 年 10 月 9 日，增加了油脂、石油、棉籽、花生、大豆、豆粉；1954 年 8 月，增加了羊毛；1958 年 8 月 28 日，禁止洋葱；1968年6月18日，增加了牲畜和牲畜产品；1968年7月23日，增加了冷冻浓缩橘子汁；1974年，《商品期货交易委员会法》则进一步通过、采取了一个概括性条款，把包括贵金属、金融商品在内的所有商品全部纳入该法适用范围，洋葱除外。

2.4.2 从商品期货时代向金融期货时代过渡

1970年，期货合约为1300万份。到1980年，年交易量增加到9000万份。1990年，交易量超过2.7亿份合约。增幅主要是金融衍生工具，包括各种证券指数期货、期权产品。1975—1983年，债务工具期货从大约2万份上涨到2800万份合约。货币期货合约（currency future）年交易量从22.8万份上升到1984年的1100万份。到1982年，金融期货交易增加到超过4000万份，1984年前9个月，金融期货交易占了总的期货交易量的46%。1990年，金融期货交易量达到1.8亿份，占当年期货交易量总额2.7亿份的66.67%，金融期货远远超过了农产品期货。

20世纪80年代，金融衍生品市场又发生了柜台衍生工具和交易规模迅速超过场内商品的衍生市场和金融衍生市场。柜台衍生品在20世纪80年代到90年代经历了爆炸性增长，全球交易所和柜台交易的衍生品在1992年年底达到了17万亿美元，同1989年比，增长了145%。柜台衍生交易量估计在1992年年底达到了10万亿美元，衍生品交易量的增长主要来自柜台衍生品交易。

1974年国会通过《商品交易委员会法》对《商品交易法》进行修订。当时，考虑到已经有大量不受监管商品的期货合约的存在，包括咖啡、糖、可可、木材、橡木、各种贵金属，还有数量众多的外汇等，因此，在对“商品”概念进行修改，把所有商品，包括金融商品都包括进去的同时，也在2（a）（1）（A）排除条款中把所谓的“财政部修正案”（财政部在立法时提出的）纳入进去了。该修订规定，《商品交易法》不适用于外汇交易、证券权证、证券权利、分期贷款合约转手、回购期权、政府证券、按揭或按揭购买承诺，除非该期货出售在交易所进行。这实际上把已经兴起的银行间柜台金融衍生交易市场完全豁免和排除在商品衍生监管框架之外了。

国会在立法时给予银行柜台金融衍生交易豁免待遇，理由是这些交易参与者都是老练的机构参与者，交易的目的是管理其业务中面临的金融风险。参议院农业、林业委员会解释该豁免条款时指出：“为澄清法案规定不适用于外汇和某些列举的金融工具，除非该交易在正式的组织化期货交易所进行交易。美国大量外汇交易是通过银行和柜台非正式网络进行的。委员会认为，该市场受到银行监管机构更合适的监督，本法规定的监管没有必要。因此，

委员会认为，期交会对某些金融工具交易（如证券权证、证券权利、分期贷款合约转售、回购期权、政府债券、按揭和按揭购买承诺，通常是银行间和其他老练机构参与者之间）的监管是不必要的，除非是在正式的组织化期货交易所交易。”

1982 年，美国国会在《商品交易法》中增订了 23 节，要求联储、期交会和证交会在财政部的帮助下，对期货、期权交易，包括商品期权、期货期权、外汇期权、证券期权和一组或证券指数期权对经济的影响进行研究。要求研究这些衍生交易带来的利弊，现行监管是否充分、适当，是否需要完善现行监管制度。1984 年，相关部门完成了研究，提交了名为《对期货和期权交易对经济影响的研究》(*A Study of Effects on the Economy of Trading in Futures and Options*)，报告得出的结论是：①新的金融期货和期权市场是有益的，它提供了转移经济活动内在风险，如市场、利率和汇率风险的手段；②金融期货和期权对资本形成没有可计量的负面影响，很明显地提高了某些基础现货市场的流动性，而不是减少这些市场的流动性；③功能性相似工具的交易也没有明显给公众消费者、衍生或相关现货市场造成损害；④对正在发展的柜台金融衍生市场，无须采取额外的立法来建立适当的监管框架。

20 世纪 90 年代初，为落实国会《1992 年商品期货交易做法法》，期交会针对柜台衍生市场发布了研究报告。报告得出的结论是，柜台衍生交易无须更多监管。在 20 世纪 90 年代前期，期交会一直贯彻落实国会 1992 年的立法精神，推动金融创新、竞争和为金融创新发展提供法律上的确定性，不断扩大柜台金融衍生交易豁免监管的范围，尤其是 20 世纪 90 年代爆炸性增长的互换。但在 1998 年，期交会突然宣布，对柜台衍生市场监管方法进行重新检讨，并以柜台衍生交易构成对整个市场和经济存在威胁为由，寻求对柜台衍生交易的全面监管。期交会政策的突然转向遭到了证交会、财政部和联储及市场参与者的集体反对。当时的财政部部长鲁宾和联邦联储主席格林斯潘就向国会提出，建议国会永久废除期交会对衍生品的监管权。财政部和联储还警告国会说，期交会反复无常的政策立场所导致的不确定性可能会引起市场的恐慌和动荡。国会被财政部和联储的警告吓到了。1998 年 11 月，美国国会采取立法行动阻止期交会的政策逆转，通过了《综合拨款法》(*the Omnibus Appropriations Act*)。该法禁止期交会发布任何可能对混合工具或互换协议进行监管的解释性政策，直到 1999 年 3 月 30 日。这实际上暂时冻结了期交会可能针对柜台衍生市场采取的任何监管行动。

在 1999 年的《金融现代化法》中，国会给予证交会对互换和其他混合产品的管辖权。同时，《金融现代化法》明确把以证券为基础和以非证券为基础排除在联邦证券法和证券交易法“证券”的定义范畴。禁止证交会注册证券为基础的互换，或制定、解释、实施任何与证券为基础互换的规则。

1999年，针对期交会和证交会所产生的监管管辖冲突，金融市场总统工作组（财政部牵头，证交会、期交会和货币监理署负责人参加的监管政策协调小组）就双方管辖权划分达成了一致。将某些柜台衍生品排除在期货交易委员会管辖之外。在确定期货交易委员会管辖权上，工作组认为需要考虑以下几个要素：①该产品交易一方是零售投资者；②该产品是否易于价格操纵；③市场参与者没有受到其他监管。如果上述一个或多个特征被满足，期交会就没有必要对这些产品和交易进行监管。

总统工作组的意见实际上也得到了国会的认可，并在1999年《金融现代化法》中得到了反映。

在总统工作组报告的推动下，2000年国会通过了《商品期货现代化法》。

《商品期货现代化法》提出排除《商品交易法》的监管和豁免《商品交易法》的监管的交易，排除或豁免《商品交易法》监管的市场。排除或豁免的交易包括此类柜台衍生交易，即个性化谈判交易、排除在外的商品交易、豁免商品交易和某些银行签订的某些互换协议，见表2－3。

表2－3　　　　豁免与排除在外的柜台衍生交易

	涉及基础商品	适用条件	监管
个性化谈判的交易	非农业产品	(1) 双方均是合格合约参与方； (2) 一对一谈判达成交易； (3) 不在交易设施执行或交易	无
涉及排除商品的交易	金融商品以及不存在现货市场的商品，如利率、汇率、货币、证券、证券指数、信用风险或指标，债务或权益工具，气候异常事件，通货指标和其他宏观经济指数或指标	(1) 交易双方都是合格合约参与方； (2) 不在交易设施执行或交易	无

续 表

	涉及基础商品	适用条件	监管
涉及豁免商品的交易	除排除商品或农产品以外的其他商品。金属（贵重、半贵重、非贵重），电力、非农业能源产品，电信宽带、电信记录和排放信用	(1) 交易双方均为合格合约参与方；(2) 不在交易设施执行或交易	受《商品交易法》反欺诈和反操纵规则约束，合约双方为合格商业实体的，不受反欺诈规定约束
银行互换协议	农产品以外的商品	(1) 银行交易一方，另一方为合格合约参与方；(2) 不在交易设施执行和交易	无

豁免与排除的市场是排除或豁免期交会或证交会监管的交易执行设施，它包括豁免交易所（exempted board of trade）和排除的电子交易设施（excluded trading facilities），见表 2-4。

表 2-4　　豁免与排除的市场

	适用条件	监管
豁免交易所	合格合约参与者之间的涉及不存在操纵可能的商品的合约，即《商品交易法》排除的不受监管的商品合约，禁止涉及证券或一组证券或证券指数交易	仍然受到《商品交易法》反欺诈、反操纵约束；如果具有价格发现职能，期交会可要求其进行价格信息和交易数据披露
排除的电子交易设施	(1) 交易产品：涉及豁免商品合格合约参与者之间 P2P 模式的合约、协议或交易 (2) 涉及豁免商品的合格商业实体间协议、合约或交易	涉及豁免商品的合约、协议或交易仍然受到《商品交易法》反欺诈和反操纵规定的约束

综上，一般说来，符合下列条件的协议、合约和交易，都可以豁免《商品交易法》的监管：第一，涉及非农业商品；第二，只与合格合约参与者签

订；第三，不在交易设施签订和执行。所谓合格合约参与方，是指满足某些资产和其他条件的机构和自然人，包括金融机构、保险公司、商品集合、公司、政府实体、经纪交易商、期货经纪商、场内经纪人，和充当经纪人和代表其他合格参与方履行经纪人职能的场内交易商。此外，合格合约参与方也包括投资顾问、商品交易顾问、类似充当投资经理或其他合格合约参与方受托人的受监管外国人。

《商品期货现代化法》还取消了对单个证券基础上期货交易的禁止。

此外，它明确了互换不是证券，排除了证交会的监管。《商品期货现代化法》在《1933 年证券法》增订了 2A 条款，在 1934 年对《证券交易法》增订了 3A 条款，规定证券为基础的互换，或非证券为基础的互换都不属于证券，禁止证交会按照《证券法》或《证券交易法》，建议或暗示证券为基础互换进行注册。这一修订消除了法律上的不确定性，即互换协议，包括利率、货币、商品以及权益互换不属于证券。

为加强豁免或排除监管的法律效力，最大限度确保金融创新、柜台金融衍生市场发展所需要的法律确定性，《商品期货现代化法》还采取了以下两个措施。一是排除了州法对免受《商品交易法》监管的豁免或排除交易的适用。《商品期货现代化法》修订了《商品交易法》，明确排除州赌博和反场外期货法适用于符合条件的柜台衍生交易、混血工具、财政部修正案范围内产品和受到《商品交易法》2（c）、2（d）、2（f）、2（g）或 2（h）豁免和排除的电子交易设施上的交易，不管交易是否受到《商品交易法》的管辖。排除适用也包括被《商品交易法》2（e）排除的电子交易设施本身。二是明确了不能援引其他联邦法和州法，或仅以双方基于《商品交易法》豁免或排除规定达成的交易不符合《商品交易法》豁免或排除的条件而确认该交易无效、不可强制执行。《商品期货现代化法》修订了《商品交易法》，规定合格合约参与者之间交易，出售给任何投资者的混血工具只因为该交易或工具没有遵守《商品交易法》豁免或排除的条件，或根据联邦或州法被撤销，就被认定为是无效的，或可撤销的，或不可强制执行的。

2.4.3 金融危机后，长期被排除或豁免的柜台衍生品被纳入期货法的调整范畴

金融危机后，美国联邦国会通过的《多得—弗兰克华尔街改革与金融消费者保护法》（以下简称《金改法》）的首要目标是提高柜台衍生市场的透明度和效率，降低对手方风险和系统性风险。而改革锁定的主要对象就是直接导致危机发生的各种互换工具。为此，它采取了以下几项措施。

（1）废除了证券基础互换监管豁免。过去监管者无法指定有关不同种类证券互换的监管规则。

（2）把衍生市场监管权力授予期交会和证交会，期交会负责非证券基础的互换，证交会负责证券基础互换，并要求两个机构在管辖上、规则制定上加强沟通、协调，并授权期交会和证交会对互换基于监管目的进行定义和阐释。

（3）规定衍生交易强制中央清算。法案要求监管者确定哪些柜台衍生品必须履行清算义务，法案还授权期交会和证交会监管中央清算机构。

（4）任何已经交易的互换都必须报告给注册的交易仓库。对交易仓库的监管留给两个监管机构负责。

《金改法》将期交会的监管权力扩大到了所有互换，包括过去被《财政部修正案》豁免或排除的涉及外汇的互换产品。

2012年11月16日，美国财政部发布了有关《商品交易法》的外汇互换和外汇远期《最终确定》（*Final Determination*）。《最终确定》把外汇互换和外汇远期严格限制在《商品交易法》定义范畴。所有其他外汇衍生品（如不构成外汇互换或外汇远期的），包括不交付的远期，其他货币互换和货币期权，都不享受《最终确定》规定的豁免。符合《最终确定》范畴的外汇远期和外汇互换将豁免期交会强制清算和执行要求的规定，但仍要受到报告义务和主要互换参与者报告义务和行为标准以及《商品交易法》反操纵规定的约束。带有外汇互换或远期因素的利率互换不在豁免范畴。

除此之外，《金改法》还赋予期交会获得从以下几个方面对场外衍生市场进行全面监管的权力：①对主要参与者和交易商监管的权力；②对清算设施和交易信息仓库监管的权力；③监管执法，反操纵；④对除明确例外或豁免适用外的柜台衍生品监管的权力。

2.4.4 《金改法》将新的柜台衍生品交易场所纳入《商品交易法》的调整范畴

《金改法》法723（a）（3）在《商品交易法》上增加了2（h）（8）节。它规定，互换要受到《商品交易法》2（h）（2）清算要求的约束，或在指定合约市场或在互换执行设施上进行，除非没有指定合约市场或互换执行设施可供执行。《金改法》744节给《商品交易法》增加了5h（a）（1），除非注册为互换执行设施或指定合约市场，任何人都不得经营互换交易或互换加工的设施。

互换执行设施（swap execution facility），修订后的《商品交易法》1a

(50) 将其定义为“交易系统或平台”，在系统或平台多边参与者能够执行或进行互换交易，通过接受该平台多边参与者买卖报价并通过州际商务手段进行互换交易或执行互换交易，包括具有如下特征的交易设施：便利人们互换的执行；不是指定的合约市场。

对于互换执行设施，《金改法》在《商品交易法》增加了5h节，它规定：(1) 除非注册为互换执行设施和指定合约市场，否则不得经营互换交易设施；(2) 要注册和维持注册，互换执行设施必须遵守15个核心原则和期交会颁布的规则与条例；(3) 期交会有权制定调整互换执行设施的规则。

《金改法》还规定，必须清算的互换是由期交会和证交会确定和清算组织接受的。期交会提出了非常广范围的利率和某些信用违约指数互换必须通过中央清算。《金改法》规定，强制清算要求的互换也必须在交易所或互换执行设施执行，除非执行合约市场或互换执行设施不提供该互换交易。法律规定必须强制交易的互换也必须在互换执行设施或指定的合约市场执行，除非没有指定合约市场或互换执行设施接受该交易。零售客户只能参与交易所执行的互换交易。

2.5 比较研究结论

(1) 从各国立法来看，虽然立法的名称仍然被称为期货法，但实际上，立法中的“期货”概念已经被“衍生合约”所取代，传统有关期货的立法，已经演变为涵盖所有衍生合约、衍生市场（场内与场外、金融与商品衍生品、远期、期货、互换与期权等）以及所有衍生市场参与者的统一立法、统一监管的体制。

(2) 期货法调整范围的不断扩大是打击非法期货交易的必要的、有效的手段。打击“场外期货交易场所”等非法期货交易或变相期货交易是推动期货法调整范围不断扩大，并最终将所有期货交易都纳入期货法调整范畴的主要推动力。

(3) 防范金融风险，尤其是系统性金融风险是推动将场外衍生品纳入期货法调整范畴，并最终形成衍生市场统一立法与统一监管体制的主要动因。柜台衍生交易大量存在的最大危害不仅在于其不透明、不受监管，更重要的是它为监管套利提供激励，导致大量场内交易场外化，将场外衍生品市场纳入统一立法和统一监管模式下可以有效消除场内与场外之间监管上的差异，消除监管上的缝隙，有效杜绝监管套利，遏制场外衍生交易的过度泛滥。因此，金融危机后，场外衍生品市场监管向受到监管的场内集中，对传统受监

管市场（交易所）、多边交易设施（多边电子交易平台）和新推出的专门从事柜台衍生品交易的组织化交易平台（欧盟的组织化交易设施和美国的互换执行设施）采取协调统一的监管立场和监管标准，这样做的一个主要目的就是防止监管套利。国际证券委员会组织（IOSCO）就指出，要最大限度减少监管套利方式把柜台衍生品交易转移到组织化平台交易。在要求标准化、中央清算、报告与披露等因素时，要考虑的一个核心要素是尽可能避免对同类产品采取不同监管标准，导致监管套利，削弱监管的实效。①

（4）期货法调整交易场所的范畴也在不断地扩大，从传统的有形的交易所场所不断扩大到新的无形的交易场所——各种电子交易设施，这包括组织化的多边交易设施、美国的互换执行设施等。

① IOSCO：Report on Trading of OTC Derivatives（2011）.

3　如何定义期货交易

从概念的界定而言，“期货”与“期货合约”实际上是两个可以相互交叉的概念，“期货交易”则通常被定义为在期货交易所按照交易所的规则交易和执行“期货合约”买卖。但问题就在于，如何定义“期货合约”，这是期货交易定义与认定遇到的核心问题。

从立法技术和规范分析角度而言，对“期货合约”的定义主要有以下3种方法：一是形式意义上的，即以期货合约技术和法律特征作为认定标准来对“期货合约”定义；二是实质意义上的，即以合约的功能来作为认定标准对“期货合约”定义，故又称之为功能意义上的定义方法；三是前两者相结合的方法，即兼顾功能意义上的方法和形式意义上的方法，通过识别合约特征和功能来定义“期货合约”。

实际上，在不同制度背景和不同语境下，关于“期货合约”的定义也各有不同。各国的“期货合约”实际上是服务于其对多层次商品市场、多层次资本市场法律体系及监管体制构建的需要的，多层次市场区分主要是以功能定位作为标准的。因此，从实证意义上来分析，大多数国家立法在“期货合约”的定义上都采取了上述第3种方法，即功能意义和形式意义相结合的方法。

由于立法通常要求期货合约和期权合约交易必须在受到严格监管的场内进行，为防止规避场内监管，立法上对于期货合约通常都是采取比较宽泛的定义或解释，同时为防止过分宽泛定义或解释不当侵蚀现货商品远期市场和已经置于其他法律体系调整和监管的证券市场和其他场外市场，立法上期货交易的定义应当是能够为法律适用（包括合规管理、监管执法和司法裁判）提供一个辨识与区分期货交易与远期交易、期货交易与证券交易、期货交易与场外非法期货交易或变相期货的认定标准或一套技术解决方案。

3.1　期货交易定义必须满足的基本要求

立法通常都要求期货合约交易必须在期货交易所或法定组织化的交易场

所进行交易。从历史上来考察，将期货交易限制在指定的交易所是因为立法者相信场内一整套制度安排能够有效保障期货交易服务于风险管理的目标，能够有效控制过度投机。一是期货交易所作为集中化的流动市场促进价格发现；二是交易所上市的产品必须证明其合约不会与公共利益相抵触，该合约服务于特定的经济目的而不仅仅是投机；三是交易所制定、管理和实施的确保市场诚信和成员诚信的规则。这些规则如下。①采取保证金和逐日盯市规则，确保交易得到有效的财务保障，降低交易相对方的信用风险。②对经纪商的最低资本要求以及要求期货经纪商将客户资金分开保管确保了交易的安全和客户的资金安全。③中央清算安排确保了客户不承担交易相对方的信用风险。[①] 而对于远期交易、证券交易、互换等却没有这样的强制性要求。远期交易、互换一直就被当作场外衍生品交易，证券交易允许交易者自主选择场内市场或场外市场进行上市挂牌和交易。但在许多情形下，期货交易与远期交易、互换、证券交易并不容易区分，一是期货交易与证券交易存在交叉重叠；二是除场内交易的强制性要求外，期货合约与远期合约、互换合约等在特征与功能上有很多共同或近似之处，但它们之间在法律上的待遇和受到的监管差异非常大，有必要加以区分。

3.1.1 期货交易与证券交易及其他衍生品交易的区分

1. 期货交易与证券交易发生交叉与重叠时的区分

证券市场与期货市场原本是两个不相干的市场，证券市场与期货市场采取分别立法和分别监管的体制，但随着 20 世纪 70 年代和 80 年代金融期货的出现，两类金融创新改变了这一格局：一是传统证券嵌入了期货合约，形成了结构性证券（或被称为混血工具、结构性产品）；二是证券作为基础商品的各种证券期货合约和证券期权合约大量出现，并同时在证券交易所和期货交易所交叉上市，导致了两类产品和两类市场产生了交叉与重叠（见表 3 - 1），在两类市场分别适用不同的法律和监管下，有必要对其加以区分。

① William L. Stein，The Exchange-Trading Requirement of the Commodity Exchange Act，41 Vand. L. Rev. 482 - 3（1988）.

表 3-1　20 世纪 70 年代证券期货产品出现后期货合约与证券合约之间的融合与交叉

	期货交易	证券交易
交易的标的	除法律明确排除的外，包括证券在内的所有商品为基础资产的所有商品期货合约与期权合约	现货证券、证券期货合约和证券期权合约
交易的场所	集中交易的期货交易所	集中交易的证券交易所或柜台市场
法律适用与监管	适用《商品交易法》，接受期交会监管	适用联邦证券法（包括 1933 年证券法和 1934 年证券交易法），接受证交会监管
功能	投资、投机	投资与投机

2. 期货交易与其他衍生品交易的区分

（1）期货合约与其他衍生合约的共同特征

期货合约、期权合约、远期合约、互换合约都具有两个共同特征：①将来债务（future liability element），合约履行是在合约签订后相当一段时间后的某个日期；②价值的派生性（derived value element），当事人的权利、义务派生于或参考特定类型资产、事件、实体或价值尺度确定。所有衍生合约都是由远期和期权构成的，或只有其中一个元素，或两者的结合。[①] 远期合约是按照特定价格在将来某个特定日期买卖特定数量的资产（参考资产）的协议。如果远期合约在组织化市场，即交易所签订与执行，则称为期货合约。互换就是系列远期交易。[②]

（2）期货合约与远期合约的其他联系

从历史渊源来看，期货合约是从大宗商品交易市场的远期合约演变而来的，远期市场产生于即期大宗商品批发市场，期货市场则脱胎于远期市场。当远期合约交易越来越多地被用于投机或避险，而不是商品的流通时，远期合约的性质也就发生了根本改变，演变成了具有投机与避险功能的期货合约。正如美国学者威廉姆·L. 斯泰因（William L. Stein ）所说："期货合约演变成能够把厌恶风险的商人不想承担的价格风险转移给那些更愿意或更好承担

① 需要指出的是，远期合约价值是参考现货市场价格来确定的，相对于其他衍生合约，其价值派生特征并不明显。

② Joanna Benjamin，Financial Law，Oxford University Press（2007），p. 65.

这些风险的人”。①

（3）期货合约与互换合约的其他联系

国际互换与衍生协会（ISDA）把期货合约称之为标准化交易上交易的上市衍生品，而将私下协商达成的，直接签订的衍生合约称之为互换合约或互换，也就是柜台衍生品。按照它对衍生品的分类，期货合约与互换合约的区别就在标准化和场内交易上。按照学界广泛形成的共识，期货合约是场内交易的标准化远期合约，互换合约则是场外交易的系列远期合约。从历史渊源上来看，如果说期货合约是远期合约的标准化和场内化，互换则是期货合约的去标准化、场外化。除却标准化和场内交易的特征，期货合约与互换合约难以区分。

鉴于期货合约与证券合约、远期合约、互换合约之间的相互联系，期货交易的定义必须满足能够把远期交易、证券交易与其他场外衍生品交易区分开的要求。

3.1.2 不会给非法的场外期货交易或变相期货交易等监管套利活动留下空隙或漏洞

非法的场外期货交易或变相期货交易通常利用期货交易定义上存在的漏洞，把本应进场进行的期货交易包装成远期交易、证券交易或场外衍生品交易等形式规避监管，进行非法投机。因此，期货交易立法上的定义必须能够为识别这些非法场外期货交易或变相期货交易提供一套识别鉴定的认定标准。

上述两个要求是相互矛盾的。要满足第二个要求，要消除定义上的空隙或漏洞，就要求期货交易的定义足够宽泛，覆盖的范围不会给非法的场外期货交易留下空隙和漏洞。而要满足第一个要求，就需要对期货合约、期货交易的外延加以适当限制，以便能够把与期货交易具有某些共同特征的远期交易、证券交易和互换交易排除。因此，这要求在立法技术上找到能够使两个目标兼容的定义方法。

3.2 典型场内期货交易的法律特征及期货交易定义的方法

如上所述，期货交易的定义要同时满足两个相互矛盾的要求，则首先要全面把握典型场内期货交易具备的特征，然后确定将哪些特征纳入期货交易

---

① William L. Stein, The Exchange-Trading Requirement of the Commodity Exchange Act, 41 Vand. L. Rev. 476 (1988).

定义可以同时满足上述两个基本要求，这样就可以找到对期货交易加以准确定义的适当方法。

3.2.1 典型场内期货交易的法律特征

标准的场内期货交易具有以下几个法律特征。

1. 外在特征（形式意义上的特征）

（1）交易的标的——期货合约。期货交易的标的是期货合约，期货合约具有以下几个方面的特征：①将来债务（将来交付），合约履行是在合约签订后相当一段时间后的某个日期；②合约价值的派生性（派生于基础商品的价格变化），也就是说，当事人的权利、义务派生于或需参考特定类型资产、实体或价值尺度来确定；③标准化，即合约除价格外，所有其他主要条款都是按照交易所提供的格式文本或交易所规则或惯例签订的。

（2）合约的执行——场内交易。所谓场内交易，是指合约在交易所或组织化交易平台上签订和执行。场内交易区别于场外交易主要体现在其系列交易机制安排上（详见后面关于场内与场外交易的分析的论述），这些交易机制包括：①集中交易，所谓集中交易，是指交易设施或交易系统同时可以接受双边多方买卖报价，并按照事先设定好的交易规则和程序对买卖报价进行撮合和匹配，以达成交易；②保证金交易与逐日盯市（当日无负债）；③中央对手方结算。

（3）交易方式。通过场内经纪商间接交易。

（4）交易交割（合约履行）的方式。除按约定实际进行交付外（按约定数量的商品），可以通过对冲平仓的方式进行合约交割。

2. 内在特征（实质意义上的特征或功能意义上的特征）

期货交易的功能是避险，即通过期货交易对冲现货市场价格波动所产生的风险。因此，通常参与期货交易的当事人的交易目的就是投资（投机套利或避险），而非商业目的，即转移基础商品的权属。

3.2.2 期货交易定义的方法

从立法技术和规范分析角度而言，对期货交易的定义主要有以下 3 种方法：一是形式意义上的，即以期货交易外在特征（技术和法律特征）作为期货交易的构成形式要件来对期货交易加以定义；二是实质意义上的，即以期货交易的内在特征（功能与实质）作为构成期货交易的要件加以定义，故又称之为功能意义上的定义方法；三是两者相结合的方法，即功能意义上的方法和形式意义上的方法相结合，通过识别交易外在特征和交易的目的（功能）

来定义期货交易。

1. 形式意义上的定义方法的利弊

从概念的外延来说，形式意义上的方法又有宽口径和窄口径两种选择，一般说来，构成期货交易的形式要件越完备，期货交易的定义的口径就越窄；纳入定义中的形式要件越少，定义的口径就越宽。也就是说，每增加一项外在特征作为定义的构成要件，期货交易的外延就被压缩一部分，每减少一项外在特征作为构成要件，概念的外延就扩大一部分。

采取形式意义上的定义方法的好处在于立法上的定义能够为法律的适用提供一个比较清晰的认定标准，可以减少法律上的不确定性。但其局限性在于，因为形式要件缺乏弹性，所以，如果定义的宽严度把握不好，则可能宽严皆误，要么失之于过宽，要么失之于过严。

为增加“概念”的弹性和张力，在采取形式意义定义方法时，立法上通常给监管执法机关以灵活的裁量权，可以把某些符合立法上定义的期货交易不作为期货交易来对待，或把某些定义上未能涵盖相应特征的交易基于立法目的上的考虑仍将其作为期货交易来对待。

2. 实质意义上的定义方法的利弊

实质意义上的定义方法，也可以称之为功能意义上的定义方法，是以期货交易区别于其他衍生品交易、证券交易的特殊功能来加以定义。从规范意义上说，法律上对期货交易的功能定位就是管理风险，所以避险或投机的投资目的就成为定义期货交易的实质要件。因此，从功能意义上来定义，期货交易就是以避险或投机为目的的将来交付的商品买卖合约。

如果采取功能意义上的定义，依据什么来认定交易的目的呢？交易目的的认定仍然需要借助实际的交易情形来判断，也就是说，需要具体问题具体分析。这就具有很强的灵活性，给监管执法者或法院留下了非常大的自由裁量空间。从好的方面来说，可以增加定义的弹性和包容性；从坏的方面来说，则增加定义适用上的不确定性和不可操作性。要加强法律上的确定性和可操作性，就必须确定一套可在具体监管执法和司法过程中能够用客观证据加以证明的认定标准，这就必然要把期货交易某些外在特征作为交易目的的认定标准，作为判断交易目的的构成要件，从这个意义上来说，采取此种方法（无论是在立法中直接规定，还是通过授权立法授权监管执法机构颁布实施规则来规定），该定义方法就不再是真正意义上的实质意义上的定义方法了，而是形式意义和实质意义相结合的方法了。

3. 形式意义与实质意义相结合的定义方法的利弊

对上述两种定义方法取长补短，结合起来使用，就形成了形式意义上与实质意义上相结合的方法。采取此种方法既可以发挥形式意义定义方法的优势，又可利用实质意义定义方法的长处和克服形式意义定义方法的不足，同时还可利用形式意义上定义方法的长处和克服实质意义方法的不足，这样就能比较好地兼顾立法的确定性与灵活性，满足期货交易定义的两个基本要求。具体的做法就是，把将来债务（将来交付）和交易目的（交易的功能特征）作为构成期货交易的必要要件，把期货交易的外在特征作为构成期货交易的充分条件。也就是说，立法上（包括成文法或判例法）把期货交易外在特征作为判断交易目的的认定标准，而不是构成期货交易的必要条件。这样在对交易目的进行认定时，可以综合整个交易的特征和情形进行判断，不仅包括合约标准化、场内交易等典型特征，还可以进一步扩大到结合当事人身份、当事人实际履行买卖合约的能力等分析当事人的交易意图，以便对当事人交易的真实目的做出更为准确的判断，对交易的法律性质作出合乎立法目的的裁定。在适用于场外非法期货交易或变相期货交易时，即便这些交易欠缺某些场内期货交易的某些外在特征，如合约标准化，或场内集中化交易和交易中央对手方清算等特征，但如果交易实质上具有场内期货交易的功能，即可用于投机或避险的投资目的，而不是商业目的，则仍可认定其为期货交易，属于违反场内交易要求的非法场外期货交易或变相期货交易。同样，即便是满足了期货交易的外在特征，当交易当事方交易只具有实现商品流通的商业目的，而无利用该交易进行投机甚至赌博的目的时，则该交易仍然可以归类为远期交易。也就是说，借助功能意义上的定义可以扩大其期货交易概念的适用范围，以便尽可能让期货合约的定义能够满足覆盖场内合法交易和场外非法期货交易或变相期货交易；而在适用于期货交易与远期交易、互换的区分时，利用功能上的定义对形式意义上的定义的适用范围加以限制，以便能够把它们同期货合约加以区分开（详见后述）。

3.3 国外立法对期货交易的定义

3.3.1 美国

美国《商品交易法》并没有专门给“期货交易”加以定义。但根据《商品交易法》关于“商品”“将来交付”的定义以及有关期交会专属管辖权的规定可以推导出期货交易的定义。

《商品交易法》2（a）（1）（A）是关于期交会专属管辖权的规定。它规定：“委员会享有专属管辖，除《2010华尔街透明和责任法》（*the Wall Street*

Transparency and Accountability Act of 2010)（包括该法做出的修订）规定和下列（C）、（D）和本款（I）中（c）和（f）项规定的外，对有关账户、协议（包括任何具备期权、特权、赔付、标购、要约、出售、买进、卖出、提供保证或拒绝提供保证等特征的交易或公认的属于此类的交易）和涉及互换和将来交付商品出售合约（contracts of sale of a commodity for future delivery）的交易（包括重大价格发现合约）（including significant price discovery contract），在按照《商品交易法》第 7 节的规定注册为指定合约市场或按照 7b-3 规定的互换执行设施或其他交易所（board of trade，exchange）、市场进行的交易和按照第 23 节规定受期交会监管的交易。"

这里所提到的"将来交付商品出售合约"，就是"期货合约"或"期货"。从该规定中，可以推导出，期货合约被定义为在指定合约市场或其他交易所、市场进行的"将来交付商品出售合约"。在《商品交易法》定义条款中还包含有关"商品"（commodity）、"将来交付"（future delivery）的解释。《商品交易法》1a（9）对"商品"下了一个非常宽泛的定义，它包括所有商品、权利与权益，也就是说，包括除明确排除在外的所有有形、无形的商品。

《商品交易法》1a（27）关于"future delivery"的解释中明确"将来交付"并不包括任何现货商品延迟交运或交付的出售（The Term "future delivery" does not include any sale of any cash commodity for deferred shipment or delivery）。这被期交会和法院解读为"远期合约例外"（forward contract exclusion）。① 也就是说，为区分期货交易与远期交易，立法在"商品"前加上了"现货"（cash）的限定，在"远期合约"概念中用"现货商品"（cash commodity）取代了"期货合约"概念中的"商品"，并用"延迟交付"（deferred shipment or delivery）取代了期货合约定义中的"将来交付"。

从立法文本上分析，可以看出，期货交易与远期交易概念的主要区别有两点。（1）期货交易是商品合约，而远期交易的是现货商品。前者是抽象意义的商品，也就是基础资产为商品的合约，后者则是指实物商品（cash or physical commodity）。（2）期货交易是将来交付的商品买卖，而远期交易是延迟交付。

按照《商品交易法》的规定，任何"将来交付"商品买卖合约都属于期交会专属管辖范畴，而"延迟交付"现货商品买卖合约则不属于期交会管辖范畴，即远期交易豁免期交会的监管。但由于立法并没有对"将来交付"与

---

① American Bar Association，The Forward Contract Exclusion：An Analysis of Off-Exchange Commodity-Based Instruments，41 Bus. Law. 853（1986），p. 854.

"延迟交付"加以定义。因此，从这个意义上来说，美国立法上有关期货合约的定义立法采取的是形式意义上的定义法。

3.3.2 英国

英国财政部颁布的《2000年金融服务与市场法（受监管活动）指令》（以下简称《2001年指令》）（*The Financial Services and Markets Act* 2000 (*Regulated Activities*) *Order* 2001）把期货定义为"以签约时约定的价格在将来某个日期交付出售商品或任何种类财产的合同权利"，定义中明确规定"不包括只为商业目的而非投资目的的合约中权利"。

按照这一定义，是否具有投资目的（相对于商业目的）是认定是否属于期货交易，区分期货交易与现货远期交易或其他类似交易的主要构成要件，同时又对投资目的要件的认定作出了明确具体的判定标准。

如何认定投资目的和商业目的呢？《2001年指令》提供了以下几个测试标准。

1. 根据合约签订场所和交割期限

符合下列情形的合约将被视为具有投资目的：①在获得认可的投资交易所签订或交易的合约；②虽不是在获得认可的投资交易所签订的合约，但明确规定在该交易所交易或按照该交易所同样的条款签订的同样合约。但如果上述合同约定交付时间在7天内，则视为商业目的，除非7天只是为了掩盖其投资目的。

2. 根据签约一方的当事人身份和签约的主要目的

如一方或多方当事人是商品或其他财产的生产者或用户，同时出售者有交付该财产而认购者有接受交付的意图，则该合约视为具有商业目的。

3. 根据合约标准化的程度和交易方式

如果价格、额度、交付日期或其他条款是按照具体合同来确定的，而不是参照（或不是完全参照）交易所经常发布的价格、标准额度或交付日期或标准条款来定的，则是为商业目的。同时也明确规定，如果有下列情形，视为具有投资目的：①明确约定在投资交易所交易；②合同履行有投资交易所或清算所保证；③存在保证金支付和规定的安排。

很明显，英国立法采取的是形式意义和实质意义相结合的定义方法。

3.3.3 新加坡

新加坡《商品交易法》（*commodity trading act*）对商品期货合约有以下规定"①一方当事人在将来某个特定时间根据期货市场的交易规则或根据期

货市场商业惯例订立合同条款和条件按照特定价格另一方交付特定数量的特定商品；②当事人通过结算特定数量特定商品签约时和将来某个时间价值的差价来交割，该差价按照签约是期货市场交易规则来确定的”。也就是说，符合上述两个条件的商品买卖合约就属于商品期货合约。

商品远期合约则被定义为“一方当事人同意向另一方在将来某个时间按照特定价格交付特定数量特定商品的合约，但不包括期货合约。”

合约是否在期货市场按照期货市场的规则签订和执行，是否允许对冲平仓，是区分期货合约和远期合约的两个核心要件。很明显，新加坡立法采取的是形式意义的定义法。

新加坡《商品交易法》与《证券与期货法》对期货交易定义比较见表3－2。

表 3－2　新加坡《商品交易法》与《证券与期货法》对期货交易定义比较

商品交易法	证券与期货法
商品期货合约包含以下两个方面。 (1) 包含如下规定的合约：①一方当事人在将来某个特定时间根据期货市场的交易规则或根据期货市场商业惯例订立合同条款和条件按照特定价格另一方交付特定数量的特定商品；②当事人通过结算特定数量特定商品签约时和将来某个时间价值的差价来交割，该差价按照签约是期货市场交易规则来确定的。 (2) 监管机构规定的其他种类的合约，包括期货期权交易	期货合约包含以下内容。 1. 附表1第一部分意义上的。 (1) 合约规定：①一方当事人同意在将来某个时间按照约定的价格向另一方当事人交付特定商品或特定数量的特定商品；②当事人将通过结算签约时特定数量特定商品的价值和将来某个时间该商品价值的差价来进行合约交割，包括期货期权交易，但不包括监管当局排除的合约。 (2) 监管当局规定的其他合约。 2. 本法其他规定意义上的。 (1) 合约规定：①一方当事人同意在将来某个时间按照签约时根据期货市场交易规则或根据期货市场交易惯例确定的价格交付特定商品或特定数量的特定商品；②当事人通过结算特定数量特定商品在签约时的价值和将来某个时间价值的差价进行交割，该差价是根据合约签订时所在期货市场的交易规则或惯例来确定的，包括期货期权合约，但不包括监管当局排除的合约。 (2) 监管当局规定的其他合约

续 表

商品交易法	证券与期货法
商品远期合约要求一方当事人同意在将来某个时间按照签约时约定的价格交付特定数量商品或特定数量特定商品给另外一方当事人，但不包括商品期货合约	证券包括以下内容。(1) 政府发行的或拟发行的债券或股票；(2) 公司或非法人实体发行的或拟发行的债券或股票；(3) 债券、股票或股份上的权利、期权或衍生品；(4) 任何差价合约下的权利或任何其他通过参考上述债券、股票或股份价格或价值波动，上述债券、股票或股份篮子的价值或价格波动，上述债权、股票或股份指数的波动，为确保盈利或避免损失目的合约下的权利；(5) 集合投资计划中的单位；(6) 商业信托受益单位；(7) 商业信托受益单位衍生品或其他监管当局规定的产品，但不包括期货市场交易的期货合约、汇票、本票、位于新加坡或其他地方的银行或财务公司签发的存款凭证、其他监管机构认定为证券的产品

3.3.4 澳大利亚

澳大利亚现行《公司法》用“衍生品”(derivatives) 概念取代了 1989 年《公司法》“期货合约”(future contract) 的概念。1989 年《公司法》用列举方式界定了“期货合约”的概念。第 72 节关于“期货合约”定义中列举了 4 类期货合约，它们分别是：①合格商品协议 (an eligible commodity agreement)；②调整协议 (an adjustment agreement)；③期货期权 (a future option)；④合格交易所交易期权 (an eligible exchange traded option)。合格商品协议是指涉及能够通过交付进行清算的商品（如羊毛）买卖合约。该定义要求合约可以通过实物交付以外的方式进行结算，这将许多涉及延迟交付 (deferred delivery) 的普通商业协议 (ordinary commercial agreement) 排除在外。[①] 调整协议是基于无法交付的基础资产或协议明确排除了交付的协议（如指数）。协议涉及双方当事人现金结算是按照将来某个日期指数水平还是商品价值进行调整。如悉尼期货交易所债券期货和股份价格指数期货合约，该定义也并不限于交易所交易的合约。期货期权包括合格商品协议上和调整

① CAMAC, Law of Derivatives: An International Comparison (January 1995).

协议上的期权。它与直接建立在资产或指数上的期权完全不同。合格交易所交易期权是指直接以商品或特定指数为基础资产的期权，而不是基础资产为商品或指数的期货合约上的期权。它必须在当地期货交易所交易。①

很明显，澳大利亚 1989 年《公司法》关于期货合约的定义是形式意义上的。

3.3.5 马来西亚

马来西亚 2007 年《资本市场与服务法》规定，期货合约：①是或任何时候都是合格的交付协议或调整协议；②期货期权；③合格交易所期权；④任何根据第 5 节规定属于期货合约的其他协议或某一类协议中的其他协议。但不包括下列协议：①属于 Bank Negara 许可的和颁发执照的机构作为当事人一方的货币互换、利率互换、远期外汇合约、远期利率合约；②不属于期货合约；③规定不在期货市场交易的协议。

第 5 节“证券和期货合约”规定，①无论本法对证券或期货合约如何定义，1965 年《公司法》84（1）节定义的“权益”，部长根据委员会的建议，通过公开发布命令，规定某工具或产品或某类工具或产品为证券法意义上的证券或期货合约。②按照 1965 年《公司法》96 节给予的豁免，部长可以根据委员会的建议，通过发布命令，规定豁免的权益或某类豁免的权益为本法意义上的证券或本法某规定意义上的证券，或本法意义上的期货合约或某个具体规定意义上的期货合约。

3.4 结论

期货交易定义本质上是要明晰期货市场边界，明确期货交易、证券交易、远期交易以及场外交易法律适用和监管管辖边界，其目的是让所有期货交易都能够得到有效和适当的监管，一方面是消除存在于监管空隙的灰色市场，即逃避场内交易监管的场外的变相期货交易和游离于证券市场与期货市场边界进行监管套利的金融衍生品交易；另一方面是要取缔存在于黑色，即地下市场的非法期货交易。证券交易与期货交易的区分则主要解决了产品与市场交叉与重叠所带来的监管重叠与冲突，而场外非法期货交易或变相期货交易主要是为了规避场内交易和监管。因此，期货交易必须满足打击场外非法期货交易或变相期货交易，把期货交易与远期交易、证

① CAMAC, Law of Derivatives: An International Comparison (January 1995).

券交易、场外交易区分开来的两个基本要求。当然，从期货交易定义上下功夫也并非解决这些问题的唯一路径选择，消除远期交易、证券交易、期货交易市场边界、法律与监管上的差异，即统一市场、统一立法、统一监管则是另外一个路径选择。

4 期货立法体例

4.1 法典的名称

4.1.1 法典命名涉及的几个问题

（1）首先是期货立法调整范围的问题，即期货法调整范围是否将所有衍生品、衍生交易和衍生市场都囊括进去，包括场内与场外衍生品，抑或是只包含传统期货合约与期权合约、场内衍生品，而不包括场外衍生品、远期与互换。

（2）如果都包括进去，法典的名称是叫“期货法”或“期货交易法”，还是“衍生交易法”。

（3）如果不包括柜台衍生品，则柜台衍生品与场内衍生品立法及监管如何协调统一。

4.1.2 立法建议

建议沿用目前的名称，但去掉目前条例中“管理”二字，将法典命名为《期货交易法》。理由如下。

（1）“期货”有狭义和广义之分，广义的“期货”实际上与“衍生品”概念可以互换使用，包括狭义期货在内的所有衍生品。狭义期货则是指衍生品中的一种，是指除远期、期权与互换衍生品之外的衍生品。

（2）保持立法名称上的连贯性，消除法律实施上的陌生感。我国现行立法《期货交易管理条例》就使用了“期货交易”的名称，但其调整范畴却从商品期货扩大到了金融期货，调整范围在不断扩大，而且随着我国金融的创新，其调整的衍生品范围还会持续扩大，如果因为其调整范围不断扩大而不断修改其名称，不但会破坏其连贯性，而且会增加公众陌生感。

（3）“管理”一词带有很强的行政色彩，容易引起误解。期货交易立法就是监管立法，它是对期货交易及期货市场进行规范的法律，但这种规范是建立在法律规则基础上的。监管者必须依法履行监管职责，立法在授予监管者诸多监管权力的同时，也对其权力行使有了诸多限制和约束，以防止其滥用。

（4）从国外经验来看，各国期货立法虽然不断在修改，调整范围在不断扩大，但法典名称却基本保持不变。

新加坡《证券与期货法》虽不断修改，并不断扩大其调整范围，但其简写名称保持不变，仍然采用《证券与期货法》（*Securities and Future Act*），全称却修改为“与证券、期货和衍生业（derivatives industry），包括杠杆外汇交易、清算设施和有关事项等活动和机构监管有关的法”。①

中国台湾有关法典称之为“期货交易法”，但中国台湾《期货交易法》第3条对期货交易的定义却涵盖了几乎所有衍生品。它规定：“本法所称期货交易，指依国内外期货交易所或其他期货市场之规则或实务，从事衍生自商品、货币、有价证券、利率、指数或其他利益之下列契约之交易。一、期货契约：指当事人约定，于未来特定期间，依特定价格及数量等交易条件买卖约定标的物，或于到期前或到期时结算差价之契约。二、选择权契约：指当事人约定，选择权买方支付权利金，取得购入或售出之权利，得于特定期间内，依特定价格及数量等交易条件买卖约定标的物；选择权卖方要求履约时，有依约履行义务；或双方同意于到期前到期时结算差价之契约。三、期货选择权契约：指当事人约定，选择权买方支付权利金，取得买入或售出之权利，得于特定期间内，依特定价格数量等交易条件买卖期货契约；选择权卖方，于买方要求履约时，有依据选择权约定履行义务；或双方同意于到期前或到期时结算差价之契约。四、杠杆保证金契约：指当事人约定，一方支付价金一定成数之款项或取得他方授予之一定信用额度，双方于未来特定期间内，依约定方式结算差价或交付特定物之契约。非在期货交易所进行之期货交易，基于金融、货币、外汇、公债等政策考量，得经财政部于主管事项范围内或中央银行于掌理事项范围内公告，不适用本法之规定。”

与新加坡、中国台湾不同，一些国家和地区的立法就直截了当地称之为“衍生品法”，泰国、加拿大魁北克就是如此。

泰国《衍生品法》（*Derivatives Act*）第1节就明确规定“本法被称之为衍生品法”。在序言中，它明确阐明，该法是调整衍生交易的法律。根据该法第4节关于调整范围的规定，除下列衍生合约外，该法适用于所有衍生合约交易：①基础资产为外汇汇率或利息的场外衍生合约；②证券回购交易；

① 全称的英文名称为“An Act relating to the regulation of activities and institutions in the securities, futures and derivatives industry, including leveraged foreign exchange trading, and of clearing facilities, and for matters connected therewith”.

③泰国证监会通知规定的合约。

加拿大魁北克采用了《衍生品法》名称。该法所指的衍生品就是“期权、互换和期货合约、差价合约（contract for difference）或任何其他其市场价格、价值或交付或支付义务派生于，或参考或基于基础利益（underlying interest），或其他合约或工具的合约或工具，或规章认定或基于规章规定的标准视为等同于衍生品的合约和工具。”①

澳大利亚2001年前的立法也称之为期货，因为期货将场外交易柜台衍生品排除在外，所以2001年《公司法》761D以“衍生品”概念取代了“期货合约”。按照该法的解释，除另有规定外，“衍生品是指符合下列条件的安排：(a) 根据该安排，一方当事人必须或被要求在将来某个时间提供某种对价或某类对价给某人；和（b）将来某个时间在安排达成后不少于（监管机构制定的）有关本款条例规定的天数；和（c）对价额度，或安排的价值，最终完全或部分参考或派生于其他某种东西（无论何种性质和是否可交付）的价值或额度，包括，如下列某类或好几类：（i）资产；（ii）比率（利率或汇率）；(iii) 指数；(iv) 商品。”以“衍生品”的概念取代“期货合约”后，该法调整范围就扩大到了所有衍生品交易，无论是场内的还是场外的。

4.2 立法体例

立法体例有两个选择：一是将所有衍生交易都纳入统一法典进行调整，二是分门别类地分别立法，分别由多部法典调整。

4.2.1 澳大利亚和新加坡体例

其特点如下。

（1）由有形商品衍生品与无形商品衍生品分开立法和分开监管转向统一立法，统一监管。

（2）证券与期货统一立法，统一监管。

（3）场内与场外衍生品实行统一监管（详细见后面章节论述）。

4.2.2 美国的体例

其特点如下。

（1）证券与期货分开立法，实行分业管理。

① （Quebec）Derivative Act，S3（13）.

（2）衍生品，无论是场内与场外，统一立法，统一监管。

（3）能源商品市场实行现货与期货统一立法，统一监管制度（详细见后面章节的有关论述）。

4.3 我国期货立法体例

我国的衍生市场监管体制应该是高度集中、统一的体制，故宜采用统一立法、统一监管的模式，但考虑到目前实际情况及可行性，在立法体例上，我国可借鉴澳大利亚、新加坡和美国立法体例合理成分，采取以下体例。

期货立法应该涵盖所有的衍生品，包括场内与场外衍生合约，即包括远期、期货、期权与互换或其他具有衍生合约功能的所有金融产品。

考虑到我国目前衍生市场分割、监管不统一的现状，以及能源市场、现货与衍生市场存在的特殊关系，面临的特殊问题，立法中应通过例外安排，留足接口，以便将来在该法基础上可以通过专门立法来解决特殊市场面临的特殊问题，类似美国在《商品交易法》之外，对能源市场采取特殊立法来解决其面临的特殊问题。

也可以借鉴新加坡的立法经验，在本条调整范围增加“衍生合约”，在其章节中，根据需要在条款中将衍生合约增加进去，需要单独就衍生合约调整立法的，可由专门章节加以规定。

第二部分

相邻市场立法与监管协调

5　期货市场与远期市场监管与立法的协调

在商品交易市场，远期交易与期货交易的区分本质上是要明晰商品远期交易市场与期货市场的边界，明确《商品期货法》适用和监管的范畴，打击场外非法期货交易场所（buck shop，专门从事投机性极强的期货赌博活动）、场外非法期货交易（buckting，实质上是赌博）以及其他各种场外非法期货交易活动或变相期货交易活动。

5.1　学界关于期货交易与远期交易的学说

5.1.1　期货合约就是用于转移风险的远期合约

此说认为，从历史演进过程来看，远期市场产生于即期大宗商品批发市场，期货市场则是脱胎于远期市场。美国学者威廉姆・斯泰医（William L. Stein）在考察美国立法者强制要求期货交易必须进场的原因时揭示了期货交易、远期交易是如何从现货商品交易中演变发展起来的历史过程。最早的商品市场出现在18世纪晚期。这些地区性的现货市场是农产品生产者、加工者和消费者聚集进行交易的地方。但由于受到季节性供应的影响，农产品价格非常不稳定。因此，就有专门的谷物商建立仓储在丰收季节进行收储农产品，以便能够以比较稳定的价格向加工商或其他消费者供给。因为受到有限存储空间和运输条件的限制，谷物商就与终端用户签订在将来某个固定期限内交付的出售合约，然后到临近农场购买谷物，在约定时间交付谷物。渐渐，将来交付期限就固定在某个期限内，如一周，几周或几个月。这种按照约定价格在将来某个时间交付特定数量商品的出售合约就是远期合约，此类交易就是远期交易。

远期合约可以解决许多问题，经纪人和加工商可以通过远期合约获得稳定的货源，而无须投资仓储储备谷物。而远期合约也能够让农场主在未到丰收季节前就可按照其预期价格出售谷物，而不担心丰收季节因供给过剩导致价格波动的风险。这样各方都能够以比较稳定的价格进行谷物交易。远期交易有效解决了季节性农产品因季节性供给、仓储、运输条件制约导致的流通不畅所产生的供求失衡和价格波动。但远期交易发展到期货交易却是复杂市场环境因素所导致的结果。克里米亚战争、连年的农作物歉收和美国西北部地区大开发导致国际市场上谷物价格波动起伏，非常不稳定，从而让许多商人从中发现了投机的机会，激发了许多投资者涌入到远期市场进行谷物投机。这些投资者既不是生产谷物的农场主，也非从事谷物贸易或加工的谷物商，其从事谷物交易纯粹是为了利用谷物价格波动通过反复买卖进行套利。这样远期合约交易的交割不是通过实际交付来结算，而是通过结算签约时和交付时的商品差价来结算。远期交易也因此演变成了单纯进行风险转移和投机的期货交易。威廉姆·斯泰因（William L. Stein）因此说“期货合约演变成能够把厌恶风险的商人不想承担的价格风险转移给那些更愿意或更好承担这些风险的人”。①

当此类将来交付商品出售合约不再以实际交付而是以结算差价进行合约交割时，该合约的性质也就发生了质变，它不再是满足商业目的的现货商品买卖，而是以避险和投机为目的的期货交易。期货交易中的期货合约规定的“将来交付”与远期交易中远期合约的“延迟交付”也就有本质上的不同。虽然大部分期货交易最终都是以相反交易抵销和结算差价进行交割，但期货交易仍然可以采取商品实际交付进行合约交割。因此，当期货合约采取商品实际交付进行交割时，期货交易与远期交易的区别就完全不存在了。实际上，法律上也并不是绝对禁止远期交易只能以商品实际交付来进行交割结算。当远期交易采取对冲平仓方式进行合约交割时，远期交易与期货交易的特征就完全重合了，区别就不存在了。

5.1.2 期货合约就是标准化的场内远期合约

英国学者阿斯泰尔·汉德森（Alastair Hudson）称交易所交易的标准化远期合约就是期货合约。② 阿斯泰尔·汉德森将远期定义为“按照确定的价格在将来某个时期（通常在确定的地方）供给特定商品、证券或资产的承诺”。③他将衍生品定义为价值派生于另外一种产品的产品。④ 他认为，衍生品不能够加以精确定义，它包括非常宽泛的价值派生于其他金融产品的金融产品。金

① William L. Stein，The Exchange-Trading Requirement of the Commodity Exchange Act，41 Vand. L. Rev. 476 (1988).

② Alastair Hudson，the Law of Finance，Sweet & Maxwell (1st Ed.，2012)，p. 1099.

③ Alastair Hudson，the Law of Finance，Sweet & Maxwell (1st Ed.，2012)，p. 1098.

④ Alastair Hudson，the Law of Finance，Sweet & Maxwell (1st Ed.，2012)，p. 1089.

融理论对衍生品的诠释是建立在松散的“期权理论”（option theory）基础上的。金融衍生品的标准形式就是期权、远期和互换。最基础的衍生工具是期权，期权给予持有人权利，只需要支付相对小的一笔期权费月，该权利可触发另一方出售或购买基础资产的义务。把两个相反的期权结合到一起，就产生了一个远期。一个是给予一方按照某个价格购买的权利，另外一个是给予另一方按照某个价格出售的权利，不过远期并没有前期支付。传统远期交易是双方当事人同意在将来交换某类基础资产，并在将来按照签约时确定的价格支付。实践中，远期通常是现金结算，结算基础资产在合约交割日与合约价格的差价，而不是交付实际资产。互换可以被看作多个远期交易的组合。

在阐释期货与远期的区别与联系时，阿斯泰尔·汉德森认为，期货就是场内远期，而其他称之为场外（柜台）远期。远期转让的是一种按固定价格在将来固定时间买卖特定数量资产的权利。交易所交易的期货合约，是远期的一种标准化形式，每张合约下要交付的资产数量是固定的，如基础资产为金融工具或指数，则为最低限度价格走势和合约期限。而在远期协议中，它是由当事人谈判达成的。①

英国学者琼·本杰明（Joanna Benjamin）将衍生合约定义为具有下列特征的双边合约：①当事人权利、义务派生于或参考特定类型资产、实体或价值尺度确定；②合约履行是在合约签订后相当一段时间后的某个日期。她认为，所有衍生合约都是由远期和期权构成的，或只有其中一个元素，或是两者的结合。远期合约是按照特定价格在将来某个特定日期买卖特定数量的资产（参考资产）的协议。如果远期合约在组织化市场，即交易所执行，则称为期货合约。②

美国学者德斯茫·埃皮约（Desmond Eppel）将衍生合约定义为创设了一方当事人在将来某个时间出售或购买特定资产的权利、义务的合约。③ 他从监管管辖的角度，认为衍生品可分为衍生证券、交易所交易衍生品和柜台衍生品（OTC）3类。④ 衍生证券归证交会监管，在交易所交易的还要受相关交易所规则调整。柜台衍生品的监管通常有多种安排，有的是间接监管，即通过对参与交易的机构监管来监管。有的是通过针对特定金融产品的直接监管。

① Alastair Hudson，the Law of Finance，Sweet & Maxwell（1st Ed.，2012），p. 1099.

② Joanna Benjamin，Financial Law，Oxford University Press（2007），p. 65.

③ Desmond Eppel，Risky Business：Responding to OTC Derivatives Crises，40 Colum. J. Transnat'l L. 677（2002）.

④ Desmond Eppel，Risky Business：Responding to OTC Derivatives Crises，40 Colum. J. Transnat'l L. 677（2002），680.

衍生品两个最常见的典型就是期权和远期合约，所有衍生品都是在这两种基本形式基础上建构的。也就是说，通过创造性地改造期权和远期合约创新出新的衍生品，包括期货、互换、按揭和其他信用衍生品。①

美国学者赛迪·W. 马（Cindy W. Ma）和阿里基斯·T. 瑞梅查（Algis T. Remeza）认为，衍生品通常都设计成一种参考其他资产、债务或合约的合约。衍生品不管有多复杂，都是由以下几个基本要素构成的，即远期与期权和常规交易活动，如借款、贷款、购买资产或出借资产等。所有衍生品都是基于最简单的借款或贷款、购买和出售基础资产等交易的。当你借钱时，你取得资金并承诺在将来某个日期还本付息。贷款则是与借款相对应的。当你贷出款项时，你先付款出去，获得将来某个日期还本付息的承诺。衍生品价值派生于基础资产。最基础的衍生品之一就是远期合约，远期合约（或简称远期）是一个按照约定价格在将来某个时间买卖某种东西的合约。期货合约就是远期演变而来的。期货合约是按照事先确定的价格在将来买卖某种资产的合约，在签约时并无付款，像远期一样。期货合约在组织化的交易所交易，价格清算市场发生变化，因此，不像远期，期货合约采用逐日盯市制度，通常每天都进行结算。期货合约本质上是按照逐日盯市根据将来每天新的价格买卖的远期合约。从这个意义上来说，期货合约是基础资产为远期的衍生品。远期合约被设计成买卖基础资产和借贷的衍生品，那就是期货合约。②

美国学者瑞恩·M. 斯图尔茨（René M. Stulz）认为，衍生品是一种承诺将来参考其他东西，即所谓的基础资产进行支付的金融工具。远期合约是要求一方当事人在将来某个日期按照固定价格从相对方购买某种资产而相对方按照固定价格出售该资产的合约。期货合约与远期类似，它是在交易所交易的标准化合约。③

美国学者金佰利·D. 克瑞沃（Kimberly D. Krawiec）将衍生品定义为价值与基础资产挂钩或派生于基础资产（如货币、商品或股票）、参考利率（如国债利率、联邦基金利率或伦敦拆借利率）或指数（如标准普尔 500）的双边合约或现金流交换协议。它分为两大类，即交易所交易的衍生品和柜台交易的衍生品。交易所交易的衍生品，如商品期货和股票期权，是标准化的在场

① Desmond Eppel, Risky Business: Reponding to OTC Derivatives Crises, 40 Colum. J. Transnat' l L. 677 (2002), 680.

② Cindy W. Ma, Algis T. Remez, Life is Full of Derivatives, 25 No. 3 Futures & Derivatives L. Rep. 7 (2005) .

③ René M. Stulz, Demystifying Financial Derivatives, 27 No. 1 Futures & Derivatives L. Rep. 1 (2007) .

内交易的衍生品。柜台衍生品则是根据特定投资者个性化的特殊需要定制的。①

所有衍生品都是基于两类相对简单的交易，即远期或期权组成的。因此，衍生品又可分为远期基础的衍生品和期权基础的衍生品。远期基础的衍生品包括远期合约、期货合约和互换交易。远期是为满足参与者个性化的特殊需求而提供的柜台交易衍生品。远期合约要求一方当事人在将来其个日期按照约定价格购买，另一方按约定价格出售某特定基础资产。远期合约价值在期限届满时转移，可以是实物交付，也可以是现金结算。期货合约就是完全标准化的交易所交易的远期为基础的衍生品。期货合约的所有条款都是标准化的，除了价格。标准化让期货合约比远期合约更具有可替代性，远期合约很少进行交易，而期货市场则具有高度流动性。市场流动性和相对小的合约规模，让普通大众也能够参与期货交易，而远期只限于机构投资者参与。虽然期货合约是从涉及农产品的远期合约发展演变而来的，但是期货合约越来越多涉及利率、货币、权益指数，期货合约的标准化和交易所交易的特征使期货和柜台远期合约之间的风险特征差异拉大。互换则是系列远期合约。互换协议要求双方定期进行现金流交换或按照名义价值在结算日进行结算。②

期权基础衍生品给予持有人权利，而不是义务，按照事先约定的价格在将来某个日期或在期限届满前持有人选择日期买卖特定数量的基础资产。期权基础衍生品涉及的风险是非对称的，购买者只承担期权费的损失，而出售者的损失是无限制的。这与风险是对称的远期基础衍生品完全不同，在此类交易中，出售者的损失就等于购买者的收益或损失。期权主要用于投机或对冲。③

本杰明 · M. 威登（Benjamin M. Weadon）将衍生品归类为 3 种不同合约类型。第一类衍生合约是标准化的，交易所交易衍生品，通常称之为“上市衍生品或期货”（listed derivatives or future）。另外两类衍生合约是柜台衍生品或互换及清算衍生品（cleared derivatives）。④ 互换与柜台衍生品是可相互替换的概念，尽管柜台衍生品还包括远期和权证。柜台衍生品与清算衍生品

---

① Kimberly D. Krawiec，More Than Just “New Financial Bingo”：A Risk-based Approach to Understanding Derivatives，23 J. Corp. L. 9（1997）.

② Kimberly D. Krawiec，More Than Just “New Financial Bingo”：A Risk-based Approach to Understanding Derivatives，23 J. Corp. L. 9-10（1997）.

③ Kimberly D. Krawiec，More Than Just “New Financial Bingo”：A Risk-based Approach to Understanding Derivatives，23 J. Corp. L. 12（1997）.

④ Benjamin M. Weadon，International Regulatory Arbitrage Resulting from Dodd-Frank Derivatives Regulation，16 N. C. Banking Inst. 249（2012）.

之间的区别就在于清算衍生品与上市衍生品类似，是通过在双方当事人中间充当中央对手的中介方叙作的。

美国蒂姆·E. 林奇（Timothy E. Lynch）教授把衍生品分为期权、远期、期货与互换四大类。他将远期合约定义为双方当事人在将来某个时间点按照签约时的约定价格交付特定资产的协议。远期合约可以被理解为双方当事人按照下列要求达成的协议：（1）一方对手方按照签约时约定的价格购买资产并在将来接受另一方该资产的实际交付；（2）在合约到期时按照约定的公式一次性支付，计算公式中至少有一个外部事件或指标。无论哪种情况下，合约期限双方支付只有一次。而期货合约则是在组织化交易所按照交易所的规则和清算程序进行交易的远期合约。①

一些国际组织也将期货合约定义为标准化场内交易的远期合约。2008 年，国际会计标准组织（International According Standard，IAS）在其 39 号（IAS No. 39）文件中将衍生品定义为符合下列特征的金融工具或合约：（1）其价值随特定利率、金融工具价格、商品价格、汇率、价格或利率指数、信用评级或信用指数或其他变量变化而变化；（2）它要求初始净投资或相对于其他类型合约的初始净投资较小，并随市场因素变化而变化；（3）在将来某个日期结算。该组织将衍生品划分为远期合约、期货合约、期权和互换合约 4 类。其中，将远期合约定义为在将来某个特定日期按照特定价格购买某种东西的协议，而将期货合约解释为交易所执行的远期合约中的一种。②

国际互换与衍生协会（ISDA）将衍生品定义为风险转移合约，其价值派生于基础资产的价值，基础资产可以是利率、实物商品、公司权益股份，或权益指数，或任何其他当事人同意的可交易的工具。它进一步将衍生品分为几类。一是柜台衍生品。它是个性化的、把风险从一方转移给另一方的双边协议。柜台衍生品又被称之为互换协议或互换，是双方当事人私下协商达成的、直接签订的。二是标准化的交易所交易衍生品，即一般意义上的上市衍生品或期货。上市衍生品在集中化交易通道，即交易所，进行交易或执行，通过中央对手方，即清算机构叙作。三为清算的衍生品（cleared derivatives），像柜台衍生品一样，它是双边谈判形成的，但它又像上市衍生品，是

① Timothy E. Lynch，Derivatives：A Twenty-first Century Understanding，43 Loy. U. Chi. L. J. 1 (2011)，p. 22.

② Alireza M. Gharagozlou，Unregulable：Why Derivative may Never be Regulated，4 Brook. J. Corp. Fin. & Com. L. 269 (2010)，p. 273.

清算机构作为结算中央对手方叙作的。详细参见表5-1、表5-2。①

表5-1 柜台衍生品、清算的与交易所交易的衍生品的比较

柜台衍生品	清算的衍生品	交易所交易的衍生品
柜台谈判交易	柜台谈判交易	组织化交易所执行的交易
个性化合约是通过把交易席位变成可交易风险并在流动市场对冲	限制在标准化合约	限制在标准化合约
交易商作为交易方进行交易	所有交易都是通过交易所清算机构作为所有交易的相对方叙作的	所有交易都是通过交易所清算机构作为所有交易的相对方叙作的
交易商通常是所有交易的相对方	强制保证金要求，初始保证金，保证金根据逐日盯市调整	强制性保证金要求，保证金根据逐日盯市调整
通常要求担保，但根据双方谈判确定	每日结算（逐日盯市）和要求追加保证金	每日结算（逐日盯市）和要求追加保证金

资料来源：ISDA。

表5-2 期货与互换的比较

	期货*	互换
合约的特征	期货合约是标准化的（包括交付地点和日期、技术规格、交易与信用程序）	非标准化，是双边谈判达成的个性化合约
交易场所	交易所交易	双边基础上的交易
交易结算风险	违约风险集中在交易所清算机构	违约风险在相对方
信用风险缓释	强制性要求保证金和逐日盯市，系统会自动追踪发出追加保证金的要求	互换是选择性的

① "Product Descriptions and Frequently Asked Questions", http://www.isda.org/educat/faqs.html#1.

续 表

	期货*	互换
监管	通常是在单一辖区内集中、统一监管	虽然参与者通常是受监管的企业，但交易通常跨越国界，管辖根据双方合同关系确定

注：* 期货包括期货合约和交易所交易期权。

资料来源：ISDA。

国际互换与衍生协会（ISDA）将远期分为远期合约（forward contract）和商品远期两类，前者定义为个性化（customized）的在特定的将来某个日期按照在交易日达成的远期价格交换资产或现金流的双边协议；商品远期（commodity forward）则被定义为在交易日约定的按照远期价格在将来某个日期交换特定数量商品的协议。

期货与柜台衍生品的区别就在于期货合约的交付地点和日期、量、技术规格、交易和信用程序（credit procedures）都是标准化的。

综上，从理论上而言，远期合约与期货合约只有形式上的区别，并无本质上的不同。

5.2 期货立法与监管为什么要把期货合约（交易）与远期合约（交易）区分开来

如前所述，从理论上分析，远期合约（交易）与期货合约（交易）并无本质上的不同，为什么立法与监管一定要把二者区分开来呢？要回答这一问题，就必须弄清楚为什么立法要强制期货合约交易在场内进行，而不允许在场外进行。

美国学者威廉姆·斯泰因（William L. Stein）通过对美国决策者为什么要求期货交易必须在场内进行的历史研究，找到了美国联邦立法者要求期货合约交易必须在场内进行而不允许场外交易的存在的原因。他指出，对远期交易与期货交易的区别对待源自历史和不同的政策考虑，将期货交易限制在指定的交易所是因为立法者相信场内一整套制度安排能够有效地保障期货交易服务于风险管理的目标，能够有效控制过度投机。一是期货交易所作为集中化的流动市场促进价格发现；二是交易所上市的产品必须证明其合约不会与公共利益抵触，该合约服务于特定的经济目的而不仅仅是投机；三是交易所制定、管理和实施的确保市场诚信和成员诚信的规则。这些规则包括：①采取保证金

和逐日盯市规则，确保交易得到有效的财务保障，降低交易相对方的信用风险；②对经纪商的最低资本要求以及要求期货经纪商将客户资金分开保管确保了交易的安全和客户资金的安全；③中央清算安排确保了客户不承担交易相对方的信用风险。[①] 通过期货市场发展的历史考察，威廉姆·斯泰因发现，期货市场的形成延伸了商品交易市场层次，扩大和丰富了商品交易市场的功能。期货交易是伴随商品交易市场投机而产生的，它与远期交易具有完全不同的目的及功能。虽然形式上都是通过将来交付的合约进行交易，但其功能完全不同。远期合约是帮助商品分销，期货合约则把生产者和商人想规避的风险转移给投机者。当国会对期货交易首次进行监管时，其首要关注的是防止价格操纵和取缔场外非法期货交易场所。

美国联邦对商品市场交易进行干预，最初是出于打击谷物市场过度投机所导致的市场操纵和欺诈的目的。在 20 世纪初，伴随着谷物市场的投机兴起，谷物市场上出现了期货交易。期货交易进一步助长了投机，导致市场操纵和欺诈频发，这严重损害了谷物生产者和消费者的利益，这迫使美国决策者不得不做出选择，要么取缔期货交易，要么对期货交易进行监管。但最终，美国国会意识到期货合约作为谷物市场必要的风险转移手段，有其存在的价值。他们还认识到，期货市场需要投机资本为其提供流动性，但必须引导（channel）和控制（control）投资者投机的冲动。[②] 1921 年，经过长时期的酝酿，美国国会成功地通过了首部监管期货交易的联邦立法——《期货交易法》。该法通过惩罚性税收逼迫所有期货交易进入联邦监管机构指定的交易所进行交易。而只有那些能够对其成员行为进行有效监督，有能够确保交易公平和有效率运行，尤其是有效管控市场操纵的规则，并能够监督规则实施落实的交易所，才能够取得指定交易所的资格。[③]

1922 年，美国最高联邦法院宣布该法违宪，理由是国会不当地行使了征税权力。联邦国会旋即制订了 1922 年《谷物期货法》。该法仍然是把控制期货市场的投机滥用作为核心目标。除增加了几个定义和第 2 节宣布期货交易是“与国家公共利益联系在一起”外，该法基本上是 1921 年法案的翻版。1936 年，国会修订了《谷物期货法》，扩大了其调整范围，并更名为《商品交

① William L. Stein, The Exchange-Trading Requirement of the Commodity Exchange Act, 41 Vand. L. Rev. 482 - 3 (1988).

② William L. Stein, The Exchange-Trading Requirement of the Commodity Exchange Act, 41 Vand. L. Rev. 477 (1988).

③ William L. Stein, The Exchange-Trading Requirement of the Commodity Exchange Act, 41 Vand. L. Rev. 477 (1988).

易法》。立法将调整范围扩大到了其他商品，并给予监管机构对投机仓位加以限制、宣布各种欺诈活动违法的权力，而且加大了对违法的制裁。在立法过程中，国会再次强调其首要政策目标仍然是防止操纵和打击场外非法期货交易市场（前者是针对场内的过度投机，后者是针对场外的非法期货交易活动）。

在 1921 年《期货交易法》起草过程中，众议院的版本规定对“任何在交易所、商会（board of trade）或类似机构或场所进行将来交付谷物出售合约”都应适用禁止性的税收，除非合约是通过联邦指定的合约市场的会员或在指定合约市场进行的。

参议院担心该措辞没有将场外非法期货交易场所纳入法律禁止之列，因为在这些场所进行的商品合约交易并不是“在”（at，on，or in an exchange）交易所内。基于此，把“在交易所或类似场合或机构”删除了。众议院在联系会议时也认可参议院的看法。① 因此，1936 年《商品交易法》并没有采用同样的措辞。该法第 4 节规定，任何在或按照美国商会（交易所）规则进行将来交付谷物出售的合约都是非法的，除非该合约是在指定的合约市场或通过指定的合约市场的成员进行的。根据美国联邦期货立法的历史可以看出，美国联邦国会是想把交易所交易只限制在美国交易所订立的合约中。

不过期交会则指出该解释将让不属于商会（board of trade）的地下交易所（private exchange）或场外非法期货交易场所不受触动，并因此削弱了期货监管的核心目标——要求所有受监管商品的出售合约都必须在指定的交易所执行。因此，期交会就刻意将其解释为所有出售将来交付商品的合约都必须在期交会指定的合约市场执行。②

1936 年法还增加了两个条款：一是 4h 节，它禁止除合约市场会员外的任何人从事商品期货经纪业务，同时禁止从事任何招揽和接受期货合约订单的场所，除非该订单在合约市场或通过合约市场成员执行；二是 4b 节，禁止合约市场成员执行场外非法期货交易场所客户的订单（bucketing customer orders）。场外非法期货交易场所的非法交易包括交易场所成员自己作为对手方与客户的交易，或将客户订单彼此进行匹配执行的交易。将这些规定结合起来解读，就是禁止所有的场外期货交易。4h 要求所有期货交易都必须通过交易所会员进行，而 4b 要求所有订单都必须通过指定的合约市场交易设施

① William L. Stein，The Exchange-Trading Requirement of the Commodity Exchange Act，41 Vand. L. Rev. 479（1988）.

② William L. Stein，The Exchange-Trading Requirement of the Commodity Exchange Act，41 Vand. L. Rev. 480（1988）.

进行。

1968年国会修订了4b条款，将禁止场外期货交易的适用范围扩大到了合约市场会员以外的任何人。1982年国会再次修订，完善了该条款。将4节和4h合并成现在的6（a）节，规定任何人从事将来交付商品买卖都是非法的，除非该交易是在联邦指定的合约市场或根据合约市场交易规则进行的。国会认为价格操纵产生于不当投机。期货交易限制在指定交易所是为了抑制投机和更好地管理市场滥用。不受监管的地下交易所和其他场外期货交易场所则被禁止。

尽管所有将来交付商品的买卖合约都必须在联邦监管机构指定的交易所交易，但远期交易被从“将来交付”的定义中排除了。这就明确了，要求实际交付的商业买卖合约（merchandising contracts）被定义为现货商品买卖，可豁免交易所交易的要求。否则，场外进行任何不指望交付的将来结算商品合约都要冒违反《商品交易法》4（a）节并要受到严厉的民事和刑事制裁的风险。①

综上所述，可以看出，归根结底，期货交易与远期交易的本质区别主要体现在二者的功能定位上。期货交易的功能定位是转移风险，而不是商品流通，远期交易则相反，是为了商品流通，而不是转移风险。期货市场转移风险的功能要有效发挥，就必须容忍投机，发挥其提供流动性的功能。但基于价格操纵和欺诈而进行的过度投机会让期货交易沦丧为赌博。将期货交易限制在受到严密监管的场内进行，这就为有效防止滥用和控制过度投机创造了条件，但这就必须在期货交易与远期交易之间建立起有效识别的手段，以防止远期交易豁免被滥用，变相期货交易在场外泛滥。要求商品的实际交付不仅可以有效抑制商品交易各方的投机冲动，也是识别和防止各种变相期货交易场外泛滥的有效手段。

5.3 各国关于期货交易与远期交易区分的立法

各国立法都小心翼翼地试图把期货交易与远期交易区分开来，将期货立法调整范畴限制在期货交易的范畴，将远期交易排除在外，详细见表5-3。

① William L. Stein, The Exchange-Trading Requirement of the Commodity Exchange Act, 41 Vand. L. Rev. 505 (1988).

表 5-3　各国立法对期货交易与远期交易的区分

	远期合约	期货合约
美国	延迟交付现货商品买卖合约	在指定合约市场或其他交易所、市场进行的将来交付商品的出售合约
英国	如左列的"合同权利"只为商业目的而非投资目的，则为远期	以签约时约定的价格在将来某个日期交付出售商品或任何种类财产的合同权利。如为投资目的，则为期货
新加坡	(1) 合约的签订与执行与期货市场无关；(2) 合约通过商品交付交割	(1) 合约的签订和执行都必须遵守期货市场规则；(2) 合同通过对冲平仓而非商品实际交付来进行交割
澳大利亚	延迟交付的普通商业协议	(1) 能够通过实物交付以外的方式进行结算，或协议约定按照将来某个日期指数水平或商品价值与签约时的差价进行结算；(2) 期货期权或在交易所交易的以商品或特定指数为基础资产的期权

通过各国立法关于期货与远期、期货合约与远期合约的区分可以看出，立法突出了期货交易与远期交易的以下几个主要区别。①从交易的客体来看，远期交易交易的是实物商品，期货交易的客体则是以商品为基础资产的商品买卖合约。虽然从交易合约的形式来看，都是将来交付的商品买卖，但远期交易的将来交付是买卖商品的实际交付，期货交易的将来交付则实际上是签约时约定价格与交付时商品价值的对冲平仓。②期货交易是场内交易，立法通常要求期货合约的签订与执行都必须在法律规定的交易场所（交易所或交易设施）按照该交易场所制定的交易规则进行；而远期则为场外交易，合约由双方一对一谈判达成。③立法将期货交易的功能定位为投资工具，满足交易者投资目的（避险或套利），远期交易的功能定位则是现货商品流动，服务交易者的商业目的。见表 5-4、表 5-5。

表 5-4　期货交易与远期交易的比较

	期货交易	远期交易
交易的客体	虚拟的商品（参考商品价格走势的买卖合约）	实际的商品

续　表

	期货交易	远期交易
合约的签订与执行	在法律规定的交易场所内按照该交易场所的交易规则签订与执行	无此要求
功能定位	投资目的（避险与套利，因此，交易交割通常是结算差价）	商业目的（实物商品的流通，交易交割的通常是商品的实际交付，对冲平仓受到限制）

表 5-5　　期货合约与远期合约的区别

	期货合约	远期合约
合约执行与交易	场内	场外
场内交易派生出来的特征	标准化的合约、集中化竞价，匿名通过场内经纪人间接进行交易、保证金担保与通过中央对手方进行清算	非标准化合约，一对一协商谈判、直接交易、交易双方直接进行结算
合约的交割	通过相反交易予以抵销，对冲平仓取代基础商品的交付	基础商品的实际交付
合约目的	投资目的（投机、风险管理）	商业目的（实物商品转移）

从上述各国立法有关期货交易与远期交易区分的规定来看，合约或交易的功能及交割的方式是区分二者的决定性因素。

5.4　期货交易与远期交易的外在特征与功能比较及区分方法选择

5.4.1　外在特征比较

从外在特征上来看，期货交易与远期交易的主要区别体现在两个方面：一是标准化合约；二是场内交易（详细见表 5-6、表 5-7），即交易所交易。交易所交易通常采取集中交易、保证金交易与逐日盯市、中央对手方集中清算以及合约到期时平仓对冲等交易机制。

表 5-6　　期货合约与远期合约的外在特征比较

	期货交易	远期交易
合约的特点	交易所提供的标准化将来交付的商品买卖合约	当事人私下谈判的非标准化将来交付的商品买卖合约
合约的签订与执行	场内签订与执行	场外交易与执行

表 5-7　　场内交易与场外交易特征比较

	期货合约	远期合约
场内交易特征	标准化的合约、集中化竞价、匿名通过场内经纪人间接进行交易、保证金担保（逐日盯市）与通过中央对手方进行清算	非标准化合约，一对一协商谈判、直接交易、交易双方直接进行结算
交易双方	普通公众、机构投资者	通常是与基础商品有关的消费者、生产者、加工商和其他商业或机构用户
合约的交割	通过相反交易予以冲销，取代基础商品的交付	基础商品的实际交付

5.4.2　功能上比较

从功能定位上来说，期货交易的功能是避险或投机，而远期交易的功能是商品流通。

合约标准化和场内交易所采取的交易机制与期货合约避险功能是紧密相关的。从历史上来看，远期合约标准化和场内化并不仅仅是合约条款和合约交易场所等外在特征发生了改变，交易功能也发生了根本的改变。远期合约标准化后，也就是说，商品的等级、数量、交付日期都标准化了，唯一需要谈判的就是价格。这就为谈判和合约再次出售提供了便利，可以让交易者彼此对其持有的合约仓位进行抵销。允许合约彼此进行抵销，导致该市场可以

被用于对冲和投机。[①] 也就是说，合约标准化及标准化所带来的场内交易机制让期货合约具有了避险和投机的功能，对场内期货交易采取的监管就是要抑制其投机功能而发挥其避险功能。从这个意义上来说，合约标准化和场内交易机制与期货交易的避险功能是互为表里的，因此，在相当长的一个历史时期内，合约标准化和场内交易的特有交易机制就成了区分期货交易与远期交易的认定标准，但目前，单凭合约标准化、场内交易机制等外在特征来区分期货交易与远期交易的做法已经不可靠了，从功能上对二者加以区分变得更为重要。

5.4.3　形式意义上的区分方法及其局限性

如果将场内交易机制与合约标准化作为区分期货交易与远期交易的认定标准，则可能将大量不具有投机性质的远期交易都归类到了期货交易里。也就是说，如果远期交易要豁免《期货交易法》的适用和监管，合约就不得标准化，也不得采用具有场内交易特征的交易机制，如采取集中交易、保证金交易（逐日盯市）、中央对手方清算等机制。这实际就是禁止场外远期市场采取标准化合约和场内的交易制度，即便是其所有合约最终都是以实际交付来进行合约交割，而不是对冲平仓方式予以交割。这就可能极大地限制了远期商品市场的商业创新。早在 20 世纪 70 年代，美国监管者就意识到了形式意义上的区分方法的局限性。1976 年 7 月 16 日，市场工具咨询委员会（the Advisory Committee on Market Instruments）发布了一个名为“关于期货、远期和杠杆合约与交易的报告”。该报告是期交会首次试图从功能的观点（functional point of view），即从交易处理方式和该交易用户的身份角度，对期货、远期和杠杆合约的特征进行甄别的尝试。该委员会是为帮助期交会区分期货合约与杠杆合约，落实《商品期货交易委员会法》217 节（禁止某些保证金账户、杠杆账户和杠杆合约）有关的任务而设立的。报告有一个附件，对远期合约、期货合约与杠杆合约进行了比较。委员会报告总结了远期和期货交易的特征：①期货是在集中交易市场的公开交易，而远期不是；②期货合约通过中央清算机构进行，而远期不是；③期货交易有大量公众参与，而远期合约参与公众很少。不过报告指出，因为远期合约市场持续不断发生变化，出现了许多新的安排和新的交易，报告列举了某些不再完全能适用的远期合约特征。一是合约标准化上的差

---

① Jerry W. Markham, Daniel J. Harty, For Whom the Bell Tolls: The Demis of Exchange Trading Floors and the Growth of ECNs, 33 J. Corp. L. 865.

异不再明显。期货合约价格是通过场内集中竞价形成的，合约条款是标准化的，而远期合约的价格和合同条件都是私下谈判达成的。不过，某些远期合约已经朝固定单位交易方向发展。例如，按揭资产担保证券（GNMA）远期，就是标准化的。二是合约交割方式上趋同。期货合约很少有通过实际交付来结算的，而远期合约通常是通过实际交付结算的。而这已经发生了改变，因为场外交易通过现金结算的已不鲜见。① 三是保证金交易也在远期交易中越来越多地被使用。珍妮梅按揭担保（GNMA）远期合约购买者现在就必须缴存保证金。而且，在金融商品远期交易（如利率工具、外汇、贵金属）中，保证金是变动的，即采取逐日盯市制度已经很普遍。②

因为形式意义上的区分方法随着远期交易的创新局限性越来越明显，所以，美国监管机构和法院用多因素法取代了过去形式意义上的区分方法。

5.4.4 形式意义和实质意义相结合的区分方法——多因素法

单纯采取形式意义上的区分方法，或单纯采取实质意义上的区分方法都可能失之于过宽，或者失之于过严。前者是因为形式要件过于僵化，缺乏必要的弹性和动态适应能力。后者则可能因为实质意义上的区分方法过于灵活，认定上过于主观，千人千面，不确定性太大。而采取形式意义上的区分方法和实质意义上的区分方法相结合的方法，可以在确定性与灵活性上达到某种平衡，是相对比较好的选择。在这方面，美国联邦判例法发展起来的多因素法就是最具有代表意义的。

多因素法实际上是实质意义与形式意义相结合的区分方法，其核心是判断交易的目的，交易目的的认定是综合交易的整个情形来判断的，故称之为多因素法（mult-factors approach）或整体情形法（holistic approach）。

美国的“多因素法”是在美国监管执法实践中发展起来的，得到了判例法的确认，被法院广泛采用的一种区分期货交易与远期交易的方法。在20世纪七八十年代，因为没有远期合约完整的定义，所以在确定将来交付商品出售合约是否属于远期或期货合约或期权上，期交会通常会审查：①合约的条件和条款；②参与交易的当事人的性质；③合约的功能；④交易场所（market place）和交易方式（manner），并结合立法规定进行综合

① 类似对冲平仓的交易机制安排。

② American Bar Association, The Forward Contract Exclusion: An Analysis of Off-Exchange Commodity-Based Instruments, 41 Bus. Law. p. 854.

评估。①

在斯托沃（In Re Stovall）案中，期交会对期货合约的典型特征作了如下描述：①向公众出售；②购买者无取得实际商品的兴趣；③合约是标准化的；④合约义务通常是通过相反合约交易予以抵销，而不是实际履行。不过期交会也指出："我们并不是说所有商品期货合约都必须具有这些特征，也不是这些特征就是我们在确定某工具是延迟交付的现货合约还是将来交付的商品期货合约的全部特征。相反，我们将考量实际运行情况，我们会毫不犹豫地审查当事人给工具贴上标签背后的东西。"鉴于单纯依靠期货合约典型特征无法准确对期货交易与远期交易做出区分，故在斯托沃案中，期交会提出了综合整个交易情形全面分析并作出认定的"多因素法"。"多因素法"最终被联邦第 9 巡回法庭在匹脱云霄集团（Co Pertro Marketing Group）中接受，并进行了阐释，后被美国大多数联邦法院采用。② 该方法最大的特点就是针对个案具体问题具体分析，具体说来，就是在对交易性质作出认定时，要考虑整个情形（totality of circumstances），因此又称之为整体情形法，或事实与情形法（facts and circumstance approach）。③

法院认为，立法上关于远期与期货的定义是有歧义的，需要通过对立法的历史进行分析来剖析立法上期货与远期的区别，以明确国会立法意图背后的法理基础。通过历史分析，法院得出结论：远期合约排除只是为了满足农场主按照确定价格出售下一个丰收季节收获的农产品给谷物商和加工商，最重要的是，合约双方当事人都期待将来谷物的实际交付。④ 讼争的代理协议签订的目的是投机，双方当事人既无交付基础商品的意图也不指望交付，因此，法院认定被告代理协议不符合远期合约排除的条件。紧接着，法院就转向了另外一个问题——如何认定合约是否属于期货合约。在此问题上，法院概括了期交会在前述案件中有关期货合约特征的描述：①期货合约都是可替代的，除了价格外，其他方面都是相同的（即标准化的）；②因为标准化，所以便利买卖双方通过对冲平仓方式予以清算；③方向相反的两个交易价格差决定了投资者的盈利或损失。通过对讼争合约与上述特征进行比对，法院得出结论

① American Bar Association, The Forward Contract Exclusion: An Analysis of Off-Exchange Commodity-Based Instruments, 41 Bus. Law. p. 854.

② Jayashree B. Gokhalé, Hedge to Arrive Contracts: Future or Forwards, 53 Drake L. Rev. 130 (2004).

③ Jayashree B. Gokhalé, Hedge to Arrive Contracts: Future or Forwards, 53 Drake L. Rev. 130 (2004).

④ Jayashree B. Gokhalé, Hedge to Arrive Contracts: Future or Forwards, 53 Drake L. Rev. 74 (2004).

并裁定“本案合约具有期货合约不指望实际交付的投机性”，该合约属于期货合约。①

在解释其推理过程时，法院强调，分析涉及将来交付的商品合约时，没有任何一个特征是决定性的，也没有界定得非常分明的定义。因此，“必须把交易作为一个整体（viewed as a whole ）来审查交易背后的目的（underlying purpose)”。关键因素包括交易当事人是否从事现货商品业务，商品对他们而言具有内在价值，他们是否有能力交付或接受交付，以及是否指望交付。②

本案所确立的多因素法一直被法院和期交会所遵循。期交会在本判例基础上还增加了一些识别和判断标准，包括当事人是否老练和能够承受额外风险，该交易结构是否会导致在届满前风险放大。③

从美国采取的多因素法来看，交易目的被视为区分期货交易与远期交易的本质特征，但在交易目的的认定上，交易双方是否具有实际交付的意图又是判断双方交易目的的主要依据，判断是否具有实际交付意图，不是根据合约实际履行结果，也不是单纯根据合约的约定，而是综合合约特征和交易的所有特征（合约的签订与执行、当事人的身份以及当事人是否具有履行实际交付的能力与真实需求）进行确定。远期交易与期货交易外在特征中的任何一个特征都不是区分期货交易与远期交易的充分、必要条件。

5.5 结论

由以上分析可以看出，把期货合约看成场内交易的标准化远期合约是学界和业界比较普遍的看法。这一论断实际上包含了以下两层含义：一是肯定了期货合约与远期合约外在特征上的差异并不明显，除了场内与场外、标准化这些显著特征外，二者几乎是相同的；二是从功能的角度而言，二者也十分近似，它们均具有转移风险的功能。④ 值得注意的是，远期合约与

① Jayashree B. Gokhalé, Hedge to Arrive Contracts: Future or Forwards, 53 Drake L. Rev. 74 (2004) .

② Jayashree B. Gokhalé, Hedge to Arrive Contracts: Future or Forwards, 53 Drake L. Rev. 74 (2004) .

③ Jayashree B. Gokhalé, Hedge to Arrive Contracts: Future or Forwards, 53 Drake L. Rev. 76 (2004) .

④ American Bar Association, The Forward Contract Exclusion: An Analysis of Off-Exchange Commodity-Based Instruments, 41 Bus. Law. P. 854.

期货合约外在特征与功能随着商品金融化的加深进一步趋同。因此，单纯依据二者某些外在特征和功能上的特征都无法准确地将二者区分开来，要实现期货立法与监管的目的，必须综合交易整体情形（包括外在特征与功能上的特征）综合进行判断与识别，以比较准确地区分二者。

6 证券市场与期货市场监管与立法的协调

证券交易市场与期货交易市场因金融创新导致两类市场各自相向延伸，发生部分重叠，出现了同时可以归类为期货和证券的金融产品，它们同时满足了期货合约和证券合约的所有特征，同时可以在期货交易所和证券交易所进行交易，区分它们的意义在于明晰法律的适用和监管管辖，避免监管上的重叠与冲突。从立法上来说，这实际上是一个政策目标选择的问题，即对于此类产品，是作为期货合约或期货交易监管，还是作为证券合约或证券交易监管的问题。也就是说，在发生重叠的情形下，应优先归类为哪一类，优先适用哪一类的法律和监管管辖。因此，证券交易与期货交易的区分本质上是如何处理期货交易与证券交易发生重叠所引起的法律适用与监管管辖上的冲突的问题。

6.1 证券市场与期货市场的重叠及监管冲突

证券市场与期货市场原本是两个不相干的市场，证券市场与期货市场分别采取分别立法和分别监管的体制，但随着 20 世纪 70 年代和 80 年代金融期货的出现，两类金融创新改变了这一格局：一是传统证券嵌入了期货，形成了结构性证券（或被称之为混血工具、结构性产品）；二是证券产品作为期货基础商品形成了各种证券期货产品，导致证券市场与期货市场越来越多地交叉和融合，引发了法律适用和监管管辖上的冲突。

证券与期货合约发生重叠和交叉始于 20 世纪 70 年代金融期货的出现。1972 年，芝加哥商品交易所（the Chicago Mercantile Exchange）设立了一个专事金融衍生合约交易的市场——国际货币市场（the International Monetary Market）。1974 年，《商品交易法》修改，显著扩大了“商品”的概念，把金融工具包括进去了。1975 年，期交会准予芝加哥期货交易所申请，芝加哥期货交易所被指定为政府国民按揭协会凭证金融期货合约指定合约市场（Government National Mortgage Association，GNMA）。这就揭开了证券期货合约在商品期货交易所上市交易以及因此而带来的证券交易与期货交易监管管辖重叠和冲突的序幕。

以下以美国为例，来分析证券交易与期货交易的区别与联系。证券交易与期货交易的区别与联系要分两个历史阶段来分析，即20世纪70年代金融期货出现前与20世纪70年代金融期货出现后。见表6-1和表6-2。

表6-1　美国20世纪70年代金融期货出现前证券交易与期货交易的区别

	期货交易	证券交易
交易的标的	有形商品为基础资产的商品期货合约	无形资产为客体的现货有价证券，包括证券期权合约
交易的场所	集中交易的期货交易所	集中交易的证券交易所或柜台市场
法律适用与监管	适用《商品交易法》，接受期交会监管	适用《联邦证券法》（包括1933年《证券法》和1934年《证券交易法》），接受证交会监管
功能	管理风险	募集资本

说明：在20世纪70年代以前，美国《商品交易法》并没有明确将商品期权合约纳入其调整范畴，也未明确期交会是否对商品期权合约交易享有管辖权。

当1974年《商品交易法》把“商品”概念扩大到除农产品等有形商品外的所有其他无形商品，包括所有服务（services）、权利（rights）或权益（interests）等时，《商品交易法》还明确将商品期权合约纳入《商品交易法》调整和期交会专属管辖的范畴。这样，当期货合约和期权合约的基础资产逐步扩大为证券、证券指数、证券篮子以及与它们相关的权利、权益上时，期货交易与证券交易越来越多地产生了交叉与重叠。

表6-2　20世纪70年代证券期货产品出现后期货交易与证券交易的区别与联系

	期货交易	证券交易
交易的标的	除法律明确排除的外，包括证券在内的所有商品为基础资产的所有商品期货合约与期权合约	现货证券、证券期货合约和证券期权合约
交易的场所	集中交易的期货交易所	集中交易的证券交易所或柜台市场
法律适用与监管	适用《商品交易法》，接受期交会监管	适用《联邦证券法》（包括1933年《证券法》和1934年《证券交易法》），接受证交会监管
功能	投资、投机	投资与投机

从表6-2可以看出，让期货合约的基础资产扩大到证券类产品和期权合约被明确包含在期货交易的概念范畴时，原本互不相关的期货交易与证券交易就产生了以下联系：①证券交易与期货交易概念上发生重叠与交叉；②证券期货产品同时在期货交易所和证券交易所交叉上市，市场产生重叠和交叉；③产品与市场的交叉、重叠引起法律适用与管辖上的重叠与冲突。证券市场与期货市场的交叉引起期货交易所与证券交易所为争抢上市金融期货产品和市场份额的激烈竞争，引发了关于金融期货到底是期货合约还是证券合约的法律争议，导致了法律适用和监管管辖上的冲突。

期交会和证交会首次管辖冲突发生在1975年，芝加哥期货交易所向期交会申请指定为交易国民按揭抵押协会（GNMA）凭证期货合约的指定合约市场。期交会给予了该申请，但证交会反对期交会这样做，称凭证和国库券都属于1934年《证券交易法》3（a）（10）所规定的证券，应由证交会管辖。而期交会坚持认为，因为期权与资本形成有很大不同，它完全有可能被设计成具有期货合约同样经济特征的产品，金融工具上的期权应作为《商品交易法》4c（b）所规定的期货。基于此，期交会不顾证交会的反对，继续允许芝加哥期货交易所交易国民按揭抵押协会（GNMA）凭证的期货合约。

作为报复，1978年，证交会给予芝加哥期货交易所许可，作为证交会监管的交易所，交易国民按揭抵押协会（GNMA）凭证期权。芝加哥期货交易所在联邦法庭上挑战该行为，第七巡回法庭禁止芝加哥期货交易所交易该期权。法庭最终得出证交会没有获得核准交易国民按揭抵押协会（GNMA）期权的权力，该期权属于期交会专属管辖范畴的结论。在该判决生效前，1982年，期交会和证交会主席达成了协议——《谢大—约翰管辖公约》（*Shad-Johnson Jurisdictional Accord*）（期交会主席Phil Johnson和证交会主席John Shad达成澄清双方对期货管辖权的协议），对两机构管辖权进行了划分。该合约规定：①证交会对证券为基础的期权，包括股票和股票指数期权享有管辖权；②禁止单个公司和市政证券期货；③期交会对豁免证券，不包括市政证券和股票指数期货享有管辖权。该协定还允许期交会对符合下列条件的股票指数期货交易行使审查核准权力：①以现金结算；②不易于操纵；③建立在或广泛公布指标上的指数基础上，或某个市场板块指数基础上，或其他与该指标存在可比性的指数基础上。这3个标准旨在确保股票指数期货不那么易于操纵，不是用来操纵基础证券或相关期权市场，或是作为单个股票期货合约的替代。

按照该协定，证交会保留对证券，包括证券期权、存储凭证期权、证券指数期权、在全国证券交易所上市交易的外汇期权的管辖权。因为两个机构

无法就单个证券期货合约管辖争议达成协议，这些合约就在协定达成到《商品期货现代化法》通过期间被冻结了将近 20 年。①

期交会与证交会管辖权的划分见表 6－3。

表 6－3　期交会与证交会管辖权的划分

期交会	证交会	禁止交易活动
非证券（农产品、金属、林木产品、能源等）期权、期货和期货期权	所有证券直接交易	需注册证券（除豁免证券外）上的期货和期货期权
豁免证券期货、期货期权	直接建立在证券和指数上的所有期权	
合格股票指数期货、期货期权	按 1933 年和 1934 年《证券法》注册公开发售集合证券	
外汇期权	在股票交易所交易的直接建立外汇上的期权	

协定并没有从根本上解决期交会与证交会的管辖冲突。1988 年，当证交会批准指数参与（index participation）合约在芝加哥期权交易所交易时，争端再起。指数参与是一种无限期的合约，建立在一揽子或证券指数价值上。交易此类合约的证券交易所设计了一个转换比例，在指数和指数参与之间，以便让每个指数参与单位持有人享有按照指数价值上升时兑现的权利。直到被兑现，该指数参与都可以在交易所交易，像其他工具一样。在每个季度末，合约出售者都必须支付给买方该季度基础股票红利价值相当的现金。指数参与类似的持有某个指数证券价值权重组合的封闭式互助基金。证交会的许可在法院受到芝加哥期货交易所的挑战，1989 年 8 月 18 日，第 7 巡回法庭判决该合约属于期交会专属管辖权管辖的范畴。② 第 7 巡回法庭还认定具有证券和期货特征的工具，期交会享有专属管辖权。③ 认定期交会对这些工具享有专属管辖权，就意味着不能在证券交易所上市交易。

① Jeremy Gogel, "Shifting Risk to the Dumbest Guy in the Room" ——Derivatives Regulation After the Wall Street Reform and Consumer Protection Act, 11 J. Bus. & Sec. L. 1.

② Jerry W. Markham, Regulation of Hybrid Instruments under the Commodity Exchange Act: A Call for Alternative, 1990 Colum. Bus. L. Rev. 1.

③ Chi. Mercantile Exch. v. Sec. & Exch. Comm' n, 883 F. 2d 537 (7th Cir. 1989) .

1991年，期交会与证交会再次达成一个新的协议，并联合发布了一个解释性通知，规定了股票指数期货必须满足4个条件才能在指定合约市场上市交易：①至少有25家国内发行人；②组合证券代表总股本规模至少在750亿美元；③单个证券不能超过整个指数股本权重的25%。④任何3只股票的指数权重都不得超过45%。

最终两机构在1999年达成协议，取消了对单个证券期货的禁止。

因证券合约与期货合约混同引起的争议与纠纷同样发生在澳大利亚证券交易所与悉尼期货交易交易所之间。雷坡（LEPO）案就是典型。1994年澳大利亚股票交易所宣布，拟开始交易低行使价格期权（Low Exercise Price Options，LEPOs）。悉尼期货交易所提起诉讼，声称该产品属于期货合约，澳大利亚交易所从事了未经许可的期货市场，违反了法律。按照澳大利亚《公司法》，悉尼期货交易所的指控如果成立，就必须证明该产品属于合格商品期货合约。法院认为股票不是商品，因此不属于1989年《公司法》72节规定的合格商品期货合约。也就是说，该产品属于证券，适用《公司法》第7章调整证券的有关法律规范。该案在澳大利亚引起了广泛的争议，最终澳大利亚各界达成共识，1989年《公司法》关于证券和期货的合约定义只涵盖了证券和期货合约的法律特征，没有能够抓住其本质，故2001年《公司法》修改时，澳大利亚采用了更为宽泛的“衍生品”的概念取代了原来的“期货合约”的概念，并用功能意义上的定义取代了原来形式意义上的定义。①

6.2 冲突解决的路径及方法——证券交易与期货交易的区分

证券交易与期货交易交叉引起的诸多纠纷与冲突的根源在于传统上期货市场与证券市场是两个完全分开的市场体系，分别受到不同法律规范调整和不同监管机构监管，因此，解决因两个市场交叉与重叠所引起的纠纷与冲突的可选择路径有4种：①划清证券合约与期货合约之间的边界，并建立用以识别和区分二者的认定标准，以便能够对二者进行准确的区分和定性，避免纠纷和冲突的发生；②将证券合约与期货合约纳入统一立法与统一监管体制下，尽可能减少二者之间的差异，允许证券交易所和期货交易所交叉上市交易，公平竞争，消除监管套利的空间，以此来根除可能引起的冲突与争议；③允许证券期货产品在证券市场和期货市场交叉上市，允许证券监管机构和

① 以产品的功能特征，而非外在的法律与技术上的特征来定义衍生品和证券。Benjamin B Saunders，Has the Financial Services Reform Act Fixed the Problems with the Regulation of of Securities and Derivatives，(2010) 21 JBFLP 35

期货监管机构共同分享监管权，对其管辖范围的上市的证券期货产品分别进行监管，同时建立与健全二者之间的协调机制，确保监管上的协调统一，以此消除监管的空隙和冲突；④根据优先适用原则，在发生重叠与交叉时，优先适用证券合约或期货合约的概念，按照证券合约交易或期货合约交易进行监管。

从发达国家的比较来看，新加坡、韩国和澳大利亚采取了上述②、④两种相结合的方法，美国则采取了上述①和③两种相结合的方法。

从立法体例上看，新加坡、澳大利亚是采取证券与期货统一立法的典型代表，美国则是维持传统的证券与期货分开立法的典型代表。

6.2.1 证券与期货统一立法下的区分

1. 新加坡模式

新加坡模式的主要特点是在传统商品期货与金融期货分业经营与分别监管的体制基础上，对证券与金融期货采取统一立法和统一监管，颁布了《证券与期货法》，并由金管局统一负责该法实施，负责证券市场和金融期货市场的监管。《证券与期货法》在证券的定义中，明确规定不包括“期货市场交易的期货合约”。这就意味着，对于既可以归类为证券，又可以归类为期货合约的证券期货产品，其在哪个市场交易，就适用调整该市场的有关法律。

统一立法、统一监管消除了证券交易与期货交易重叠可能产生的监管管辖，而在证券定义中明确将期货市场交易的期货合约排除则明晰了证券交易与期货交易之间的界限，明确了各自的法律适用。

值得关注的是，新加坡最新立法修订，将《商品交易法》所有商品衍生品交易都转移到了《证券与期货法》，由金融局统一监管，并用“衍生品”概念替代了现行的《证券与期货法》的“期货合约”的概念。衍生品的定义涵盖无形商品和有形商品为基础资产的所有期货、远期、期权与互换。

2. 澳大利亚模式——对证券与衍生品实行统一立法和统一监管模式

澳大利亚 2001 年《公司法》在金融产品划分上采取了二分法，即将金融产品分为证券与衍生品，用更为宽泛的衍生品的定义取代了原来期货合约的概念，衍生品包括商品类衍生品和金融类衍生品，包括场内交易期货和场外交易柜台衍生品。这样对衍生品与证券监管不但管辖上实现了统一，而且在监管标准上也基本实现了统一。同时，还明确规定，证券与衍生品如产生重合，则证券定义优先适用。这就明确了，如期货交易与证券交易发生重叠，有关证券交易的法律优先适用。

6.2.2 证券与期货分开立法下的区分

美国虽然仍然维持传统证券与期货分开立法，分开监管的体制，但在立法上将豁免证券期货、宽基证券期货归类为期货产品，属于期交会专属管辖的范畴，但允许单个股指期货、窄基证券期货在证券交易所和期货交易所交叉上市，由证交会和期交会共同分享管辖权，也就是说，在证券交易所上市交易的归证交会依据《联邦证券法》监管，在期货交易所上市交易的则归期交会按《商品交易法》监管。

6.3 结论

期货交易与证券交易的区分本质上是要解决期货市场与证券市场重叠产生的法律适用与监管管辖冲突的问题。不同国家采取不同的解决路径和解决方案。有的采取统一立法、统一监管的路径和方法，如新加坡和澳大利亚，而有的仍然维持传统分开立法、分开监管，通过完善协调机制的路径和方法消除冲突可能产生的监管空隙和重叠，如美国。但无论采取何种途径和方法，核心问题是是否要对期货市场和证券市场监管采取不一样的标准，从目前发展趋势来看，监管上差异有不断缩小的趋势，但总的来说，各自所具有的特殊性仍然得以保持。

7　期货交易与其他场外近似衍生品的区分

商品交易市场在不断创新，创新产生了许多与期货近似的衍生品，从而模糊了期货市场与大宗商品市场的边界，给期货交易的监管带来困扰。这些近似期货衍生品的交易，是否应定性为期货交易，是否需要纳入期货法律规范和监管的范畴，一直困扰着决策者和监管者。

7.1　对冲即将到期合约与期货合约

对冲即将到期合约（hedge to arrive contracts）是在20世纪90年代初在美国发展起来的一种新的商品衍生合约。它是生产商和谷物商之间的一种长期合约安排。合约规定交付义务是在将来某个不确定的时间由谷物生产商向谷物商交付约定好等级的固定（约定好）数量的谷物。合约价格通常是参考芝加哥期货交易所期货合约的价格，在此基础上参考若干因素增减若干基点（基点就是指定合约市场的价格与现货商品价格之差）。芝加哥期货合约价格在签约时是确定的，基点则是浮动的，直到生产商选择确定，但必须在合约约定的时间内确定。如果生产商未能在约定时间前选择基点，谷物商就有权确定基点，并确定谷物的出售价格。[①]

对冲即将到期合约有好几类，基本种类被称为非滚动（non-roll）型的，合约的价格根据期货市场加减基点来确定，具有固定的将来交付的日期。将来的价格在起初就确定了，基点则是随后确定的。比较复杂一些的是滚动型的，它包含一个滚动条款（rolling clause）[②]，它让出售方可以原先约定的交付日期向后滚动推迟。

对于滚动的即将对冲合约，美国的一个法院作出了简明扼要的阐释：“农

① Jayashree B. Gokhalé, Hedge to Arrive Contracts: Future or Forwards, 53 Drake L. Rev. 62 (2004).

② Chao-Hung Christopher Chen, The Boundary of Futures Regulation: From U.K and U.S Judgements Regarding Commodity Forward Contracts (2009), http://ink.library.smu.edu.sg/sol_research/912.

场主签订在将来某个时间把谷物出售给谷物商的合约。该合约保证农场主能够找到买主，谷物商能够获得商品供应。该合约通常约定了要出售的谷物数量和质量，以及交付日期和价格。双方当事人在事前确定价格时，都承担了谷物价格不利波动的风险。农场主的风险是交付时价格上涨，导致其因为售价过低而蒙受利润损失；谷物商的风险是价格下跌，导致其支付过分昂贵的价格。对冲即将到期合约试图通过引入灵活的价格机制来解决或缓释此类风险。对冲即将到期合约采用了两个价格指标——芝加哥期货交易所将来某个时间的期货参考价和当地现货基础价格（local basis level），此价格是根据全国价格调整后的当地价格。在对冲即将到期合约中，当事人通常同意在签约时参照全国价格，推迟协议按照当地价格。许多对冲即将到期合约是灵活的，即当事人可以将交付日期往后推迟滚动。当谷物商签订对冲即将到期合约时，它通常在期货市场购买同等数量的相反的期货合约对冲价格下降风险。如果任何一方滚动交付日期，谷物商就买回原来的对冲，通过购买新期货合约再次对冲价格下降风险。原来对冲头寸和滚动对冲头寸之间的差价就附加到原来对冲即将到期合约每蒲式耳上，农场主就承担了负债的风险。”①

对冲即将到期合约兼具期货合约和远期的特征。从期货合约角度来看，对冲即将到期合约属于明显的在将来不确定某个时间上完成的交易。其交付义务明显是不确定的或不具有约束力的，具有明显的期货交易的目的，即转移风险。从远期角度来看，交易是在商业实体之间发生的，都具有交付和接受基础农产品交付的履行能力，但此类买卖产品的合约并不必然都具有内在价值。②

对于包含有滚动安排的对冲即将到期合约，滚动条款就很容易被用来掩盖合约实际上是变相期货合约的真相。

7.2 杠杆合约与期货合约

业界将杠杆合约定义为向公众出售或购买标准化数量和质量的特定商品，在合约生效后任何时候全额付款，即履行交付的标准化协议。法案将杠杆合约称为标准化合约（a standardized contract），即通常作为保证金账户、保证金合约、杠杆账户或杠杆合约进行交易。大多数杠杆合约是长期协议，要求

① Jayashree B. Gokhalé, Hedge to Arrive Contracts: Future or Forwards, 53 Drake L. Rev. 58 (2004).

② Jayashree B. Gokhalé, Hedge to Arrive Contracts: Future or Forwards, 53 Drake L. Rev. 66 (2004).

客户按照约定价格支付，在将来某个时间交付的特定数量和质量的约定商品。通常，客户在合约签订时支付首付，在合约期内客户支付一定费用。在合约期内，客户要么执行合约，要么把合约回售给杠杆交易商以抵销买进合约。当合约被抵销后，客户基于两个合约差价来实现盈利或计算亏损。①

杠杆合约出现在 20 世纪 70 年代通胀时期，因为美元贬值贵金属价格攀升，银币价格相应大涨，美元和白银价格波动产生了套利的机会。白银商开始出售银币对冲通胀风险，为那些无法支付现金的人提供资金。20 世纪 80 年代的杠杆交易都是标准化的，通常，杠杆交易商是每类交易的唯一造市商，可以在任何时候停止做市商的角色。合约购买价格通常是与基础商品价格挂钩的，不过杠杆交易商享有定价自由。当客户购买杠杆交易时，他根据购买价格按比例支付保证金，在合约有效期内杠杆交易商可以随时增加或减少保证金。更重要的是，杠杆交易商保留确定赎回价格的自由，允许其增加出售和赎回的差价。当一个客户购买长期头寸，合约约定价格和杠杆交易商愿意赎回的价格（要价）变动比例很小。加上杠杆交易商收取的费用，就是杠杆交易商的利润。如果市场走势朝着杠杆交易商不利的方向发展，客户没有办法阻止杠杆交易商增加要价，便会让客户赎回无利可图。因此，虽然看起来合约的盈利或亏损是基于基础商品的价格，但实际上，盈利直接与杠杆交易商的确定出售或购回的价格联系在一起。② 杠杆交易商是每类杠杆交易唯一的造市者，相对于客户拥有大量支配上的优势，因此，杠杆交易产生了大量针对杠杆交易商欺诈的投诉，包括欺骗、诱导客户开立和维持账户，使用不公平合约，违反对客户的信赖义务，对客户账户信息作虚假陈述以及过度交易等。这引起了是否要将杠杆交易作为期货交易的争议。

7.3 嵌入衍生合约的混合工具与期货合约

所谓结构性产品（structured products），或混合工具（hybrid instrument），或结构性证券（structured securities）和结构性融资（structured financing），是指衍生品与证券或借贷相结合的复合性金融产品。③

---

① John Buchovecky，The Future of Leverage Contract Trading under the Future Trading Act of 1986，37 Am. U. L. Rev. 161（1987）.

② John Buchovecky，The Future of Leverage Contract Trading under the Future Trading Act of 1986，37 Am. U. L. Rev. 163-164（1987）.

③ Randall Dodd，"The Structure of OTC Derivatives Markets"（2002），http：//www. financialpolicy. org/dscotcstructure. pdf.

美国出现的第一个混合工具是阳光矿业公司（the Sunshine Mining Company）1980年发行的与白银价格挂钩的可赎回债券。① 该债券收益与白银价格指数挂钩，按照1000美元或白银50盎司市场价值赎回。如果指数本金总额大于1000美元，公司交付白银50盎司，而不是现金价值。这让购买者可以获得本金加债券到期时的利息，同时，让他们能够参与白银价格上涨所带来收益的分享。阳光矿业公司是美国最大的白银矿业公司，此类结构性债券的设计目的是让投资者能够获得该公司拥有白银价值上涨的好处，同时给投资设定了一个最低价值。这些特征使债券具有期交会监管的期货合约的特征，购买者可以对白银价格进行投资套利，出售者享有交付白银的期权。但另一方面，合约没有保证金担保。相反，它们代表了实际投资或贷款债权，它们不具有明显的承受或转移商品价值变化的风险。白银价格可能上涨只是作为债券的甜味剂，它与期货合约具有本质上的不同。阳光矿业公司做了好几次类似的发行，其他公司也做了类似发行，都没有受到期交会的追究。

此后，混合工具开始不断创新，在各种各样混合工具中，期交会就认定一些包含商品期权或期货合约的结构性证券为商品期权合约或期货合约。

7.4 期货交易的认定标准

以下就以美国监管执法和司法实践为分析样本来分析和论述美国通过判例法确立起来的区分期货交易与类期货交易的认定标准。

7.4.1 美国判例法上关于期货交易的认定标准

期货交易的主要功能是转移风险（risk shift），而非期货交易的商品交易的主要功能是商品的流通（commodity shift）。交易功能定位决定了交易目的，即从事期货交易的目的是投资（避险或投资套利），远期交易的目的则是当事人之间商业化的商品买卖（merchandising commodities）。因此，对交易进行目的测试就是识别与认定期货交易与其他非期货交易的商品买卖的核心要件。要进行目的测试，需要采用哪些认定标准呢？在这方面，美国监管机构在监管执法过程中和法院司法裁判中通过判例法发展起了一整套方法和相应的认定标准。

① Jerry W. Markham，Regulation of Hybrid Instruments under the Commodity Exchange Act：A Call for Alternative，1990 Colum. Bus. L. Rev. 20.

1. 目的测试多因素法（mult-factors approach）或整体情形法（holistic approach）

多因素法是期交会在斯托沃（re Stovall）案中提出的，最终被联邦第9巡回法庭在皮托诺营销集团（Co Pertro Marketing Group）案中采纳，并进行了阐释，后被美国大多数联邦法院采用的。① 该方法最大的特点就是对围绕交易的整个情形（totality of circumstances）进行具体问题具体分析，因此又称之为整体情形法，或事实与情形法（facts and circumstance approach）。②

案例1：斯托沃按（Re Stovall）③

罗琳·L. 斯托沃（Rawlin L. Stovall）和斯托沃公司（Stovall，Inc.）在1977年5月针对农业部签发的禁止令，即暂停两年从事期货交易特权向期交会提出了申诉。1973年1月22日，农业部长受理了一起行政投诉（administrative complaint）。被指控的被告是一个场内经纪人，是芝加哥交易所和芝加哥开放交易所（the Chicago Open Board of Trade，后来的 the MidAmerican Commodity Exchange，Inc）的会员。其本人也是公司的总裁和主要股东，一个注册的期货经纪人。起诉指控称，在1972年5月3日到1972年12月6日期间，斯托沃以斯托沃公司（R. L. Stovall Inc.，一家独资企业）的名义从事业务，从事谷物现货交易，违反了《商品交易法》第4节规定，非法从事场外期货交易。因为他招揽和从事现货买卖合约实际上是买卖期货合约。对被告的指控总共有3个方面：①违反了《期货交易法》4d节，没有按规定注册为期货经纪商；②违反《期货交易法》4b（D）、4c（a）（A）和《监管机构的条例》（*the Regulations of the Commodity Authority*）1.38（a）节，与客户进行对敲，充当客户交易的对手方，并没有打算实际执行客户订单；③违反《监管机构条例》1.35（a）节，拒绝让农业部执法官员对其账目进行检查。指控建议暂停其注册，停止其交易特权和颁发禁止令。被告答辩否认这些指控，辩称自己是根据《期货交易法》2（a）（1）的规定，在场外从事延迟交付的现货合约交易（cash commodity contracts for deferred delivery），监管机

① Jayashree B. Gokhalé，Hedge to Arrive Contracts：Future or Forwards，53 Drake L. Rev. 130（2004）.

② Jayashree B. Gokhalé，Hedge to Arrive Contracts：Future or Forwards，53 Drake L. Rev. 130（2004）.

③ In re Stovall，[1977—1980 Transfer Binder] Comm. Fut. L. Rep.（CCH）P 20，941，at 23，775-76（C. F. T. C. Dec. 6，1979）.

构不享有管辖权。

1975年，行政法官举行了听证。1977年，经过双方口头辩论后，行政法官签发了55页的裁决意见。裁决认定指控成立。被告不服，申请复议，复议维持原裁决。期交会认定被告与客户之间的合约交易不是远期合约，而是期货合约。期交会归纳了期货合约的几个典型特征：①在交易所交易的标准化合约；②合约的订立主要是为了承接或转移商品价值变化的风险而不是转移实际商品的所有权；③大多数情况下，当事人并不期待通过交付来履行；④合约到期前当事人通过反向交易抵销合约上的交付义务。合约最终是通过结算差价（合约约定的价格与合约约定交付时合约价值之差），而不是实物交付或接受交付。此外，它还描述了其他几个特征，包括直接或间接向普通公众要约和合约由保证金担保。

在本案中，期交会描述其分析判断方法时指出：应当在实际场景中（context）看待每一交易，而不是当事人标榜的交易名称。根据该方法，期交会并不孤立地看待某个因素，而是基于立法将期货合约纳入《商品交易法》当中来进行审视。[①]

在本案中，期交会首次阐释了多因素法，该方法在1982年皮托营销集团（Co Petro Marketing Group）案中得到法院的认可，得到判例法的承认，并发展成为法院认定、区分期货交易与其他类似交易的主要方法。

案例2：1982年的期交会诉皮托诺营销集团（CFTC v. Co Petro Marketing Group）[②]

联邦第9巡回法庭在本案中吸收了期交会在斯托沃（Stovall）案中关于期货合约认定的多因素法，并加以发展。在本案中，法院对围绕交易的所有情形进行了综合分析和评估，以确定讼争的协议是否属于期货合约。这种方法被称为“总体情形测试”（totality of circumstance test）。

本案被告皮托诺（Co Petro）向客户出售一款将来购买石油的合同。合同约定如下。（1）客户任命被告为代理人在将来某个日期按照固定的价格购买一定数量的石油。（2）客户按照购买价格支付一定比例的保证金给公司，但并不要求客户接受交付，相反，它规定，在将来某个日期，如果石油价格上涨了，客户可以委托公司代为出售该石油，然后公司就把原来购买价格和出

---

① Jayashree B. Gokhalé, Hedge to Arrive Contracts: Future or Forwards, 53 Drake L. Rev. 72 (2004).

② CFTC v. Co Petro Mktg. Group, Inc., 680 F. 2d 573, 576 (9th Cir. 1982).

售价格产生的差价汇给客户，并返还保证金；如果价格降了，公司就从保证金中扣减差价，把剩下的保证金汇给客户。

期交会以公司从事非法场外期货交易为由对被告进行了立案查处，并将其起诉到法院。期交会根据《商品交易法》6（c）提起了禁止令诉讼，请求禁止被告出售违反《商品交易法》4 节和 4（h）的汽油产品期货合约。第 9 巡回法庭维持了地区法庭准许禁止令的裁决，认定讼争合约属于《商品交易法》2（a）（1）节规定的期货合约，违反了《商品交易法》第 4 节必须在指定的合约市场进行交易的规定。被告则抗辩称，合约属于豁免的现货远期合约。

法院认为，立法上关于远期与期货的定义是有歧义的，需要通过对立法的历史进行分析来剖析立法上期货与远期的区别，以明确国会立法意图背后的法理基础。通过历史分析，法院得出结论：远期合约排除只是为了满足农场主按照确定价格出售下一个丰收季节收获的农产品给谷物商和加工商，最重要的是，合约双方当事人都期待将来实际谷物的交付。① 讼争的代理协议签订的目的是投机，双方当事人既无交付基础商品的意图也不指望交付，因此，法院认定被告代理协议不符合远期合约排除的条件。紧接着，法院就转向了另外一个问题——合约是否属于期货合约。在此问题上，法院概括了期交会在前述案件中有关期货合约的特征：①期货合约都是可替代的，除了价格外，其他方面都是相同的（即标准化的）；②因为标准化，所以便利买卖双方通过反向交易抵销或清算其持有的头寸；③方向相反的两个交易价格差决定了投资者的盈利或损失。通过对讼争合约与上述特征进行比对，法院得出结论并裁定“本案合约具有期货合约不指望实际交付的投机性”，该合约属于期货合约。②

在解释其推理过程时，法院强调，分析涉及将来交付的商品合约时，没有任何一个特征是决定性的，也没有界定得非常分明的定义。因此，“必须把交易作为一个整体（viewed as a whole）来审查交易背后的目的（underlying purpose)”。关键因素包括交易当事人是否从事现货商品业务，商品对他们而言是否具有内在价值，他们是否有能力交付或接受交付，以及是否指望

① Jayashree B. Gokhalé, Hedge to Arrive Contracts: Future or Forwards, 53 Drake L. Rev. 74 (2004).

② Jayashree B. Gokhalé, Hedge to Arrive Contracts: Future or Forwards, 53 Drake L. Rev. 74 (2004).

交付。①

本案所确立的多因素法一直被法院和期交会所遵循。期交会在本判例基础上还增加了一些识别和判断标准，包括当事人是否老练和是否能够承受额外风险，该交易结构是否会导致在届满前风险被放大。②

由本判例发展起来的区分期货与远期交易的方法被称为“多因素法”，它是美国最具有影响力的区分期货交易与远期交易的方法。“多因素法”是基于整个交易的整体情形判断区分的方法，期交会将其称为事实与情形法。③

2. 目的测试三因素法

1995 年和 1996 年，美国谷物价格大涨，持有对冲即将到期合约合约仓位的生产商都选择滚动延迟交付，将谷物在现货市场出售牟利，谷物商不得不追加期货合约下的保证金。后因此类合约履行引发纠纷。这些纠纷涉及的一个核心问题就是，对冲到期合约到底是非法场外期货合约（illegal off-exchange future contracts），还是享受《商品交易法》豁免的远期合约。④ 在处理对冲即将到期合约的纠纷中，一些法院开始批评多因素法存在的缺陷。

案例 3：耐格尔诉 ADM 投资者服务公司案
（Nagel v. ADM Investor Services ，1999）

在本案中，对冲即将到期合约的卖方——农场主违反合约，未能交付谷物，被买主告上法庭。农场主提出的抗辩就是对冲即将到期合约是非法的期货合约，同时也违反了州法。第 7 巡回法庭法官埃斯特布鲁克（Easterbrook）负责审理此案，他对多因素法提出了批评。（1）多因素法对交付（delivery）的强调产生了误导，因为期货市场合约持有者有权持有合约到期，并交付现货或接受现货交付。因此，使用“交付”来区分期货合约与远期合约只会导致法律上的不确定性，因为这两种合约形式在这一点上是相同的，不但是在立法的文本上，而且是在现实的商业世界里。（2）按《商品交易法》1a（11）节措辞可推导出，远期合约是商品延迟交付的合约，而期货合约涉及的是合

① Jayashree B. Gokhalé，Hedge to Arrive Contracts：Future or Forwards，53 Drake L. Rev. 74 (2004) .

② Jayashree B. Gokhalé，Hedge to Arrive Contracts：Future or Forwards，53 Drake L. Rev. 76 (2004) .

③ Jayashree B. Gokhalé，Hedge to Arrive Contracts：Future or Forwards，53 Drake L. Rev. 58 (2004) .

④ Jayashree B. Gokhalé，Hedge to Arrive Contracts：Future or Forwards，53 Drake L. Rev. 65 (2004) .

约的出售。基于多因素法产生的法律不确定性，埃斯特布鲁克法官拒绝采用多因素法。他指出，当事人需要事前就知道合约是期货还是远期，无论是从商业的角度，还是从立法解释的角度，都是荒唐的，如果同一合约既可能是期货，又可能是远期，则其最终的定性取决于负有交付义务的人是否履行其承诺。① 基于此，第7巡回法庭在本案中用三因素法取代了多因素法。这3个因素是：①合同中交付地点、数量或其他条款约定与其他该商品出售合约不可相互替代；②合约是业内参与者之间的，如农场主和谷物商，而不是套利者或旨在获得差价收入而非实际商品交易的投机者；③交付不可能永久延迟。② 如果符合上述3个条件，就属于远期合约。反之，则可能属于期货合约。在本案中，上诉法院裁定，谷物市场允许农场主滚动无限延迟交付义务，能够在谷物价格上进行投机的对冲即将到期合约不属于期货合约。

不过，在联邦法院有关对冲即将到期合约的诉讼中，大多数法院都采用了皮托营销集团案（Co Petro Marketing Group）确立的多因素法。实际上，所有法院都认定讼争对冲即将到期合约为远期合约，不受《商品交易法》调整，对请求无效的一方具有法律约束力。法院把合约当事人的商品实际交付意图，而不是实际交付的结果作为判断合约性质的主要依据。法院解释说："个性化的多因素法对每个交易都进行审查，识别其特征，当事人是否是标的商品的经营者或生产者；是否有能力交付合约约定的数量的产品和接受交付；是否有确定的交付日期；协议是否明确要求实际交付，而不是允许交付可无限期的滚动推迟；是否在交付时付款；合约是否是个性化的，而不是标准化的。"③

3. 多因素法的局限性——有关杠杆交易性质的争议

鉴于杠杆交易引起的欺诈问题，国会在1974年《商品交易委员会法》中授权期交会负责杠杆合约的监管。《商品交易法》对商品交易采用了"二分法"，即要么作为期货交易，按《商品交易法》监管，要么作为远期交易，豁免《商品交易法》的监管。因此，如要对杠杆交易进行监管，首要的问题就是必须明确杠杆交易到底是期货交易还是远期交易。立法把这个问题留给期交会裁量决定。当时的《商品交易法》第217节规定，禁止任何违反期交会旨在确保交易财务安全或防止操纵和欺诈规则的杠杆交易。该节还规定期交会负责认定杠杆交易是否属于《商品交易法》规定的期货合约，是否按照该法规定进行监管。

---

① Nagel v. ADM Investor Servs., Inc., 65 F. Supp. 2d 740, 750-52 (N. D. Ill. 1999).

② Nagel v. ADM Investor Servs., Inc., 65 F. Supp. 2d 740, 750-52 (N. D. Ill. 1999).

③ Jayashree B. Gokhalé, Hedge to Arrive Contracts: Future or Forwards, 53 Drake L. Rev. 106-107 (2004).

1975 年期交会采用了适用范围非常宽泛的反欺诈规则，将杠杆交易纳入其适用范围，但对于杠杆合约仍然缺乏完整的监管制度。期交会指示市场工具委员会提出有关杠杆合约和期货合约监管标准的建议。1 年后，该委员会提交了报告，建议不应禁止杠杆合约，也不应作为期货合约监管，因为二者完全不同。随后，期交会认定杠杆合约不是期货合约，不应作为期货合约监管，但需要另外建构监管。

1978 年在国会授权的听证会上，期交会宣称它改变了对杠杆合约交易监管的立场，并提出如下建议：废除《商品交易法》第 217 节，将 217 节下的合约中不属于期货合约的管辖权转移给证交会，217 节合约如认定为期货合约，则按 1974 年《商品交易委员会法》进行监管。但在 1978 年 9 月，期交会法律总顾问又提出，所有 217 节下的合约都是期货合约，都适用《商品交易委员会法》关于期货合约的规定进行监管。但国会并没有采纳期交会总顾问的看法，1978 年《期货交易法》通过后，第 217 节被删除。

国会废除了 217 节后，以第 19 节取代了它。第 19 节赋予期交会禁止所有类似期货交易的场外交易（off-exchange that resembled future contracts）的权力。它禁止某些农产品的杠杆交易，还要求期交会监管涉及黄金或白银的杠杆合约，以及授权期交会禁止或监管所有商品的杠杆交易，并把杠杆合约当作期货合约进行监管，如果认定其属于 1978 年《期货交易法》将来交付的合约。①

1978 年《期货交易法》通过后，期交会暂时冻结了新进入的企业从事黄金和白银杠杆合约业务的申请。1979 年期交会向社会公众征求意见，是否把所有杠杆合约都作为期货合约监管，或另外单独建立一套全面监管方案。随后，期交会建议自 1980 年 1 月起，将所有杠杆合约作为期货合约监管。该建议在 1982 年国会和参议院《再授权法》上遭到强烈反对。12 天后，在回应国会来信时，期交会推迟其建议的落实，把生效期推迟了 6 个月，并最终推迟到 1982 年《再授权法》听证之后。

期交会关于杠杆交易的立场在 1983 年有关第一国民货币公司（re First National Monetary Corp.）案中得到了反映。

案例 4：国民货币公司（Re First National Monetary Corp）案

此案发生在 1983 年，在此案中，期交会对两个远期合约交易商（First

① John Buchovecky, The Future of Leverage Contract Trading under the Future Trading Act of 1986, 37 Am. U. L. Rev. 175 - 176 (1987).

National Monetary Corporation and Monex International，Ltd）提起了非法从事期货交易的指控。指控两交易商交易的合约名义上是远期合约，实际上是将来交付商品出售合约（contract sale of a commodity for future delivery），违反了《商品交易法》4h，没有通过指定合约市场成员执行。[①] 期交会行政法官最终认定“实际上是期货合约的远期、延迟交付和杠杆合约”，违反了交易所交易的规定。法官依据的就是法院和期交会早期对场外交易案例认定的判例。法官认定案件涉及的杠杆合约有以下几个方面与期货合约类似。①交易商合约涉及的保证金和交付都是标准化的。法官拒绝了交易商合约不是交易所提供的标准化合约且不在交易所交易的抗辩，认为标准化合约为抵销提供了便利，再次确认期交会和法院把抵销规定作为期货合约标准化的一个重要特征。而且，法官也拒绝了被告“期货合约的一个重要特征是价格必须通过交易所竞争性拍卖确定”的抗辩。②行政法官还认为交易商合约具有投机性目的，即让客户承担基础商品的价格风险，这进一步表明该合约是期货合约。法官的结论是依据皮托诺（Co Petro）案的分析，以非商业利益作为向公众和参与者营销的重点就是合约投机性的证据。③法院注意到交易商远期合约和将来交付合约包含保证金的要求和延期交割费。根据这些事实，法官认定交易商合约实质上与期货合约类似，违反了《商品交易法》。[②] 本案交易商还提出了合约属于延迟交付商品的现货出售合约（contract for the cash sale of a commodity）而非将来交付合约（contract of future delivery）。法官回顾立法历史和有关延迟交付例外的《判例法》，得出例外只适用于不具有投机目的和指望实际交付的合约的结论。法官认定交易商合约并不属于延迟交付例外，不像延迟交付合约，本案涉及的合约是向公众销售的，并不只是为了转移实物商品。[③]

期交会对行政法官的裁决进行了复议，最终推翻了行政法官的裁决。期交会认定被告提出的“杠杆合约”抗辩成立。但期交会依据的是行政法官适用程序法上存在错误，而不实体法。

1983 年 1 月，美国联邦国会通过了 1982 年《再授权法》。附于该法的众议院报告授权期交会继续冻结从事杠杆交易的许可的申请直到期交会能够对

① John Buchovecky，The Future of Leverage Contract Trading under the Future Trading Act of 1986，37 Am. U. L. Rev. 198（1987）.

② John Buchovecky，The Future of Leverage Contract Trading under the Future Trading Act of 1986，37 Am. U. L. Rev. 192 - 193（1987）.

③ John Buchovecky，The Future of Leverage Contract Trading under the Future Trading Act of 1986，37 Am. U. L. Rev. 193（1987）.

杠杆交易进行监管为止。1982 年《再授权法》对前述 19 节进行了修订，废除了 19 节（d），修订了 19 节（c）。修订后的 19 节授权期交会禁止任何期交会条例所不允许的杠杆交易，或禁止任何期交会认定违反公共利益的杠杆交易。

1986 年《再授权法》再次就杠杆交易的监管要求期交会弄清楚：①杠杆合约是否服务于经济目的；②什么是最有效率的，符合公共利益的允许新进入者进入杠杆行业的方式；③什么是防止操纵、欺诈和确保交易财务安全的适当监管方案。

根据国会的指示和授权，期交会制定了有关杠杆交易的规则，即 31.4 部分。按照该规则对杠杆交易的定义，杠杆合约是指条件和条款标准化的，杠杆商品的杠杆客户买（10 年或更长）的买（多头杠杆合约）卖（空头杠杆合约）的合约，如果该合约符合下列情形：①杠杆交易商始终作为合约交易的一方；②杠杆客户必须交付初始保证金并维持保证金；③杠杆客户定期支付多头杠杆合约未支付的余额费用，在空头杠杆合约下，杠杆交易商向客户定期按照客户交付的保证金支付费用；④按照金额履行交付并可从正常商业或零售渠道购买或出售的商品；⑤在履行期限届满时支付余款即可获得杠杆商品交付；⑥杠杆交易商确定合约购买和再购买或出售或再出售的价格。

期交会规则要求杠杆交易商注册，获准注册必须满足下列条件：①如果杠杆交易商从事商品交易，则价格信息得到广泛传播；②用以买卖的商品已经准备好；③合约条款和条件符合立法。条例要求杠杆商满足最低财务标准，保持足够的资产以履行合约债务，进行合约回购。条例禁止期货经纪商从事杠杆交易，也禁止杠杆商声称期交会批准了该杠杆交易或合约。条例还规定客户享有 3 天的冷静期，在此期间，顾客可以撤销合约。

杠杆合约的特征在所有方面都与期货合约相同，而且杠杆合约引起的问题也正是《商品交易法》旨在防范的问题（即过度投机与欺诈）。杠杆合约享受交易所交易例外，违背了美国国会所有期货合约都必须在组织化交易所交易才能最好服务于公众利益的意图。尽管期交会并没有把所有杠杆交易都认定为期货交易，并试图将杠杆合约与期货合约分开来监管，但实际上期交会对杠杆交易采取类似期货交易的监管标准，这反映了期交会在第一国民货币公司（the First National Monetary Corp.）案所持的一个基本立场，即期货合约、杠杆合约实质上是相同的。[①] 因此，杠杆交易不能作为远期交易享受监管豁免，而应该是比照期货交易来监管。

---

① John Buchovecky，The Future of Leverage Contract Trading under the Future Trading Act of 1986，37 Am. U. L. Rev. 202（1987）.

4. 期交会关于远期交易认定标准的布伦特解释

布伦特解释（Brent Interpretation）是期交会针对布伦特 15 天原油市场（15-day Brent crude oil market）所作出的关于期货交易与远期交易的认定标准的解释。布伦特 15 天原油市场交易的 15 天原油合约通常包含一个登记离开的条款（book-out clause）。该条款导致布伦特 15 天原油合约是期货合约还是远期合约的法律争议。

案例 5：传斯拉尔（百慕大）公司诉 BP 北美石油公司案（Transnor (Bermuda), Ltd. v. BP North America Petroleum, Inc. 738 F. Supp. 1472 (S. D. N. Y. 1990).）

在本案中，原告传斯拉尔（Transnor）从英国 BP 购买了北海原油 15 天布伦特原油合约。后来，当原告意识到石油价格下降时，原告就拒绝接受货物的交付，并随后诉 BP 违反了美国《反垄断法》，阴谋打压油价，其行为构成了《商品交易法》上的市场操纵行为。BP 抗辩说，该合约是现货远期，而不是期货合约。法院认为：“15 天合约可代表买卖实物原油具有约束力的承诺。不过，真正的问题是，该交易是否更像原油买卖交易，而不是暗含最终通过交付以外的其他手段进行结算的投机交易。”法院适用皮托诺（Co Petro）判例，认定：“高度投机的，没有交付的履行，以及相对标准化的合约等特点表明，15 天布伦特原油交易与《商品交易法》起草者所理解的远期合约是不同的。”此外，法官还发现，布伦特市场只有少数交易实际交付了，而经常使用抵销和登记离开（booking out）进行现金结算，这表明，当事人实际上不指望实际交付（physical delivery）。法官还注意到 15 天布伦特原油合约条款是高度准化的，有许多投资机构或经纪机构从事该交易。法官还进一步发现，当事人刻意选择通过除交付外其他手段履行其义务，避免交付的可能让参与者将该市场发展成为本质上的“一个纸上的以投机或对冲为目的的市场而不是一个实际转让实物商品的市场”。据此，法院判定 15 天布伦特原油合约为期货合约。因为合同交易量和高度标准化证明了 15 天布伦特市场的投资本质特征。①

法院判决引起了业界的普遍担心，鉴于布伦特原油市场在能源行业的重要影响，期交会发布了针对布伦特 15 天原油市场的名为“期交会关于涉及远

① Chao-hung Christopher CHEN, the Boundary of Futures Regulation: From U. K and U. S Judgments Regarding Commodity Forward Contracts, (2009). http://ink. library. smu. edu. sg/sol _ research/912.

期交易的立法解释”（CFTC Statutory Interpretation concerning forward Transactions，55 Fed. Reg. 39188)，该解释性规定即所谓的“布伦特解释”。期交会在解释中强调，即使规定了交付的交易最终以现金结算（cash-settled），也仍然适用远期合约排除的规定。期交会解释说，现金结算并不会将远期合约转变为期货合约，如果原始合约是合格商业参与者签订的与其业务有关的，给登记退出交易当事人带来具体交付义务的风险，而且登记退出交易是通过一对一谈判（chain of sales，circle or book out clause）（在交付链或环中由多边各方）达成的新协议。也就是说，只要现金结算符合下列两个条件，就不影响其作为现货远期交易的认定：（1）登记退出不是现行合约事先约定的安排，而是后来通过一对一谈判达成的协议；（2）合约是从事买卖合约标的有关业务的商业参与者（commercial participants）之间的。

期交会指出：“在这些情形下，期交会的观点是此类交易是与其业务有关的商业参与者之间签订的，并给参与者课以了能够产生商业性质的重大经济风险的具体交付义务（substantial economic risks of a commercial nature)，但在某些情形下，可能涉及交付链或环，仍然属于享受期交会监管豁免的远期合约范畴。”

布伦特15天原油市场遭遇到的问题在2000年《商品期货现代化法》颁布后就彻底解决了，因为《商品期货现代化法》对合格合约参与方之间的豁免商品交易（不再区分远期与期货）的规定取代了期交会先前的豁免解释，市场参与者无须再担心现金结算远期合约可能成为非法的场外期货合约。

5. 能源豁免（Energy Exemption）

根据1992年《期货交易实践法》，期交会1993年发布了《涉及能源产品的特定产品豁免》(*Exemption for Certain Products Involving Energy Products*)，对特定能源产品延迟交付合约豁免监管，使其除受《商品交易法》反操纵规则约束外，不受《商品交易法》的约束。豁免必须满足下列条件：（1）参与者为与其经营活动有关的，除价格风险外，产生与基础实物商品有关的风险，并能够证明其具有交付或接受交付的能力，或属于银行、经纪交易商、政府实体和公司、合伙或其他净资产超过100万或总资产超过500万的商业实体和其他特定实体。（2）合约为买卖原油、冷凝物、天然气、液化天然气或主要作为能源使用的其他衍生品的。（3）重大经济条款都是由一对一谈判达成的双边协议，并给当事人课以接受基础商品交付或接受交付具有法律约束力的义务，或任何一方都无权在没有经过另一方同意的情况下以现金进行结算。

像布伦特解释一样，能源豁免要求合约签订时就产生具有约束力的交付义务，任何一方都无权进行现金结算或进行抵销交易。但能源豁免解释明确

肯定允许净值结算，但要求净值结算是通过后续的双方达成的新协议来实现的。

6. 期交会关于远期交易豁免的最新解释规则——零售商品交易规则和产品定义规则（the Product Definition Rule）

虽然大多数法院在期货交易认定上都采取了多因素法，但仍然有许多法院拒绝采用，同时，在具体的个案中，法官对多因素法的适用也存在很大的解释空间，这就导致法律适用上缺乏一致性和连贯性。2004 年，一直对期交会多因素法不以为然的芝加哥期货交易所所在地联邦上诉法院第 7 巡回法庭的法官埃斯特布鲁克（Easterbrook）在涉及外汇零售交易案件中的裁决彻底颠覆了期交会多因素法重实质（合约或交易的功能）、轻形式的认定标准。该判例动摇了对期货交易一直坚持的认定方法和标准，导致了新的法律上的不确定性。金融危机后，《多得—弗兰克华尔街改革与金融消费者保护法》试图对此加以改进和完善，并责成期交会制定落实规则。这就产生了外汇零售交易的零售商品交易规则以及排除在互换定义范畴的远期交易的产品定义规则。

案例 6：期交会诉曾列宁（CFTC v. Zelener）案①

该案涉及的一个核心问题是投机性外汇交易是否属于《商品交易法》中的期货合约。

在 2000 年前，期交会对于组织化期货交易所之外进行外汇交易无管辖权。2000 年《商品期货现代化法》对财政部修正案进行了部分修订，给予期交会对涉及外汇期货的外汇交易以管辖权。但在两天内实际交付的外汇出售合约，或买卖双方都有能力接受履行并产生强制交付义务的外汇买卖合约不归其管辖。

案情：阿拉容（AlaronFX）从事外汇交易，以不列颠资本集团（British Capital Group or BCG）公司名义招揽客户，被告是两个公司的主要股东和经理。每个客户在该公司开立账户，另外一个开立在阿拉容处。文件清楚显示，阿拉容将是所有通过不列颠资本集团买卖外汇的提供者，同时也是交易的一方。客户报出其具体数量，以 5000 美元为起点，在 48 小时内进行结算。不过，经过同意，很少客户在约定时间内支付和接受支付。阿拉容本可进行回购交易并与客户进行对冲平仓（两天产生价差）。阿拉容把交易向后滚动延期，在两天到期前，合约也允许这样做，不列颠资本集团也告诉客户可能发

① 373 F. 3d 861，865（7th Cir. 2004）.

生滚动展期。持续延期意味着客户有开口的外汇头寸。如果美元相对于外汇升值，客户可以关闭头寸，并获得盈利。盈利可以通过接受外汇交付或把等量外汇回售给阿拉容获得。不过，如果美元贬值，则客户在把头寸出售回给阿拉容（AlaronFX）时会蒙受损失。

期交会指控讼争的外汇交易合约为期货合约交易。理由为：①该头寸可以无限期持有，客户收益与损失取决于将来价格走势；②客户都是门外汉，不需要外汇；③没有一个客户接受外汇交付，因此出售不能称之为远期合约，不能享受监管豁免。

在本案中，期交会还指控被告通过高压销售方法进行欺诈，对投资者隐瞒投资风险，也没有披露有关的费用，对盈利进行了虚假宣传。参与交易的投资者除不列颠资本集团 238 个投资者盈利外，其余的都蒙受了损失，被骗 400 万美元。

尽管承认讼争交易有延迟交付，而不是立即交付，地区法院法官仍然认为投资者有权要求立即交付。法官认为，并不仅仅因为投资者可以将交付义务滚动延迟，该类合约就成为期货合约。

在上诉中，第 7 巡回法庭上诉法官集中关注讼争的外汇合约是否易于通过抵销而解除双方的义务。也就是说，通过投资者进行同等数量同一外汇相反交易进行抵销。抵销是期货市场交易合约的一个关键特征。不列颠资本集团经纪合约确实规定了抵销，但上诉法庭发现该抵销权属于公司，而不是个人投资者。“客户并不确定他们可以通过抵销关闭其头寸”。因此，法庭认为：“这看起来更像金属或稀有贵重金属商品的批发业务，而不是期货交易所交易的可替代合约。”

上诉法院埃斯特布鲁克（Easterbrook）法官驳回期交会上诉，认定讼争合约是在 48 小时交付的现货出售交易。在较长时期滚动延期增大收益或损失，但并不会将出售转化为期货合约，这与纳格尔（Nagel）案没有什么不同。[①] 外汇现货合约不是期货合约，并不仅仅因为具有无限滚动延期开口特征就成为期货合约。

7.4.2 美国期交会零售商品交易规则

零售商品交易规则的全称是《商品交易法 2（c）（2）（D）节零售商品交易》（*Retail Commodity Transactions under Commodity Exchange Act* Section 2（c）（2）（D），以下简称零售商品交易规则）。2011 年 12 月，期交会发布

① 373 F. 3d 861，865（7th Cir. 2004）.

了该规则。

2010 年通过的《多得—弗拉克华尔街改革与金融消费者保护法》修改了《商品交易法》，构建了一个新的、全面的互换、证券基础互换的监管框架。该法 742（a）节修改了《商品交易法》2（c）（2），增加了 2（c）（2）（D）条款，名为“零售商品交易”。新增款规定，期交会享有对某些零售商品交易的监管权。该规定是针对 2004 年期交会诉曾列宁（CFTC v. Zelener）案法院对“将来交付的商品出售合约”所作的过窄的解释。针对该案，国会在 2008 年《再授权法》中授予了期交会零售外汇交易的监管管辖权。类似地，在 742（a）节，国会给予了期交会非外汇零售商品交易（non-foreign currency retail commodity transaction）新的监管权力，即期交会可以规定此类交易受到《商品交易法》某些规定的约束，不管这些交易是否涉及将来交付商品出售合约。参议员林肯（Lincoln）在辩论时解释说：“该案中合约的功能类似期货合约，但上诉法院基于合同文本上的措辞，认定其为现货合约，不属于期交会的管辖。2008 年《再授权法》作为当年的《农场法》(*Farm Bill*)，澄清外汇上此类交易属于期交会反欺诈权力的管辖范畴。不过，类似该案的合约仍然能够逃避期交会的监管，如果在能源和金属商品中使用。742 节将《农场法》的适用范围扩大到场外所有商品的零售交易。而且，与零售客户交易，如满足了杠杆和其他 742 节规定的条件，不仅受《商品交易法》4b 反欺诈条款的约束(外汇交易)，也适用于该法 4（a）节，就如该交易属于期货合约一样。”

新的 2（c）（2）（D）广泛适用于任何与非合格合约参与方或非合格商业实体之间建立在杠杆或保证金基础上（leveraged or margined basis）的，或由要约方、对手方或在类似基础上与要约方或对手方协作的人提供融资支持的商品协议、合约或交易（包括签订或发出要约）。该新规定还进一步规定，此类协议、合约或交易应当受到《商品交易法》4（a）、4（b）的约束，如果该协议、合约或交易属于期货合约。

新的 2（c）（2）（D）将某些交易排除在外。尤其是 2（c）（2）（D）（ii）（Ⅲ）（aa）排除了在 28 天内实际交付或期交会根据所涉及商品的现货市场的商业惯例制定的规则或条例规定的更长期限内实际交付的出售合约。目前，期交会还没有作比 28 天更长期限的规定。但期交会同时强调它并没有涉及对《商品交易法》期货合约和远期合约含义的解释，也不涉及到新增加 1（a）（47）（B）（ii）不包括在互换中的远期合约含义所进行的解释，也没有改变期交会有关远期合约例外（forward contract exclusion）的政策和立法解释。期交会强调零售商品交易规则主要是对该规定中“实际交付”（actual delivery）进行解释，给公众提供期交会如何评估交易是否构成立法规定的“实际交付”

提供指导。在确定是否在28天内实际交付上，期交会将采用功能性方法(functional approach)，审查协议、合约或交易是如何销售的、管理的和履行的，而不只是依据双方在的协议、合约或交易上的措辞。期交会认为这种方法更能实现国会742（a）使用“实际交付”(actual delivery）措辞的意图。

认定考虑的因素包括：所有权、占有、权利归属、购买商品或出售商品实物所在地，在合约、协议和交易执行前后，购买者和出售者之间关系的性质和买卖记录和完成的方式（manner)。期交会提供下列几个示例来确定交付是否是新的规定下的“实际交付”。

示例1：实际交付在28天内进行，出售者实物交付了购买方要购买的特定数量的商品，包括任何通过使用杠杆、保证金或融资进行购买，移转商品的占用且商品的权利转移到买方。

示例2：实际交付在28天内进行，出售者实物交付购买商品的所有数量，包括任何使用杠杆、保证金或融资购买的部分，无论是是否专门分离出来或用可替代形式，转移到卖方以外及其母公司、代理人或其他关联方以外的人仓库，即：①《商品交易法》规定的金融机构；②期交会指定合约市场认可的商品交付的仓单、权证或仓储凭证；③美国或美国政府机构许可的和受美国监管的仓储设施，把商品的权利转移给了买方。

示例3：实际交付没有发生。如果28天内，卖方通过记账来表示商品交付给买方已经完成或商品出售虽有通过与第三方的合约或账户被卖方覆盖了或对冲了，但卖方并没有按照示例1、示例2的方法实际交付买方购买的商品，包括任何使用杠杆、保证金或融资购买的部分，把权属转移给买方，不管买卖双方协议、合约或交易是否给卖方、或其母公司、合作伙伴、代理人或其他关联方创设交付商品给买方的具有强制执行效力的义务。

示例4：实际交付没有发生。如果28天内，卖方已经主张把买方购买的商品实际交付了，包括使用杠杆、保证金或融资的部分，按照示例2所说的方法，商品权属转移给了买方，但文件没有指明具体占有该商品的金融机构、存管或仓储，商品的具体规格和把权属转让给买方当事人的身份，以及商品的实际分割区分或分派。

示例5：实际交付没有发生。如果购买商品的合约、协议或交易被滚动延迟、抵销或与其他交易进行抵销或在买卖双方进行现金结算，卖方并没有按照示例1、示例2所说的方法实际交付买方购买的全部商品，包括使用杠杆、保证金或融资的部分，把权属转移给买方，不管买卖双方的协议、合约或交易是否给卖方或其母公司、合作伙伴、代理人或其他关联方是否创设了向买方交付商品的具有强制执行效力的义务。

7.4.3 产品定义规则

2012 年 8 月期交会和证交会联合颁布了“产品定义规则”（the Product Definition Rule），该规则全称为“互换、证券基础互换、证券基础互换协议、混合互换、证券基础互换协议财务记录”（Further Definition of “Swap”, “Security-Based Swap”, and “Security-Based Swap Agreement”, Mixed Swaps; Security-Based Agreement Recordkeeping），其中一部分是关于“非金融商品远期合约”（Forward Contracts in Nonfinancial Commodity）排除在互换定义中的规定。

《多得—弗兰克华尔街改革与金融消费者保护法》（以下简称《金改法》）分别给予期交会和证交会对互换和证券基础互换以监管权。《金改法》721 节修订了《商品交易法》，增加了“互换”“证券基础互换”“证券基础互换协议”的定义。712（d）（1）规定，期交会和证交会商联储，联合进一步对这些概念作出解释。712（a）（8）还进一步规定了期交会和证交会要联合制定有关混合互换（mixed swap）的条例，以落实 Title VII 的有关规定。

《金改法》对互换的定义非常宽泛，将其定义为包括规定了根据可能导致某些潜在金融、经济或商业的偶发事件发生或不发生以及发生的程度来确定支付义务的合约或交易。除了概括性定义外，立法还列举了包含在互换定义中的主要衍生产品种类，其中包含一个兜底条款，即“将来成为，业界公知作为互换交易的”的合约或交易。《金改法》授权期交会和证交会制定解释性规则以明确互换、证券基础互换的内涵及外延，明晰各自监管的管辖范畴。

《金改法》修订了《商品交易法》关于远期合约排除的规定，新的 1a（47）（B）（ii）规定，“延迟装运或交付的非金融商品出售，只要交易打算实际交付结算”（any sale of a nonfinancial commodity or security for deferred shipment or delivery, so long as the transaction is intended to by physical settled），就不属于互换合约。证交会与期交会联合发布的“产品定义规则”，其中的一个重要内容就是明确远期交易的定义和认定标准，为业界准确理解远期交易豁免提供指导。该规则明确涉及非金融商品通过实际交付进行结算的（农产品和无形商品）远期合约不属于互换，证券远期也不属于互换。它包括以下几方面的主要内容。

（1）解释明确了下列几类合约属于立法上享受豁免的远期合约。①打算实际交付结算的非金融商品远期合约如果最终通过冲销方式结算，则其仍然属于享受豁免的远期合约。②根据布伦特解释，作为投资战略的一部分，投资基金接受黄金交付不属于豁免的远期交易，因为其交易活动不能被认定是商业性质的，但如果远期合约的用户是珠宝生产商所拥有的投资基金，则符合豁免的条件，因为它是用来满足珠宝业的商业需求的。③符合标准的包含有选择性安排（having embedded optionality）的远期合约仍然享受豁免，如仅仅因为允许对手方选择续约或改变实际交付的地点就不会使远期合约丧失豁免条件。④符合标准的包含有量的选择的远期合约仍然享受豁免。如非金融商品远期合约允许相对方因为需求的改变或市场环境的改变而变更交付的量仍然享受豁免。⑤实际交付的实物交换交易和燃料交付交易属于豁免的远期合约。

（2）重新声明了布伦特解释中关于远期交易的认定标准，将其扩大到所有非金融商品远期交易，并对一些概念进一步作了解释和澄清。

在《产品定义规则》制定过程中，期交会发布了一个关于非金融商品远期合约排除的通知，在该通知中，期交会重声将远期合约排除与期交会以前先例保持一致，期交会还澄清“商业实体”的含义与其 1990 年所谓的布伦特解释相同。在该建议草案中，期交会撤销了 1993 年的“能源豁免”。为回应某些批评，期交会对登记退出文本做出了新的解释，并对认定某个合约是否是“远期”的“事实和情形”中增加了需要考虑的因素。

期交会重声排除在互换定义中非金融商品远期（forward for nonfinancial commodity）的解释将与现行排除在期货合约中的远期历史上的解释保持一致。此外，期交会澄清，其整个有关远期的先例也适用于不包括在互换和将来交付定义中的远期排除。

期交会历史上的解释就是非金融商品远期合约是商业的买卖交易（commercial merchandising transactions）。远期合约的目的是转移商品的所有权，而不只是转移价格风险。期交会注意并再次确认：“把远期排除的理由是《商品交易法》期货交易监管架构不应适用于具有强制交付义务但交付基于商业便利或需要予以延迟的私人商业买卖交易（merchandising commodities transaction）”。交付意图在历史上一直是期交会认定某个合约是否是远期合约的一个重要要件。在评估当事人交付的预期或意图上，期交会一直采用了“事实和情形”测试（facts and circumstances tests）。因此，期交会解读涉及非金融商品互换定义中“打算实际交付结算”（intended to be physically settled）措辞反映了期交会的一个思路，把“打算实际交付结算”作为认定合约是期货合约还是远期合约的一种重要因素。

新规则重申布伦特解释仍然有效，而且期交会进一步澄清，只有出于“商业的”（commercial）目的（purpose）的合约才满足适用布伦特解释的条件。“商业的”是指与生产者（producers）、加工者（process）、制造者（fab-

ricator)、提炼者（refiner）或经销者（merchandiser）业务相关。期交会在解释中指出，一个企业只从事远期合约商业活动并不符合远期豁免的条件。布伦特解释长期坚持的一个观点就是，对冲基金的投资并不是布伦特解释意义上的商业活动。它举例说，作为投资战略的一部分，一个基金如果接受黄金的交付，则该交易并不会被认定为商业的买卖交易（commercial merchandising transaction），然而，如果该基金利用黄金远期合约保障其拥有的企业（如珠宝加工商）的原材料供应，则该合约就符合布伦特解释的条件。

新解释还对涉及布伦特解释适用的一些主要概念做出了认定、解释，包括"非金融商品""商业参与者"（commercial participants）"打算实际交付结算"（intended to be physically settled）。

非金融商品是指可以实际交付的商品、豁免商品或农产品。期交会还指出，无形商品也可以成为非金融商品，只要其符合下列条件：①不是被排除的商品（excluded commodity）；②可以被实际交付；③能够以某种方式转让；④能够被消费。期交会还澄清，环境商品（environmental commodities）属于无形商品，尽管它拒绝给环境商品下定义。

对于商业参与者，期交会澄清，商业市场参与者在正常业务过程中经常性交付参考商品或接受参考商品的交付就满足了布伦特解释中的"商业参与者标准"。

对于"打算实际交付结算"，期交会解释说可以从合约有约束力的基础商品的交付或接受交付义务和合约当事人在日常业务中实际上经常履行交付和接受交付的事实来推断。

此外，通过新的解释，期交会把布伦特解释的适用范围从石油扩大到了所有非金融商品。因此，所有非金融商品登记退出都是允许的（只要满足布伦特解释规定的条件），都排除在互换和将来交付（期货合约）的定义之外。

（3）撤销了能源豁免，但对享受豁免的条件作了一些解释和澄清。

因为已经把布伦特解释扩大到适用所有的非金融商品了，所以，期交会决定撤销能源豁免。这包含了一个导致实物交付义务抵销交易前净值结算协议，"真实终止权利"（bona fide termination rights）和某些其他当事人可以对交付义务进行结算的方法。

能源豁免，像布伦特解释一样，要求在一开始就有约束力的交付义务，无权利进行现金结算或进行抵销交易（netting transaction）。要求登记退出必须是根据事后单独谈判达成的协议进行的。期交会澄清实物净值结算协议（physical netting agreement）包含一个将来减少净交付数量的条款，而非故意的交付义务抵销（与布伦特解释中登记退出的意图是一致的），规定当事人具有真实意图（a bona fide intent），在达成交易时进行交付或接受交付。

撤销能源豁免后，因为一方当事人真实终止权利导致交付不履行并不因此让具有约束力的交付义务丧失约束力。期交会列举了下列真实终止权利，如不可抗力和违约触发终止，或对手方破产、违约或其他不能履行情况出现。期交会确认符合远期排除的市场参与者可以继续享有真实终止权利对交付义务进行抵销，虽然它是在能源豁免中规定的。但该权利必须是真实的，而不是出于规避法律。鉴于此，期交会澄清，真实终止权利必须是因为签订合约时双方当事人无法预见的原因触发的。

能源豁免也讨论当事人结算其交付义务的各种方法，包括出售方将权属转移和购买方将接受付款权利进行转让；某些情况接受商品交付和权属转让给另外一个链条中的中间购买方；不同质量、规格或种类实物商品进行交换。期交会澄清，此类结算方法与布伦特解释通常不一致。

期交会将仔细对市场参与者是否合法遵守布伦特解释的安全港进行监督。如果非商业市场参与者属于交付链中的中间购买者（intermediate purchasers in delivery chain），该交易实际上并不是商业买卖交易，该当事人就不能依据布伦特解释的安全港来主张豁免的抗辩。

（4）对满足豁免的登记退出文本的要求。

期交会把有关登记退出的文本也考虑进去了，按照布伦特解释，登记退出必须是通过事后、单独的谈判协议达成的。而期交会对现行登记退出记账也非常敏感，为防止安全港滥用，期交会澄清，如果是口头协议，则该协议必须以某种书面形式或电子形式在合理的商业时间范围内加以确认。

（5）阐明了期交会认定为远期交易的其他考虑因素——最低合约规模和其他情节（contextual factors）。

其他因素方面，期交会考虑增加如最低合同规模作为远期合约例外。期交会已经确定最低合同规模不属于布伦特解释下远期合约必须具备的条件。不过，建议考虑是否将合约规模作为认定某合约是否是远期的一个情节。而且，期交会在认定某合约是否属于远期合约时也要考虑其他情节，如对该产品可证明的商业需要、该合约的目的（如所声称的远期合约的目的是否是出售实物商品、对冲风险或投机）；在其主要商业业务上，商业实体一贯性的做法，在商业性营业、远期和互换交易中，没有进行商品实际交付结算是否是基于商业环境发生了变化。这些情节是与期交会历史上的事实—情形方法相一致的。

（6）就可以实际交付的非金融商品、豁免的或农产品和有关环境商品（environmental commodity）提供了指南。

7.4.4 《金改法》下的“重大价格发现合约”

“重大价格发现合约”（significant price discovery contracts）是在金融危机爆发后 2008 年国会通过《农场法案》（*Farm Bill*）增订到《商品交易法》2（a）（1）关于期交会专属管辖范畴中的。它在“将来交付出售合约”（contract of sales of a commodity for future delivery）后的括号里加上了“包括重大价格发现合约”（including significant price discovery contracts）。立法将“重大价格发现合约”定义为受监管期货市场或现货市场符合下列情形的具有“重大价格发现功能”的合约：①与交易所交易的合约挂钩；②能够在豁免的商品市场和其他市场间进行套利；③可以被用作商品买卖标价或交易直接参考的价格；④具有充分流动性（material liquidity）的交易流量。2009 年 3 月，期交会颁布了有关“重大价格发现合约”的定义和认定的程序规则。2009 年 6 月，期交会提出将亨利哈勃金融（Henry Hub Financial LD1）固定价格合约认定为重大价格发现合约。理由是该合约依据纽约商品交易所天然气期货清算价格进行结算，每天交易量很大以及交易者对该合约价格的普遍使用满足了重大价格发现合约的法定条件，包括流动性、价格关联性和套利标准。2010 年 4 月 27 日，期交会各委员一致表决同意将国际商品交易所（ICE）交易的 7 个天然气合约认定为重大价格发现合约。一旦被认定为重大价格发现合约，就将受到期交会监管并遵守有关报告的要求，包括头寸限制、大交易者报告以及国际商品交易所必须加强监督等。

美国决策者意识到现行期货交易认定标准让许多功能近似的商品合约交易游离于监管之外，包括前面所说的杠杆交易、即将到期对冲合约等，采用“重大价格发现合约”实质上把豁免市场豁免的交易中所有功能意义上的“期货交易”都统一按“期货交易”监管标准进行监管了。

7.5 期货合约与结构性产品

早期混合工具通常是以债券的形式出现。当此类混合工具，或结构性融资在 20 世纪 80 年代开始流行起来时，期交会还没有意识到可能存在的变相期货交易问题，也很少关注此类债券的发行。[①] 但随着此类债券的增长和投资者的大力追捧，期交会开始对其关注起来。混合工具兼具证券和商品期货或

① Jerry W. Markham, Confederated Bonds, General Custer, and the Regulation of Derivative Financial Instruments, 25 Seton Hall L. Rev. 19.

期权的特征。对于此类工具，最初期交会采取个案审查的方式，通过个案审查发布临时解释来阐述其监管政策。混合工具后来进入农业领域，某些工具，如互换、一些利率合约，让投资者能够对利率负担设置上限或下限，则完全逃避了监管。鉴于此，期交会开始尝试制定规则，建立区分受监管期货合约和期权与不受监管的其他柜台衍生金融工具的标准。但最终，无论是期交会，还是法院判例，都没有能够建立起一个明晰的标准。①

为更充分地了解新产品和采取适当的监管对策，期交会宣布设立一个金融产品咨询委员会（Financial Products Advisory Committee），由机构市场参与者，以及传统市场参与者，如经纪企业、商品交易顾问组成。该委员会负责考虑衍生金融工具可能永久作为现货市场交易替代的程度、机构和商业市场参与者之间金融期货和期权产品场外交易的范围和程度。② 期交会也设立了一个场外工具工作组（Task Force on Off-Exchange Instruments），通过发布不采取行动函处理拟进发行的混合工具。这包括与外汇挂钩的债务工具，其他与纯粹债务工具相比发行时固定年利息超过年收益 35%，并提供额外支付，还有收益上限固定在某个额度，如与天然气价格上涨挂钩的债券；对受到联邦存款保险公司保险的存单，利息在到期时按照黄金现货价格指数，包含有年收益至少 35%固定利息的票据等。

由于混合工具的合约条件和特征的多样性，期交会认为，不可能采取单一的标准来确定其监管应对措施，而应对各种工具区别对待。期交会的立场是，受到其他监管当局充分监管的、只具有附属商品期权要素（incidental commodity option elements）的债务工具，包括银行存款或其他一般不受期交会监管的混合工具等，可以享受期交会监管豁免，但要取得豁免，必须向期交会报备其拟进行的发行，发行人同意按照期交会的要求提交报告。此外，必须向参与者披露该交易不受期交会监管。③

在确定混合交易是否只有附属商品期权因素时，期交会采取的仍然是目的测试法，即评估交易的主要目的，即交易是否转让商品期权上的权益，或相当于该商品的权益。如果商品相关要素不是主导性的，则可认定其相对于交易总体目标是附属的。期交会还确定把有效期限（term-to-maturity）、商品

---

① Jerry W. Markham, Confederated Bonds, General Custer, and the Regulation of Derivative Financial Instruments, 25 Seton Hall L. Rev. 19.

② Jerry W. Markham, Regulation of Hybrid Instruments Under the Commodity Exchange Act: A Call For Alternative, 1990 Colum. Bus. L. Rev. 41.

③ Jerry W. Markham, Regulation of Hybrid Instruments Under the Commodity Exchange Act: A Call For Alternative, 1990 Colum. Bus. L. Rev. 43.

基础上的收益（commodity-based return）和业务线要求（lines of business requirement）等作为判断附属要素的标准。如果要认定商品相关要素是附属的，就必须满足：①与商品相关要素无关的年收益或收入至少不低于发行时可比较的纯粹存款工具年收益的35%；②与商品相关要素上最大平均潜在年收益，根据到期商品行权价计算，不超过20%；③业务线条件，要求期权成分与发行人主营业务相关。这是确保有关商品相关风险属于发行人有足够商业经验，能够自行加以处理的。期交会提出的混合工具发行人的净财富条件为至少有1亿美元。发行人必须保持担保或挂钩商品足够的储备，总量应大于发行人目前交付的义务或接受交付的部分，以支付混合工具条款下的现货价值。①

在征求意见后，期交会在1989年1月11日发布了一个关于混合工具认定的建议稿。混合工具定义为包括具有商品成分（commodity component）并不可分离的债务或存款工具。这实际上把可分离权证排除在其监管范畴外了。这就意味着，期限届满，商品交易生产的收益超过债务工具的将不在豁免范畴里。1989年7月21日，期交会最终采纳了调整某些混合工具的最终规则。规则豁免：①混合债务工具；②包含商品期权成分的优先权益或存款工具，如果该工具按照1933年证券法注册，或因为是证券，豁免注册，或是联邦保险的金融机构发行的证券，或美国许可外国银行办事处或分支机构发行的证券；③保险公司发行的证券和证券法豁免注册的证券；④联邦保险的金融机构发行的存款、债券存款或交易账户。工具内暗含期权费不超过工具发行价格的40%。除此之外，发行人不能把混合工具作为期货合约或商品期权工具进行销售，不能按照合约市场使用的交付工具进行结算。②

案例7：期交会诉富国银行
（CFTC v. Wells Fargo Bank，N. A.，Civ. No. 87－07992 Wdk.（BX）（Nov. 18，1987））③

在本案中，期交会指控富国银行以富国黄金市场凭证（Wells Fargo Gold

① 期交会提出的建议设置的条件。Jerry W. Markham，Regulation of Hybrid Instruments under the Commodity Exchange Act：A Call for Alternative，1990 Colum. Bus. L. Rev. 45.

② Jerry W. Markham，Regulation of Hybrid Instruments under the Commodity Exchange Act：A Call for Alternative，1990 Colum. Bus. L. Rev. 50－51.

③ Jerry W. Markham，Regulation of Hybrid Instruments under the Commodity Exchange Act：A Call for Alternative，1990 Colum. Bus. L. Rev. 22.

Market Certificate）的形式非法发行和销售期权合约给普通公众。按合约，购买该凭证的人需要在银行存入一笔 2500 美元到 100 万美元的资金，认购者支付一定费用就可取得根据价格上升计算的收益，如果黄金价格在 26 周存款期限届满后上涨。参与该计划的投资者可以选择完全期权（full option）或"半期权"（half option）。如选择前者，投资者收益按照存款总额乘以黄金价格 26 周期满后上涨部分的 100%。半期权乘以上涨价格的 50%，但支付费用也比较低。此外，如果投资者选择了行使期权，则在获得黄金价格上涨带来的收益时，必须相应地放弃存款上的利息。富国最后同意禁止销售该产品，退还客户资金，支付期权费用和资金利息。

1988 年，在银行同意按照期交会要求提供信息的条件下，期交会官员同意银行销售利息与现货黄金价格指数挂钩的存单。此类指数存单利息可以随指数价值上涨而上涨，下降而下降。存单也有不超过非指数存单年利息 35% 的担保利息，没有签约费用（up-front fee），该存单提前支取要收取罚金。该存单也受到联邦存款保险公司的保险，没有指数存单二级市场。指数存单期限为 1 年，最低为 2 万美元一个单位。指数存单不会当作享有商品期权或期货合约的好处来进行销售。①

2000 年《商品期货现代化法》极大地扩大了排除在《商品交易法》监管范围外的混合工具范围，包括主要（predominantly）是证券或银行存款的产品。《商品交易法》2（f）将决定性成分属于证券的所有混合工具排除在《商品交易法》的监管范围外。混合工具被定义为根据价值、价格水平或利率或汇率计算一次性支付或几次支付的证券，或规定一个或几个商品的交付。

按照《商品交易法》的规定，如果满足下列标准，该混合工具就被认定为是证券：①工具发行人在交付工具时获得了认购工具的全部价款；②持有人不需要向发行人支付价款以外的其他支付，无论是作为保证金，结算或其他，在混合工具有效期限期间；③工具发行人不受逐日盯市保证金条件的约束；④该工具不是作为期货合约或期权进行销售的。

① Jerry W. Markham，Regulation of Hybrid Instruments under the Commodity Exchange Act：A Call for Alternative，1990 Colum. Bus. L. Rev. 25.

第三部分

期货市场

8　期货交易所

8.1　交易所的定性及功能定位

8.1.1　现行立法对交易所的定性及功能定位

我国现行《证券法》第102条规定："证券交易所是为证券集中交易提供场所和设施，组织和监督证券交易，实行自律管理的法人。证券交易所的设立和解散，由国务院决定。"现行《期货交易管理条例》（以下简称《条例》）第7条规定："期货交易所不以营利为目的，按照其章程的规定实行自律管理。期货交易所以其全部财产承担民事责任。期货交易所的负责人由国务院期货监督管理机构任免。期货交易所的管理办法由国务院期货监督管理机构制定。"证监会《期货交易所管理办法》（以下简称《办法》）第3条规定，期货交易所是指依照《条例》和《办法》规定设立，不以营利为目的，履行《条例》和《办法》规定的职责，按照章程和交易规则实行自律管理的法人。

从现行立法来看，我国将交易所定性为非营利组织；从功能上来看，我国将其定位为市场自律组织。

8.1.2　交易所公司化趋势

2006年，我国所有的证券交易所和期货交易所采取的都是会员制。2006年9月由上海期货交易所、郑州商品交易所、大连商品交易所、上海证券交易所和深圳证券交易所共同发起设立的中国金融期货交易所，是按照《公司法》注册设立的股份有限公司，是公司制的交易所，而非会员制的交易所。不仅如此，2012年9月，由上海证券交易所、深圳证券交易所、中国证券登记结算有限责任公司、上海期货交易所、中国金融期货交易所、郑州商品交易所、大连商品交易所共同发起设立的全国中小企业股份转让系统（即新三板），也是按照《公司法》注册成立的，采取了有限责任公司形式，属于公司制的交易所，而不是会员制的交易所。

新设立的期货交易所和证券交易所都未按现行立法采取会员制，而是按《公司法》采取了公司制，尽管这些交易所仍被定性为非营利、实行自律的法人。

8.1.3 交易所公司化带来的问题

1. 公司法人的营利性与交易所的非营利性定性的冲突

尽管我国现行《证券法》和期货立法将证券交易所和期货交易所定性为非营利法人，但按照我国《公司法》第3条的规定，“公司是企业法人”，是营利性的，二者相互矛盾，不协调。

2. 公司化与交易所自律组织的功能定位也存在冲突

按现行立法，交易所不仅提供交易场所和设施，同时还是场内交易的自律组织，对场内市场负有监管职责。正因为如此，为了有效发挥交易所的自律功能，交易所才采取了互助性的会员制，保持其非营利地位。如果交易所公司化，去互助化了，变成了营利的企业法人，那么交易所如何保持和履行其自律功能呢？我国目前交易所公司的化趋势表明，我国交易所今后仍将朝公司化、营利化方向发展。

《期货交易管理条例》规定，交易所按照章程实行自律管理，这对于会员制的交易所而言是正确的，但对于公司制交易所，则有所不妥，因为对于公司制交易所，自律主要依靠的是交易所的业务规则，而非章程。因为按照《公司法》，公司章程只对公司股东、董事、监事、高管等具有法律约束力，对非股东的交易所会员或其他市场参与者是不具有法律约束力的。

8.1.4 立法建议

我国期货立法对交易所的定性及功能定位可采取双轨制，允许交易所选择采取营利性公司制，或非营利性会员制。对于营利性公司制交易所，应处理好公司治理与市场自律的关系，防止营利性与自律性之间产生冲突。

8.1.5 域外经验

交易所公司化与营利化后，如何解决交易所自律功能与其营利性之间的冲突呢？国外一些国家的做法是把交易所自律功能剥离到一个专门履行市场自律的组织。日本就是采取的此种做法。《金融工具与交易法》102—14条：“当一个自律组织打算履行自律有关服务时，它应获得首相的核准。”102－18条：“自律组织应当根据交易所委托从事涉及金融工具交易所的自律相关服务。”其他国家也采取了类似解决方案。

8.2 期货交易所及其他期货交易场所

8.2.1 我国现行体制及存在的问题

《期货交易管理条例》第 6 条第 1 款规定："设立期货交易所，由国务院期货监督管理机构审批。"第 6 条第 2 款紧接着强调："未经国务院批准或者国务院期货监督管理机构批准，任何单位或者个人不得设立期货交易场所或者以任何形式组织期货交易及其相关活动。"《期货交易管理条例》第 13 条第 1 款之（五）规定，交易所"合并、分立或者解散"应经国务院期货监督管理机构批准。

《期货交易管理条例》第 6 条第 2 款"未经国务院批准或者国务院期货监督管理机构批准"暗示在国务院期货监督管理机构外，国务院可直接批准设立期货交易场所，这与《期货交易管理条例》第 5 条确定的"期货市场实行集中统一的监管管理"自相矛盾，而且与第 6 条第 1 款相矛盾。

我国目前除主管期货市场的证监会批准设立的期货交易所外，还有国务院批准设立的由中国人民银行主管的从事黄金等贵金属期货交易的上海黄金交易所。除此之外，还有银行柜台期货交易市场。

从发展趋势来看，期货市场碎片化和监管的碎片化最终是需要克服的，期货市场的立法与监管是要走向整合统一的，目前或将来都可能需要将未纳入国务院期货监督管理机构的期货市场或其他交易场所纳入国务院期货监督管理机构统一监管。因此，对于目前已经存在的，可以通过渐进改革逐步来解决，但期货立法应当禁止在国务院期货监督管理机构管辖之外新设其他期货交易场所。

8.2.2 相关做法

在我国台湾，设立期货交易所须经主管机关许可。中国台湾《期货交易法》第 8 条规定："期货交易所之设立，应经主管机关之许可并发给许可证证照。前项设立标准及管理规则，由主管机关定之。"我国台湾《期货交易法》第 13 条第 1 款还进一步规定："非依本法不得经营期货交易所或期货交易所业务。"第 2 款规定："任何不得以场所、设备或资讯，提供他人经营前项非法业务。"按照我国台湾有关立法，除主管机关批准设立的期货交易所或其他交易场所外，没有其他从事期货交易的场所。

日本《金融工具与交易法》第 80 条（执照）（1）规定："除获得许可的

金融工具企业协会外，未取得首相颁发执照，不得设立金融工具市场。”按上述日本有关立法，除经首相核准设立的期货交易所或期货交易场所外，还有金融工具企业协会管辖的柜台市场。

8.3 交易所章程的审核及效力

8.3.1 监管机构对交易所章程的核准权

我国现行《证券法》第103条规定，“设立证券交易所制定章程。证券交易所章程的制定和修改，必须经国务院证券监督管理机构批准。”《期货交易管理条例》第13条之（一）规定，制定或者修改章程、交易规则，应当经国务院期货监督管理机构批准。

会员制期货交易所章程是交易所自律的重要依据，对全体会员，同时也是市场参与者具有约束力。但无论是公司制交易所，还是会员制交易所，章程都是交易所自治与治理的重要的基本法，因此，交易所章程一方面不能与有关立法和监管机构的规章产生冲突，另一方面也必须要将监管机构要求规定的内容体现出来。因此，在期货立法中，应维持监管机构对交易所章程事前审查核准的权力。

8.3.2 交易所章程的效力

1.《公司法》上的效力

按照《公司法》，公司章程只对公司股东、董事、监事、高管具有约束力，对公司以外的其他人不具有约束力。

2. 期货法上的效力

在会员制的情况下，会员具有双重身份，他们既是交易所的成员，又是交易所的主要参与者，他们本身也参与交易所章程的制定与签署，理应接受章程的约束，故《期货交易管理条例》规定，交易所根据章程实行自律。

交易所公司化后，交易所股东与交易所会员身份实现了分离，交易所会员是市场的参与者，而非股东，作为交易所会员，只遵守交易所交易规则，没有义务遵守公司制交易所的公司章程，章程只对交易所股东具有约束力，对会员不具有约束力。因此，对于公司制交易所，期货立法应当区分公司章程的效力和交易所交易规则的效力，不能把二者混同。

8.3.3 中国台湾相关立法

我国台湾期货法没有把经监管机构核准作为交易所章程生效的前置条件，

但对章程绝对必要的和相对必要的记载事项都作了明确规定。中国台湾《期货交易法》第23条规定了章程必须记载的事项，它规定：“会员制期货交易所之发起人应以全体之同意订立章程，载明下列各项事项签名盖章：一、目的。二、名称。三、主事务所所在地。四、组织及职掌。五、会员种类及资格。六、会员名额。七、会员入会及退会。八、会员出资及退费。九、会员纪律。十、董事、监察人之名额、职掌、任期及选任与解任。十一、结算、交割之事项。十二、违约金之课处。十三、会员交易经手费之事项。十四、会员经费之分担。十五、解散时剩余财产之处分。十六、会计。十七、章程修改之程序。十八、公告之方法。十九、主管机关规定之其他事项。二十、订定章程之年、月、日。”其第35条规定了相对必要的记载事项，即只有在章程记载才产生效力的事项，它规定：“公司制期货交易所之章程，应依公司法之规定。下列各款事项非经载明于章程，不生效力：一、股东之资格与股份转让之限制。二、交易者之资格。三、结算部门之设置。四、主管机关规定之事项。依前项第一款规定设有限制者，不适用公司法第一百六十三条及第二百六十七条。”

8.4 组织形式

8.4.1 现行立法的有关规定及存在的问题

《期货交易管理条例》并没有关于期货交易所组织形式的明确规定。《期货交易管理办法》第4条第1款规定，期货交易所可采取会员制或公司制。

从目前发展趋势来看，我国期货交易所和证券交易所将来都将进行去互助化改革，公司化与营利化势在必行，因此，期货法应该未雨绸缪，为目前会员制期货交易所去互助化改革提供法律上的支持，给会员制交易所向公司制交易所改制提供合法空间。

8.4.2 日本的做法及借鉴

日本法律允许交易所自行选择采取会员制或公司制。其《金融工具与交易法》第83条规定：“金融工具交易所应当是金融工具会员制公司或注册资本不少于内阁令要求的股份有限公司，股份有限公司应当设立下列组织机构：①董事会；②公司审计委员会；③监事。”日本《金融工具与交易法》第101条还进一步规定：“会员制金融工具交易所可以改制为公司制金融工具交易所。”不仅如此，对于交易所改制，该法也规定了核准的程序。该法第101－

17 条规定："(1) 除非获得首相核准，改制不生效。(2) 要取得前款规定的改制核准，必须向首相提交包含改制后公司制交易所下列事项的申请：①名称；②总部、分支机构或其他经营场所所在地；③管理人员的名称和交易参与者的名称；(3) 包含有改制计划的文件、章程，改制完成后公司制交易所运营规则、经纪合约规则以及政府规章规定必须在申请文件中记载的事项。"

8.5 "交易所"或类似名称的使用

8.5.1 "交易所"作为名称使用的严格限制

我国《证券法》第 104 条规定："证券交易所必须在其名称中表明证券交易所字样。其他任何单位或者个人都不得使用证券交易所或者近似的名称。"长期以来，我国期货市场的发展一直受到非法期货交易场所非法期货交易活动和变相期货交易活动的困扰。为欺骗和误导公众，这些非法期货交易场所往往以各种"交易所"的名义出现。为此，我国在 2011 年开始对各类交易场所进行全面清理整顿。2011 年《国务院关于清理整顿各类交易场所》中指出："交易场所是为所有市场参与者提供平等、透明交易机会，进行有序交易的平台，具有较强的社会性和公开性，需要依法规范管理，确保安全运行。其中，证券和期货交易更是具有特殊的金融属性和风险属性，直接关系到经济金融安全和社会稳定，必须在经批准的特定交易场所，遵循严格的管理制度规范。"它规定"自本决定下发之日起，除依法设立的证券交易所或国务院批准的从事金融产品交易的交易场所外，任何交易场所均不得将任何权益拆分为均等份额公开发行，不得采取集中竞价、做市商等集中交易方式进行交易……",它还进一步规定"为规范交易场所名称，凡使用'交易所'字样的交易场所，除经国务院或国务院金融管理部门批准的外，必须报省级人民政府批准；省级人民政府批准前，应征求联席会议意见。未按上述规定批准设立或违反上述规定在名称中使用'交易所'字样的交易场所，工商部门不得为其办理工商登记"。

经过全面清理整顿，市场秩序得到恢复，各种乱象得以遏制，风险得到管控。为巩固此次全面清理整顿的成果，有必要在期货立法中对"交易所"名称使用课以更严格的控制。期货立法应该将这些成果吸收到立法中，对"交易所"名称或类似名称的使用施以严格限制，以防止产生误导。

8.5.2 境外经验

韩国《金融投资服务资本市场法》第 279 条"禁止使用类似名称"规定：

“除交易所外，任何实体都不得使用韩国交易所、韩国金融产品交易所、韩国金融投资产品交易所、韩国证券和期货交易所、证券交易所、期货交易所、衍生交易所、证券市场、可转让证券市场、期货市场、衍生市场或其他可能与公司名称或商号混淆的名称。”

日本有关法律也采取类似韩国的规定。日本《金融工具与交易法》第 86 条规定：“（1）金融工具交易所应当使用‘交易所’作为其名称或商号。（2）除金融工具交易所外任何人都不得在名称或商号中使用类似可能误导人们将其视为金融工具交易所的名称。”

8.6 交易所的收入分配

8.6.1 公共利益优先原则

《期货交易管理条例》第 14 条规定：“期货交易所可以自行支配各项收入，但应当首先用于保证期货交易场所、设施的正常运行和逐步改善。”本条实际上提出了公共利益优先的原则。无论是会员制交易所，还是公司制交易所，作为独立的法人，都享有依法和依据交易所章程自主支配其合法收入的权利。但期货交易场所、设施的正常运行和持续改善不但关系到交易所持续获得稳定收入，而且也是保障期货市场健康有序、有效防范金融风险的前提条件，这不但关系到所有交易者、交易所的利益，而且关系到公共利益，因此，在交易所收入的分配上，当交易所及交易所所有者或其他利益相关者的利益与公共利益发生冲突时，交易所应当优先保障公共利益，而保障交易场所、设施的正常运行和逐步改善是维护市场健康运行和防范金融风险所必需的，因此，交易所应将其获得的收入优先用于保障场所和设施的正常运转和提升市场的效率。在期货立法中，这一原则应坚持。

8.6.2 相关做法

境外立法中虽然没有明确规定交易所取得的收入应首先用于保证交易所场所、设施的正常运行和持续改善，但都明确了交易所在处理各种利益关系上遵守公共利益优先的原则。美国《商品交易法》第 5 节要求期货市场必须满足“流动的（liquid）、公平（fair）和财务上的安全得到保障（financial secure）”的基本要求，发挥其管理价格发现、发现价格或传导价格信息的职能（这些职能直接影响到美国国家利益）。该法所谓的“财务上的安全得到保障”，是指所有在期货市场执行的交易财务上都是稳健可靠的，都能够有效避免和防范系统性风险。

中国台湾《期货交易法》第 7 条规定:“期货交易所之设立，应促进公共利益及确保期货市场交易之公正为宗旨。”

我国香港《证券与期货条例》第 21 节也规定了类似公共利益优先的原则。该节（1）规定:“认可交易所有责任确保——（a）在合理的切实可行的范围内——（i）（就营办证券市场的认可交易所而言）在该市场或透过该交易所的设施买卖证券；或（ii）（就营办期货市场的认可交易所而言）在该市场或透过交易所的设施买卖期货合约，是在有序、信息灵通和公平的市场中进行的；及（b）审慎管理与某业务及营运有联系的风险。”该节（2）进一步规定:“认可交易所在履行第（1）款所指的责任时，须——（a）以维护公众利益为原则而行事，尤其须顾及投资大众的利益；及（b）确保一旦公众利益与该交易所的利益有冲突时，优先照顾公众利益。”

公共利益或公众利益到底是什么？新加坡有关立法作出了明确的阐释，新加坡《证券与期货法》第二部分“市场”（markets）第 5 节（本部分的目的）规定:“本部分目的是——（a）促进公平、有序和透明的市场；（b）为配置资本和转移风险提供有效率的市场；和（c）降低系统性风险。”也就是说，按照新加坡立法，上述 3 个目的就是交易所要优先维护的公共利益。

8.7 交易所人事任免

8.7.1 现行立法及存在的问题

我国现行立法，无论是《证券法》，还是《期货交易管理条例》，都给予行政监管机构在交易所人事任免方面非常广泛的权力，见表 8-1。

表 8－1　　　　目前证券交易所与期货交易人事任免的比较

	证券交易所	期货交易所	
《证券法》《期货交易管理条例》	106 条 证券交易所设理事会。 107 条 证券交易所设总经理一人，由国务院证券监督管理机构任免。	《期货交易管理条例》第 13 条关于交易所需要报期货监管机构批准的事项中未明确规定，但第 13 条第 1 款（六）规定了一个兜底条款，监管机构规定的其他事项。第 7 条规定“期货交易所的负责人由国务院期货监督管理机构任免”①	
交易所管理办法	会员制交易所： 1. 非会员理事委派。21 条：交易所理事会由 7～13 人组成，非会员理事人数不少于 1/3，不超过 1/2。非会员理事由证监会委派。 2. 理事长、副理事长由证监会提名。 3. 总经理、副总经理由证监会任免（24 条）。 4. 中层干部任免报备。25 条：证券交易所中层干部的任免报证监会备案，财务、人事部门负责人的任免报证监会批准。 5. 证监会有权对不适宜任职的高管人员解除职务并任命新的人选（29 条）	会员制交易所： 1. 非会员理事由证监会提名（26 条），无人数限制。 2. 理事长、副理事长任免由证监会提名（27 条）。 3. 总经理、副总经理由证监会任免（33 条）。 4. 中层管理人员，任免决定报备（35 条）	公司制交易所： 1. 必须设独立董事，独立董事由证监会提名（45 条，无人数限制）。 2. 监事会主席、副主席的任免，由证监会提名（49 条）。 3. 董事长、副董事长由证监会提名（41 条）。 4. 总经理、副总经理由证监会任免（47 条）。 5. 可设董事会秘书，由证监会提名（46 条）。 6. 中层管理人员任免报备（52 条）

① 从《期货交易管理办法》的规定来看，监管机构“交易所负责人”概念的外延延伸到了理事会理事（公司的董事、监事）、交易所总经理与副总经理、理事长、副理事长。《公司法》第 147 条规定的消极条件适用于公司董事、监事、高级管理人员，《期货交易管理条例》《证券法》均使用了“负责人”的概念，但并没有对负责人加以定义，实际上是留给国务院期货监管管理机构在《期货交易所管理办法》中加以规定。对于公司制交易所而言，董事、监事、高管人会员（负责人）的任职资格条件在《期货法》没有特殊规定的情况下，就适用《公司法》，以此，对于公司制交易所，公司的董事、监事与高管任职资格条件不但要受到《期货法》的约束，而且受《公司法》的约束。

从表 8－1 可以看出，现行行政监管机构对交易所人事任免享有的过分宽泛的干预权力已经严重影响到了交易所的独立性与自治地位。

8.7.2 行政监管机构对交易所人事任免干预的合法性及限制

行政监管机构对交易所人事任免享有的干预权力源自其对交易所享有的监管权。监管机构对交易所享有监管权可分为 3 个层面：一是交易所作为自律组织，监管机构对自律组织享有监管权；二是交易所作为市场运营者、经营者，监管机构基于市场秩序的维护对其经营行为的监管；三是交易所作为系统性重要的金融机构，基于金融安全和系统性防范对其进行审慎监管。对交易所人事任免享有的干预权是行政监管机构的一个重要监管手段。

监管机构对交易所人事任免管理主要有 3 个手段：一是任职资格条件的管理；二是聘任前的审查与核准；三是不合法、不合规任免的事后纠错机制。

无论监管者以哪种角度介入期货交易所的监管，都必须以尊重交易所自治独立地位为前提条件。对交易所人事任免、重大事项的决定，监管机构只能通过设置门槛条件和事前核准审查、事后环节报备，以及事中环节的行为监督、奖惩等手段来加以干预，而不能直接取代交易所所有者——会员或股东，代其行使人事任免（选举或当选董事或理事、监事的权利，或取代交易所董事会或理事会的职能，直接任命交易所的负责人和关键岗位的管理人员，即便是监管机构要直接介入交易所人事任免，也只能对履行监督职责的机构或岗位的人事任免加以干预，对于交易所决策、执行部门的人事任免只享有被动监督权，而不能享有积极的决定和执行权，直接决定或任免有关部门或岗位的负责人或管理人员）。

尤其是对于公司制交易所，现行监管机构的有关规定和做法都大大超越了《公司法》的规定，虽然《证券法》《期货法》可以以特殊法对交易所治理结构作出特殊的规定，但这些特殊规定也不能违反《公司法》的基本原则，即公司独立人格主体地位以及相应的自治权利。

8.7.3 立法改进建议

保留行政监管机构对交易所法定代表人的任免权，取消行政监管机构对交易所其他人事任免直接干预的权力，行政监管机构对交易所其他人事任免主要通过资格审查、事后纠错等机制间接进行干预。

8.7.4 相关经验

韩国规定行政监管机构享有对交易所不合格首席执行官罢免的建议权，

同时也对交易所董事会构成和结构做出了明确规定。韩国《金融投资服务与资本市场法》第380条“管理人员”规定：“（1）交易所应当有不超过15名高管人员：①1名首席执行官；②作为审计委员会一员的全职董事；③市场监督委员会主席1名；④不超过12名董事。（2）高管人员任期不超过3年，高管人员连任由章程规定。（3）首席执行官应当经董事提名委员会，经股东大会任命。（4）在首席执行官任命一个月内，如果经过上述（3）任命的首席执行官不能履行总统令规定的职责，只要清楚说明理由，金融服务委员会可以要求罢免首席执行官。如此，首席执行官应停职，交易所应当在2个月内任命新的首席执行官。（5）交易所外部董事和审计委员会全职董事应当经董事会提名委员会提名经股东大会任命。如果，最大股东持有交易所有表决权股份总额，包括与它有特殊关联的人和总统令规定其他人持有表决权超过交易所全部发行股份的3%，该股东在审计委员会全职董事任免上的表决权不能超过3%。（6）任何具有26条（3）规定情形的人都不应当成为审计委员会中的全职董事。（7）对董事会的构成提出要求。要求董事会外部董事占多数，或董事会设立委员会。（8）对董事、高管任职资格作出规定，并有权进行审核。”

日本有关立法则赋予政府在紧急情况下享有任命临时董事和临时监事、临时管理人员的权力。日本《金融工具与交易法》第87—5规定“金融工具交易所管理人员除在交易所外不得有其他兼职”。第87—6条规定：“（1）会员制交易所无人履行董事或监事职责时，首相认为必要时，可以任命临时董事或临时监事。（2）当公司制交易所无人履行董事、会计顾问、公司监事、代表董事、管理人员职责时，首相认为必要时，可以任命临时董事、临时会计顾问、临时公司董事、临时代表董事、临时管理人员。”

中国台湾《期货交易法》第27条规定：“会员制期货交易所应设董事3人，监察1人，依章程之规定，由会员选任之。但董事中至少应有1/4由非会员之有关专家担任之，其中半数由主管机关指派，余由董事会选举，经主管机关核定后担任之；其余遴选办法，由主管机关定之。我国台湾《期货交易法》第28条规定了会员制期货交易所发起人、董事、监察人、经理人的消极任职资格条件。它规定有下列情形之一的，不得担任发起人、董事、监察人、经理人，“其已充任者，解任之”：（1）有《公司法》第30条各款情事之一者。（2）曾任宣告破产时之董事、监察人、经理人或与其地位相等之人，其破产终结未满3年或调协未履行者。（3）最近3年在金融机构使用票据有拒绝往来记录者。（4）受第101条第1项、《证券交易法》第56条或第66条第2款解除职务处分，未满5年者。（5）违反本法、《国外期货交易法》《公司法》《证券交易法》《银行法》《管理外汇条例》《保险法》或《信用合作社法》规定，经受罚金以上刑宣告及执行完备、缓刑期满或赦免后未满 5 年者。（6）受第 10 条第 1 项第 2 款撤换职务处分，未满 5 年者。（7）经查明受他人利用充任会员制期货交易所之发起人、董事、监察人或经理人者。发起人、董事或监察人为法人者，前项规定，对于该法人代表人或指定代表行使职务者，准用之。

中国台湾《期货交易法》还进一步规定了行政监管机构对董事、监察人、经理的解任权。《期货交易法》第 30 条规定："主管机关发现会员制期货交易所之董事、监察人之当选有不正当之情事者，或董事、监察人、经理人有违反法令、章程或经主管机关本法令为行政处分仍不遵行时，得通知该期货交易所令其解任。"

新加坡《证券与期货法》赋予行政监管机构对交易所人事任免享有如下监管权力。

1. 交易所设立核准过程中，对交易所管理人员及有关工作人员审查，并作为是否给予核准或认可的裁量条件

《证券与期货法》第 8 节规定，下列情形下当局都可拒绝给予核准申请。

（1）设立交易所的申请人没有按当局要求提供公司或公司雇用人员或公司有关人员的信息。

（2）公司或公司大股东或公司官员，存在涉及欺诈或不诚实的违法行为或涉及欺诈或不诚实的行为，或有违反《证券与期货法》的行为。

（3）当局认为公司（交易所）的管理人员、工作人员和大股东不能令人满意。

（4）当局对公司、管理人员、工作人员或大股东的声誉、品德、财务稳健状况可靠性不满意。

（5）其他可能导致公司或管理人员、工作人员或大股东不适当业务行为的情形。

2. 需要当局核准的事项中规定了主席、首席执行官、董事和关键人员的任免核准

《证券与期货法》第 28 节规定如下。

（1）核准的交易所在未经当局批准的情况下不得任命主席、首席执行官或董事。

（2）当局可通过书面通知要求核准的交易所在任命交易所任何关键管理岗位管理人员时须经过当局核准，核准的交易所必须遵守该通知。

（3）上述两款规定的核准申请必须按照当局规定形式和方式提交。

(4) 当局可以根据其发布规定或书面通知具体要求的任职标准决定是否给予任命申请的核准。

(5) 除 (6) 款规定的外，当局不能在没有给予听证机会的情况下拒绝任命申请。

(6) 有下列情形的，当局可在无须给予核准交易所听证的情况下拒绝上述任命核准申请：①该人在新加坡或其他地方仍然处于宣告破产的状态；②该人在新加坡或其他地方被判定存在下列违法行为：(a) 涉及欺诈或不诚信，或在被调查中被认定犯有欺诈或不诚信的行为；(b) 有可被处以 3 个月或以上的监禁的处罚。

(7) 在当局按照本节规定拒绝某人任命申请核准的情况下，当局无须给予有关当事人听证的机会。

(8) 当局按照 (2) 规定发出要求取得其核准书面通知的情况下，核准的交易所应当尽可能快地向当局发出其主席、首席执行官、董事或其他人辞职的通知。

(9) 当局可以制定有关核准交易所董事会或委员会构成与职责的规章。

(10) 本节所说的委员会包括董事会委员会、纪律委员会、申诉委员会 (appeal committee) 或任何负责对核准交易所成员纪检的机构。

(11) 当局可以豁免任何核准交易所或某类核准交易所上述 (1) ～ (8) 的要求，但要受到当局课以的条件或限制约束。

(12) 任何违反上述 (1)、(2) 或 (8) 规定的都构成违法，应当被处以不超过 200000 新元罚款，如果违法持续，可在持续期间进一步处以每日不超过 20000 新元的罚金，直至违法终止。

3. 撤销违法违规管理人员的权力

《证券与期货法》第 44 节规定了撤销交易所管理人员的权力。给予对违法、违反交易规则的管理人员，监管机构通过书面指示交易所撤销有关责任人的职务，交易所必须执行，并规定该规定不受《公司法》有关规定的限制。

8.8 交易所产品上市规则

8.8.1 现行立法及存在的问题

《期货交易管理条例》(以下简称《条例》) 第 13 条第 1 款规定，期货交易所上市、中止、取消或恢复交易品种，上市、修改或者中止合约都必须经国务院证券监督管理部门的批准。第 13 条第 2 款同时规定："国务院期货监督管理机构批准期货交易所上市新的交易品种，应当征求国务院有关部门的意见。”由于《条例》对新产品上市只有原则性规定，并无批准时限，也无具体操作程序规定，尤其证监会应该向哪些有关部门征求意见，接到征询时，有关部门是否应承担回应义务，该义务履行是否有时限要求，现行立法均无交代。这导致新产品上市批准过程异常复杂，时间拖得特别长，且充满了不确定性。对此，业界怨声载道，改革呼声非常强烈。他们提出的主要要求：（1）赋予中国证监会对期货新产品的唯一审批权；（2）品种上市审批流程制度化；（3）逐步向核准制过渡；（4）最终实现备案制。

8.8.2 建议

笔者认为，目前采取核准制的条件已经成熟，一是目前中央大力推进审批制度改革，简政放权，改革大气候已经形成；二是审批制已严重制约了我国衍生市场的发展，阻碍了金融创新，已经到了不得不改的地步了。

对于期货交易所上市新产品，期货立法可作如下改革。

（1）明确核准机构核准时限。可规定，核准机构自受理交易品种上市申请之日起 3 个月内，应依照法定条件和法定程序作出予以核准或者不予核准的决定。

我国《行政许可法》规定，除法律、法规另有规定外，行政许可一般在 20 日内作出决定，特殊情况可以延长 10 日。鉴于新品种上市需要考虑的因素较多，20 天期限显然是不够的，故本条规定了一个 3 个月的核准期限。从相关立法来看，美国期交会规定的核准期限为 90 天，我国台湾规定的期限则为 6 个月。

（2）核准机构进行核准审查时，如依法需要征求国务院有关部门的意见时，如有关部门在收到国务院期货监督管理机构书面征询函后一个月内没有提出意见，则视为无异议，国务院监督管理机构可依法自行作出是否给予核准的决定。

采取核准制，就意味着监管机构必须按照法律、法规和规章明确规定的条件和程序对交易所提出的交易品种上市申请作出核准或不予核准的决定。相对于审批制，核准制对监管机构在产品上市审查上的裁量权加以了规范，它要求核准机构必须按照法定条件、程序和期限对上市的申请作出核准或不予核准的决定，并阐明其决定的理由，这就减少了产品上市上的不确定性，通过产品上市审查与核准，引导市场产品开发与金融创新，为交易所和市场参与者金融创新提供了便利和激励。

目前《期货交易管理条例》笼统规定，在审查新的交易品种上市时，期

货监督管理机构应当征求国务院有关部门的意见，这是不科学的。对于上市新产品，核准涉及两类，一类涉及跨部门审查与核准的问题，一类为无须跨部门审查核准的。故我国相关立法应保留适度的弹性，如属于前者，则期货监管机构可以作为牵头方协商其他有关部门共同核准。因为并非所有交易品种上市审查都涉及跨部门审查、核准的问题，有许多交易品种完全属于国务院期货监督管理机构审查核准职权范畴，如证券期货产品。因此，本条规定，如依法需要征求其他部门意见，期货监督管理机构才启动跨部门审查机制，否则，可以单独作出审查核准的决定。

对于需要征求其他部门意见的，为防止其他部门久拖不决，影响新产品上市进程，应明确规定其他部门在收到国务院期货监督管理机构征询函一个月内作出答复，否则视为同意，由此引起的相关法律后果也应由相关部门承担。

(3) 为防止核准机构的任性和武断，对核准机构拒绝核准的应要求其说明理由，以便接受监督。

8.8.3 相关经验

1. 中国台湾

我国台湾对期货交易所上市新产品采取核准制。中国台湾“期货交易法”第 10 条第 1 款规定：“期货交易契约非经主管机关核准，不得在期货交易所交易。但涉及新台币与外汇间兑换货币期货交易之契约，主管机关于核准时，应先会商中央银行同意。”第 10 条第 2 款：“前项主管机关驳之期间，除有特殊情形外，不得超过 6 个月。”

我国台湾不但要求新产品上市需核准，而且上市产品退市也必须经过核准。中国台湾“期货交易法”第 11 条规定：“期货交易契约经主管机关核准后，有下列情形之一者，主管得撤销之：(1) 丧失经济效益；(2) 不符合公共利益；(3) 经期货交易所申请。”

2. 新加坡

新加坡对期货交易所上市新产品也采取核准制。新加坡《证券与期货法》第 29 节“当局批准工具、合约和交易的权力”规定：“(1) 核准的交易所不得未经当局批准，上市或退市或允许下列产品交易——(a) 期货合约。(b) 债券、股票或股份的权利，期权或衍生品。(c) 差价合约下的权利或任何旨在参考 (i) 债券、股票或股份价值或价格；(ii) 债券、股票或股份篮子的价格或价值；(iii) 债券、股票或股份的指数波动用于套利或避免损失的其他合约。(d) 其他当局可规定的认可市场运营者运营市场上上市交易的工具，合约或交易，或合约种类，合约或交易。（2）当局可以给予核准交易所上市、退市或允许上述（1）规定的工具、合约或交易或某类工具、合约或交易的交易，当局认为合适时，也可以通过书面通知对认可市场运营者课以某些条件或限制。（3）核准的交易所违反了上述（1）的规定或上述（2）规定的条件或限制，构成违法，将被处以不超过200000新元的罚金，如违法持续，每日处以20000新元罚款，直到违法活动终止。”

新加坡《证券与期货法》第42节“当局核准工具、合约和交易的权力”还规定：“（1）在没有获得当局核准的情况下，认可的市场运营者不得允许下列产品上市或退市——（a）期货合约。（b）债券、股票或股份的权利、期权或衍生品。（c）差价合约下的权利或任何旨在参考（i）债券、股票或股份价值或价格；（ii）债券、股票或股份篮子的价格或价值；（iii）债券、股票或股份的指数波动用于套利或避免损失的其他合约。（d）其他当局可规定的认可市场运营者运营市场上上市交易的工具，合约或交易，或合约种类，合约或交易。（2）当局可以给予上述（1）规定的工具、合约或交易或某类工具、合约或交易的核准，当局认为合适时，也可以通过书面通知对认可市场运营者课以某些条件或限制。（3）认可的市场运营者应当遵守上述（2）规定的条件或限制。”

3. 美国

美国对期货交易所上市新产品也采取备案与核准制相结合的混合制度。《商品交易法》7a-2（c）“新合约、新规则和规则修订”作了如下规定：“（1）一般性。注册实体可选择新合约或其他工具上市或接受新合约或其他工具清算，或选择核准和实施新规则或规则修订，通过向期交会（和财政部部长，如果涉及政府证券期货合约（或期货合约期权）或与该合约相关的规则或规则修订）提交书面的证明，新合约或工具或新合约或工具的清算，新规则或规则修订符合本法包括本法下条例的规定。”

《商品交易法》7a-2（c）（5）“核准”之（B）“合约和工具”规定：“期交会应当核准合约或其他工具，除非期交会发现新合约或其他工具违反本法（或本法下的条例）。”7a-2（c）（5）（C）“审查或批准事件合约和互换合约的特殊规则”进一步规定：“（i）略（事件合约不能与公共利益对立）。（ii）禁止期交会确定的与公共利益背离的协议、合约或交易上市或被接受清算或通过注册实体。进行交易（iii）互换合约。（I）一般与互换清算组织清算互换的上市有关的，期交会应当确定，按照要求或其协议，其适合衍生清算组织清算的最初适格性，按照期交会确定哪些标准，条件或规则，确定：（II）该标准、条件或规则应当考虑：（aa）清算组织的财务稳健；（bb）期交会认为合

适的其他因素。(iv)期交会对(i)和(ii)有关事项的最终确定不超过 90 天，从期交会开始审查，除非当事人同意延长时限。”

对于何种产品不能上市，美国立法也作出了原则性规定。美国法典(7 U.S.C)7a-2(c)(C)(ii)节规定：“期交会认定与公共利益背离的合约、协议或交易不得通过注册的实体上市、清算或交易。”

4. 德国

德国《证券交易法》31f(1)2：“制定金融工具上市、确保有序交易和价格确定、参考价格的使用、按照合约约定对执行的交易进行结算等规则；有关交易和价格确定的规定不会给予运营者裁量权。”

5. 日本

日本采取备案制。日本《金融工具与交易法》121 条：“如果金融工具交易所打算在证券市场上市证券，或衍生市场上市金融工具，它应当将该上市告知首相。”

8.9 对异常情况的监控与处置

8.9.1 异常情况监控与处置制度缺失

我国《证券法》第 115 条规定：“证券交易所对证券交易实行实时监控，并按照国务院证券监督管理机构的要求，对异常的交易情况提出报告。证券交易所应当对上市公司及相关信息披露义务人披露信息进行监督，督促其依法及时、准确地披露信息。证券交易所根据需要，可以对出现重大异常交易情况的证券账户限制交易，并报国务院证券监督管理机构备案。”

《期货交易管理条例》第 12 条第 1 款规定：“当期货市场出现异常情况时，期货交易所可以按照其章程规定的权限和程序，决定采取下列紧急措施，并应当立即报告国务院期货监督管理机构：①提高保证金；②调整涨跌停板幅度；③限制会员或者客户的最大持仓量；④暂时停止交易；⑤采取其他紧急措施。”紧接着第 2 款解释了何谓“异常情况”，它规定：“前款所称异常情况，是指在交易中发生操纵期货交易价格的行为或者发生不可抗拒的突发事件以及国务院期货监督管理机构规定的其他情形。”除此之外，第 12 条第 3 款还规定：“异常情况消失后，期货交易所应当及时取消紧急措施。”

与《证券法》规定一样，这里并没有明确交易所采取紧急措施给会员或者客户造成损失该如何处理，即没有明确交易所异常情况处置的免责权利。

8.9.2 立法建议

期货市场与证券市场一样，需要严密监控异常情况，发生异常情况时及时采取适当处置措施，维护正常交易秩序。故建议借鉴《证券法》关于证券交易所异常情况监控与处置的规定，在期货立法中也作出类似规定。要求期货交易所对异常情况承担实时的监控职责及发生异常情况时采取适当的应对处置措施，包括发生突发性事件，导致交易无法正常情况下采取暂时停止交易应急处理措施，包括限制会员或者客户交易，暂停交易等措施。这既是交易所的职责，也是交易所因履行市场管理职能所享有的权利。因此，对于交易所因紧急情况采取应急措施所带来的后果，交易所应享受免责的保护。如果给会员或客户造成损失，应通过其他风险管理机制来解决，如由风险基金负责赔付等。

8.9.3 相关经验

我国台湾《期货交易法》第 15 条规定，期货交易所应于其业务规则中，规定应急处理措施。同时，我国台湾《期货交易法》第 16 条规定：期货交易所执行上述规定，对市场进行监视，发现期货交易达到其交易异常标准者，得公布交易资讯；其有严重影响市场交易秩序之虞者，并得对该期货交易采取下列措施：一、调整保证金额度或收取时限；二、限制全部或部分期货受托买卖数量；三、限制期货交易数量或持有部位；四、暂停或停止该期货交易；五、其他为维护市场秩序或保护期货交易之必要措施。

8.10 行情信息发布及专属权

8.10.1 现行有关立法及存在的问题

《期货交易管理条例》第 28 条规定：“期货交易所应当及时公布上市品种合约的成交量、成交价、持仓量、最高价与最低价、开盘价与收盘价和其他应当公布的即时行情，并保证即时行情的真实、准确。期货交易所不得发布价格预测信息。”它同时规定：“未经期货交易所许可，任何单位和个人不得发布期货交易即时行情。”我国《证券法》第 113 条对证券交易所行情信息也作了类似规定。第 113 条第 1 款规定：“证券交易所应当为组织公平的集中交易提供保障，公布证券交易即时行情，并按交易日制作证券市场行情表，予以公布。”第 113 条第 2 款规定：“未经证券交易所许可，任何单位和个人不

得发布证券交易即时行情。”上述这些规定刻意回避了一个非常敏感而富有争议的问题，即交易所是否对交易所产生的行情信息享有专有权或所有权。

关于行情信息等信息权属问题，从业界来看，目前交易所的业务规则都明确规定，交易所对其发布的信息拥有所有权，但在法学界，对此仍然尚未形成统一认识。

8.10.2 立法建议

笔者认为，在目前理论界尚未对行情信息的性质及权属讨论清楚、形成较大共识前，立法还不宜过于激进，对行情信息权属作出明确规定，维持现状更为稳当。

8.10.3 相关立法经验

1. 韩国

韩国《金融投资服务与资本市场法》第401条规定：“交易所应当按照总统令的规定公布下列证券和场内交易衍生品的行情信息：（1）证券日交易量、日结算价格、最高和最低收盘价；（2）每个场内交易衍生品种成交总量日交易量、日结算价格、最高和最低收盘价或成交总量；（3）总统令规定的确保行情信息充分公开和保护投资者所必需的其他行情信息。”立法并未对行情信息权属作出规定。

2. 德国

德国《证券交易法》31f（1）6规定：“考虑到用户的性质和交易工具的种类，基于多边交易设施的使用或与使用相关的目的公开所有必要的信息。”31g（1）还规定：“多边交易设施的运营者应当按照在交易设施组织化市场上市交易的代表股份的股票和凭证，在交易时间和合理的商业期限内持续公开交易最高限制购买价和最低限制出售价格和在这些价格基础上可交易的量。”

8.11 交易所交易规则及效力

8.11.1 现行有关规定及存在的问题

我国《证券法》第118条规定：“证券交易所依照证券法律、行政法规制定上市规则、交易规则、会员管理规则和其他有关规则，并报国务院证券监督管理机构批准。”《证券法》第121条还对交易规则的效力作出了明确规定。它规定：“在证券交易所内从事证券交易的人员，违反证券交易所有关交易规则的，由证券交易所给予纪律处分；对情节严重的，撤销其资格，禁止其入场进行证券交易。”

《期货交易管理条例》并没有对交易所业务规则制定及效力作出明确规定。但《期货交易所管理办法》第 12 条对期货交易所交易规则应包括内容作出了明确要求，它规定：“期货交易所交易规则（实际上是业务规则）应当载明下列事项：①期货交易、结算和交割制度；②风险管理制度和交易异常情况的处理程序；③保证金的管理和使用制度；④期货交易信息的发布办法；⑤违规、违约行为及其处理办法；⑥交易纠纷的处理方式；⑦需要在交易规则中载明的其他事项。”

对于交易规则制定，《期货交易所管理办法》对会员制交易所和公司制交易所分别作出了不同规定。对于公司制交易所，第 40 条规定，由董事会拟订交易规则及其修改草案，提交股东大会审定。而对于会员制交易所，第 25 条规定，由理事会拟订交易规则及修改草案，提交会员大会审定。

从上述规定来看，存在以下几个方面的问题。

（1）交易所交易规则是期货市场的自律规则，对市场所有参与者都具有强制约束力，因此，有关交易规则制定及效力的立法应该纳入期货立法而不是行政监管机构的规章来调整。

（2）会员制交易所交易规则由理事会草拟，会员大会审定是没有问题的，因为期货市场主要参与者——会员都参与了交易规则的制定，故交易规则对其具有约束力是不成问题的。但对于公司制交易所而言，会员并不一定就是交易所股东，经公司董事会草拟、股东（大）会通过的交易规则，要约束会员就显得有些唐突，缺乏合法性。因此，交易规则制定应确保市场参与者共同参与，确保会员参与的权利，交易规则是会员共同参与制定、共同遵守的自律性规则，而不是公司强加给会员的强制性规则。

（3）缺乏有关交易规则的性质及效力的规定。在会员制下，交易规则是会员共同参与制定、共同遵守的自律性规则，而在公司制下，如果是公司单方面制定的交易规则，该交易规则就不再是自律性规则，如果要让会员遵守，就必须有其他法律基础的支持，如通过协议约定，让规则成为协议内容。

8.11.2 立法建议

期货立法应该分别对公司制交易所和会员制交易所交易规则制定、内容及性质、效力作出规定，明确公司制交易所条件下进场交易的期货经营机构与交易所之间因使用交易场所和设施所产生的法律关系的性质。在公司制交易所，进场交易的期货公司或其他机构并非是交易所的所有者，与交易所之

间不存在产权关系，期货公司与交易所之间关系因期货经营机构使用交易场所、设施进行期货交易产生的法律关系就只能是合同法律关系，合同法律关系就成为交易所与市场参与者之间的基础法律关系。明晰了这种法律关系的性质，也就指明了双方法律关系应当适用的法律，即双方之间合同法律关系除受《期货法》调整外，还受《合同法》调整，公司制期货交易所可以通过与进场交易期货经营机构签订合同明确双方的权利与义务，而不是会员制期货交易所条件下通过章程。

8.11.3 相关立法经验

1. 中国台湾

中国台湾“期货交易法”第 15 条规定：“期货交易所应于业务规则中，规定下列事项：一、期货交易市场之使用。二、交易制度。三、结算制度。四、保证金、权利金计算之方法。五、期货商之管理。六、期货交易市场之监视。七、紧急处理措施。八、违约事项之处理及罚则。九、前项业务规则规定事项之订立及变更，应主管机关核定。”

按照中国台湾现行立法，公司制交易所业务规则需纳入交易所与场内会员之间合约中才对会员具有约束力。中国台湾立法将此种合约称之为“市场参与协议”。中国台湾“期货交易法”第 39 条：“在公司制期货交易所交易之期货商，应与交易所订立使用期货集中交易市场之契约，并应订明下列各项事项：一、期货交易手续费标准；二、期货商有第 25 条第 1 项规定之情事时，应缴纳违约金或停止或限制其交易或终止契约。三、期货商与被指定代为与其他期货商之所为交易时，有依约履行之义务。前项使用期货集中交易市场之契约，并应由期货交易所检同有关资料，申报主管机关核补。”

2. 新加坡

新加坡《证券与期货交易法》第 23 节“核准的交易所业务规则和上市规则”规定：“（1）不限制 16 节和 45 节的普适性。(a) 当局可规定核准的交易所在业务规则和上市规则应当包含的事项；并（b）核准的交易所应当将有关事项包括在业务规则和上市规则中。（2）核准的交易所不应当对业务规则和上市规则进行修订，除非是当局有规定。(3) 就本节意义而言，业务规则和上市规则的任何修改都应被解释为业务规则和上市规则的范围、要求、义务或限制的变更，这些变更通过对规则文本修改或通过核准交易所发布的通知进行。(4) 核准的交易所违反上述（1）或（2）的规定，将构成违法，将被处以不超过 150000 新元的罚款，如果违法行为持续，将进一步处以每天不超过 15000 新元的罚款，并持续到违法整个延续过程。

《证券与期货法》第 24 节“核准交易所业务规则具有合约的效力”对交易所业务规则的性质及效力也作了明确规定。它规定：“（1）核准的交易所业务规则应当被视为或应当作为有拘束力的合约来执行——（a）在核准交易所和每个成员之间；（b）在成员之间。（2）核准交易所和每个成员都应被视为已经同意遵守和执行当时生效的业务规则的规定，一旦这些规定适用于核准交易所和成员。”第 25 节“法院命令遵守或实施业务规则或上市规则的权力”规定交易所规则的强制执行效力。它规定：“（1）任何负有遵守、实施核准交易所业务规则或上市规则义务的人者没有遵守和实施，高等法院都可根据当局、核准的交易所或受害人的申请，在给予上述违规的人听证机会后，发布命令指示上述违规的人遵守和实施有关业务规则或上市规则。（2）法院发出遵守命令的人应当是——（a）公司，（i）已经进入了核准的交易所正式名单的公司；（ii）没有从该正式名单中删除的公司。（b）与该公司有关联的人，（i）已经进入了核准的交易所正式名单的人，和（ii）没有从正式名单中删除，业务规则或上市规则仍然适用于其；（c）核准的交易所。（3）本节并非取代受害人援引（1）获得的救济，而是补充。”

交易所不合法的规则，不产生法律约束力。《证券与期货法》第 26 节“不遵守业务规则或上市规则并不对当事人权利产生实质性影响”规定：“核准的交易所未遵守——（a）本法；（b）它的业务规则；（c）有关的上市规则，与此有关的事项不应妨碍该事项作为按本法规定的目的进行处理，一如按照上市规则或业务规则进行的那样，只要未遵守不实质影响到有权要求其遵守业务规则或上市规则的权利。”

日本《金融工具与交易法》也对交易所业务规则应包含内容作出了明确规定。第 117 条规定：“金融工具交易所应当在业务规则和实施细则中明确涉及金融工具交易市场的下列事项（会员制交易所不适用于（i）和（ii）：（i）有关交易参与者的事项；（ii）有关结算担保基金的事项；（iii）有关交易保证金的事项；（iv）证券上市或退市的标准；（v）证券或衍生品买卖的期间和种类；（vi）衍生品和证券买卖开始、终止及暂停；（vii）证券或衍生品市场买卖合约交割的方法；（viii）证券或衍生品交割的方法或其他结算方法；（ix）除前面列举事项外，买卖证券和衍生品必要的其他事项。”

8.12 会员制交易所的性质

8.12.1 我国现行立法及存在的问题

对于交易所的性质，我国现行《期货交易管理条例》第 7 条只是笼统地

规定，“期货交易所不以营利为目的，按照章程进行自律管理”，“期货交易所以其全部财产承担民事责任”。这实际上只是规定了会员制交易所，并没有明确对公司制交易所作出规定。2007年的《期货交易所管理办法》第4条才对会员制交易所和公司制交易所作出了明确的规定，但仍然没有突出会员制交易所的非营利性质与公司制交易所的营利性质。

8.12.2 立法建议

期货立法应突出会员制交易所非营利法人的性质。至于会员制交易所会员如何出资，这可以留给监管机构规章和章程来具体规定。

8.12.3 相关经验

中国台湾期货交易所可采取会员制或公司制组织形式。我国台湾“期货交易法”第21条规定：“会员制期货交易所，为非以营利为目的之社团法人。”会员制区别于公司制交易所的一个显著特征是会员制交易所是由会员共同出资、共同所有的互助性质的非营利法人，公司制则是由股东出资设立的营利法人，见表8－2。

表8－2　中国台湾“期货交易法”会员制与公司制交易所的比较

公司制	会员制
34条 单一股东持股比例限制 37条：股东资格条件 38条：交易所业务委员会与纪律委员会 39条：公司制期货交易所与期货商之间使用集中交易市场之契约及必备条款 40条：交易所与期货商使用合约终止 41条：合约终止报批 42条：期货商终止交易时的债务了结	21条：非营利社团法人 22条：会员最低人数要求 24条：会员出资 25条：会员资格除名 26条：会员退出
35条：章程及必备条款、排除公司法 36条：内部法人治理结构 44条：准用28条、30条、32条规定	23条：章程及必备条款 27条：内部法人治理结构 28条：发起人、监察人、经理人解任 29条：关联交易之禁止 30条：董事、监察人或经理强制解任 31条：董事、监事或经理人员行为准则（准用《公司法》之规定） 32条：董事、监察人代表

续 表

公司制	会员制
43条：公司制交易所盈余分配，特别盈余公积	33条：会员交易所解散

说明：公司制与会员制比较，有以下几方面不同。(1) 从性质上来说，公司制不再是非营利社团法人，而是营利企业法人。(2) 交易所与期货商之间的关系法律性质及期货商参与交易所治理及自律权利与义务关系上。交易所与期货商之间的关系在公司制下演变成了市场运营者与市场使用者之间的关系，双方关系主要签订的使用合约取代了会员规则。会员制交易所与会员具有三重身份关系，即作为市场参与者或场所使用者、交易所所有者和交易所治理、自律的重要成员，而公司制交易所，作为市场使用者的会员与作为所有者的股东成为两个不同的主体，股东的公司自治与治理与交易所自律二者之间既相互关联，又相互独立。作为市场使用者，原来会员身份转化为用户，会员制下作为市场自律的机构的会员大会、理事会、监察人被交易所业务委员会和纪律委员会取代，公司制下交易所的股东大会、董事会和监事会不在具有市场自律的功能，因此，台湾《期货交易法》要求公司制交易所设立纪律委员会和业务委员会来履行交易所自律职能。(3) 交易所盈利分配上，公司制是营利企业法人，所以必然就有股东利润分配与交易所财务健全之间可能产生的矛盾，而会员制交易所为非营利，不允许分配利润给会员，自然就无此虞。

日本《金融工具与交易法》第88条规定：①会员制公司应当是法人；②会员制公司应当在名称中使用“会员制公司”名称；③除会员制公司外任何人都不得在名称中使用近似可能误导他人将其视为会员制交易所的名称。第88－2条进一步规定：①除金融工具业务运营者外，任何人都不得设立金融工具会员制公司；②为设立金融工具会员制公司，想成为交易所会员的金融工具业务运营者必须成为创始人。此外，该法第97条明确规定：金融工具会员制公司不得从事营利活动。

8.13 交易所纪检机构

8.13.1 我国现行立法存在的问题及完善建议

我国现行立法缺少关于交易所纪检机构的规定。交易所自律是市场参与者的自律，只有市场参与者参与的民主权利得到保障的自律才具有合法性，也才能确保自律反映所有市场参与者的共同利益，因此，每个市场参与者在承担接受自律的义务的同时，也享有参与自律的权利，而参与自律的权利的主要体现为推选代表参加交易所自律机构、共同履行自律职责。尤其是公司制交易所，不像会员制交易所，会员作为所有者可以根据交易所章程通过会

员大会、理事会等全面参与交易所管理，因为公司制交易所股东（大）会、董事会、监事会等权力机构是公司内部治理机构，而非市场自律机构，市场参与者通常不能参与，因此，期货立法应对交易所纪检机构地位、职责及构成以及市场参与者参与市场治理与自律作出明确规定。

市场参与者参与交易所治理与自律的方式就是参与交易所负责执法的纪检机构。因此，期货立法应明确纪检机构构成中必须有一定比例的市场参与者或他们的代表。

8.13.2 相关立法经验

中国台湾“期货交易法”第 38 条：“公司制期货交易所应设业务委员会及纪律委员会，其成员至少应有 1/3 为在该交易所之期货商。”它还进一步规定：“前项委员会之组织及职掌，应报主管机关核定。”

韩国《金融投资服务与资本市场法》第 402 条“市场监督委员会”规定：“（1）交易所应当设立市场监督委员会，负责履行下列职责：①市场监督、对异常交易进行调查和对会员进行监督；②对证券市场、KOSDAQ 和衍生市场进行跨市场监督；③对会员进行纪律处分或基于异常交易调查结果、会员监督和证券市场、KOSDAQ 和衍生市场跨市场监督掌握的情况，对负有责任的有关管理人员或从业人员给予纪律处分作出裁决；④按照有关 377 条和第 10 项的规定对争端进行处理；⑤按照第 403 条和 405 条（1）款规定的争端解决规则制定、修订和终止市场市场监督规则；⑥其他履行上述 1～5 项有关职责的其他事项。（2）市场监督委员会应当由下列成员构成：①市场监督委员会主席；②（删除）。③金融服务委员会提名的 2 个人；④协会提名的 2 人。（3）市场监督委员会成员任职期限为 3 年，可以根据交易所章程连任。（4）市场监督委员会主席应当由市场监督委员会按照总统令的规定在具有金融经验和知识并不会影响到交易所稳健管理和公平交易秩序的人中提名并经股东大会通过任命。（5）按照上述（4）款任命的市场监督委员会主席如果不能履行其职责，金融服务委员会可以在其任命后一个月内要求交易所解任，并说明理由。如此，该主席就应停止履行职责，交易所应在两个月内任命新的主席。（6）市场监督委员会成员任职条件准用 24 条之规定。（7）任何在市场监督委员会中任职的人都不得因履行职务获得保密信息。（8）如果市场监督委员会成员有下列情形之一的，金融服务委员会可以要求对该成员停职，并在 6 个月内予以解任：①该成员违反（7）款规定，泄露或利用了保密信息；②存在其他总统令规定的可能损害投资者保护或健康交易的情形的。（9）其他有关市场监督委员会构成和运行的必要事项由交易所章程规定。

日本《金融工具与交易法》第 105 - 4 条规定了交易所自律委员会职责。它规定“①公司制交易所可以按照公司章程规定设立自律委员会，除非自律有关服务委托给自律组织；②自律委员会应当决定公司制交易所自律有关服务的事项；③自律委员会对有关自律有关服务的事项作出的决定应被视为代表董事作出；④公司制交易所自律委员会不得把自律有关服务、自律委员会成员的任免转委托给管理人员或董事作出决定。

《金融工具与交易法》第 105 - 5 条规定了自律委员会的构成，它规定：①自律委员会应当有 3 名以上成员，且多数应当是外部董事；②自律委员会成员应当通过公司制交易所董事会决议任命；③上款规定的决议应当由董事会多数和出席董事会外部董事多数通过；④自律委员会应设一名主席，由自律委员会外部董事通过相互表决决定；⑤自律委员会主席负责主持自律委员会；⑥自律委员会应当事先确定一个在主席不能履行职责时履行主席职责的职务。”

9 场内市场与场外市场

要准确区分合法期货交易与变相期货交易，就必须将场外合法期货交易与场外非法期货交易区分开来，变相期货交易是实质意义上的非法的场外期货交易，场外合法期货交易实际上是依法享有场内监管豁免权的期货交易。实际上，各国期货法都并不绝对禁止场外期货交易，都有相应的例外安排，这些例外安排就是允许某些期货交易在受到严格条件限制的情况下，享受场内交易相关监管的豁免，通常，这些场外期货被笼统地称为“柜台衍生品”，而场内交易的期货合约则被称为交易所交易的衍生品。

长期以来，各国立法对柜台衍生品采取了间接监管或完全放任不管的立场。所谓间接监管，是指对柜台市场交易商和主要参与者进行监管，不直接对该市场交易进行监管。金融危机后，20 国匹茨堡峰会要求：“所有标准化柜台衍生合约最迟在 2012 年年底都应当在交易所或电子交易平台（exchange or electronic trading platforms），合适的话，通过中央相对方清算。柜台衍生合约应当报告给交易仓库。非集中化清算合约应当受到更高资本要求的约束。”落实该要求就必须解决以下问题：峰会所说的“交易所”或“电子交易平台”到底是指哪些交易设施或平台？其所谓的“标准化柜台衍生合约”到底是指哪些合约？要解决这些问题就必须对“交易所”“电子交易平台”和“标准化”等加以定义和明晰。

传统意义上的在交易所交易的衍生品是指在交易所交易的期货合约和期权合约，它们也被称为场内交易的衍生品，而豁免场内交易和监管的衍生品则被称之场外衍生品，或柜台衍生品。实际上，纯粹双边意义上，交易方面对面、一对一谈判直接达成的柜台衍生品交易是非常少的，大多数柜台衍生品交易都是在组织化程度不同的交易设施或系统上达成、执行的。不过，传统立法上“场内”所指的是“交易所”“多边交易设施”“多边交易电子平台”“组织化交易平台”“组织化交易所”“受监管市场”，从而把组织化柜台交易设施，如电子经纪平台、交易商间市场和自营交易商平台等排除在外。随着柜台衍生合约标准化程度的不断提高和中央清算制度的引入，尤其是 20 国峰会要求柜台衍生品交易进所或在电子交易平台交易、清算通过中央向对方进行、交易数据报告给中央仓库，这就颠覆了传统“场内”“场外”的概念，需要重新审视场内与场外的认定标准。

场外与场内期货交易的界定涉及两个核心要素：一是“场”的含义；二是期货交易的含义。期货交易的含义前面已经进行了充分讨论，所以本章着重区分“场内”与“场外”的“场”的含义。“场”的定义实际上涉及受监管市场和不受监管市场的界限划分，场内期货市场就是受监管的市场，而场外衍生市场就是不受监管的市场。2007—2008 年金融危机后对柜台衍生品监管的改革导致了对“场内”与“场外”的重新界定，因此，我们对“场内”与“场外”概念的分析分危机前和危机后两个阶段。

9.1 2008 年金融危机前场外市场

9.1.1 美国法上的“场”

在美国，场内交易是通过经纪人而不是交易商进行的在交易设施签订和执行的期货合约交易。交易设施（trade facility），包括组织化交易所和电子交易设施。组织化交易所就是传统的也是监管最严的交易场所。2000 年《商品期货现代化法》创建了一个监管有别的多层次衍生市场体系。第一个层面就是指定合约市场，实际上就是交易所，如芝加哥期货交易所和纽约商品交易所。这些市场对所有市场参与者开放，可以从事所有商品交易。这些交易所要遵守 18 条核心准则（core principles），以确保市场能够对交易施以适当监督，防止操纵和欺诈，维护健康稳健的市场秩序。

因为 2000 年《商品期货现代化法》规定了大量豁免或排除商品衍生品交易（包括期货交易）场内交易和监管的豁免，因此，该法在《商品交易法》中增加了关于“交易设施”“电子交易设施”（即场内）的定义。交易设施是指“建设、维护或提供实体的或电子设施或系统的人或一个群体，在这些设施、系统内，多边参与者能够执行协议、合约及交易或进行协议、合约及交易——（i）通过接受其他人开放给所有该设施或系统参与者的买卖报价；（ii）按照系统内事先设置好的无裁量权的自动匹配和执行程序对多边买卖报价进行撮合”。它包括电子交易设施和组织化交易所。电子交易设施（electronic trading facilities）被定义为具有下列特征的交易设施：通过电子或电信网络运营；保持自动报价和要约跟踪，匹配指令或在设施上执行交易。

“交易设施”定义也明确排除了：①能够让参与者对合约条款进行谈判和通过沟通达成双边交易，而不是按事先确定的非任意性的自动匹配和执行程序进行的多边买卖报价撮合的电子设施；②政府证券经纪人或交易商，如该

实体只是执行或协助政府证券交易的执行；③进行买卖报价和接受买卖报价都不具有约束力的设施。该定义还明确规定，对进入该实体的交易提供清算并不被看成交易设施，也不改变该实体的性质。

《商品期货现代化法》还修订了《商品交易法》，增加了“交易所”（board of trade）的定义。将其定义为（A）允许（i）非合格的合约参与者或代表非合格的合约参与者的当事人，（ii）除基于P2P外的人进行交易；（B）采纳了（直接或通过其他非政府实体）规则，这些规则（i）除调整交易设施订单传送或交易执行外，还调整参与者的行为，（ii）包括除禁止参与交易外的纪律制裁等。

9.1.2 场外期货交易

在美国，场外期货交易主要是指合格的合约参与者或合格的商业实体在场外或豁免期货交易所进行的豁免商品或排除商品的期货合约交易。

1. 豁免或排除的场外期货交易

美国《商品期货现代化法》增加了2（d）、2（g）和2（h）。它们对排除衍生品（excluded derivatives）、排除的互换（excluded swap）和豁免商品豁免交易（exemption for transaction in exempt commodities）分别作出了规定。

（1）排除衍生品交易。2（d）节“排除的衍生品交易”规定了合格的合约参与者之间不在交易设施交易或执行的排除商品的交易不受期交会监管。同时给予合格的合约参与者以自己账户直接以P2P方式在电子交易设施上执行或买卖的交易监管豁免。

（2）排除互换交易。2（g）标题为“排除互换交易”（excluded swap transactions），也规定了排除期交会监管的排除或豁免商品的互换，如果这些合约、协议或交易是合格的合约参与者之间的，是通过一对一谈判达成的，不在交易设施上执行或交易。

（3）豁免商品交易。2（h）题为“豁免商品某些交易的法律确定性”，规定了豁免商品两个层面监管豁免。第一，2（h）（1）规定，除反操纵和反欺诈外，该法不适用于合格的合约参与者之间的不在交易设施签订和执行的豁免商品的交易；第二，只要是合格商业实体直接以P2P方式在电子交易设施上执行，2（h）（3）还规定了豁免商品交易类似的豁免。

（4）排除商品（excluded commodity）。《商品交易法》排除商品定义包括4类：第一类为金融商品，如利率、外汇、债务或权益工具；第二类是建立在非窄基商品基础上的风险指标，或建立在无现货市场商品基础上的指标（包括广范围商品的指数）；第三类涉及建立在交易相关方无法控制的价格、汇率或利率价值或水平基础上的指数；第四类包括当事人无法控制的或然事件和与某些金融的、商业的或经济的后果相联系的（如期货衍生品）后果。①

（5）豁免商品。豁免商品（exempt commodity），它是指既不属于排除的商品，也非农产品的商品，也就是除排除商品和农产品之外的所有商品。

上述有关豁免或排除的规定使用了笼统的“商品交易”的概念，而不是“期货交易”的概念，这意味着，这些豁免与排除的商品交易包括期货合约交易、远期合约交易、互换合约交易、期权合约交易，因为被豁免或排除了，自然就无区分的法律意义了。

2. 立法上有关从事豁免期货交易或排除期货交易的场外市场

除“交易设施”交易的期货合约外，在“交易设施”以外的其他设施上执行和交易的期货合约都属于场外期货合约，包括衍生品交易执行设施；豁免的商业市场；豁免的交易所；非交易设施上进行的豁免商品交易。

这些市场具有以下几个特点：（1）不允许散户参与，参与者均为合格的合约参与者或合格的商业实体；（2）允许交易的商品都必须是豁免商品或排除商品；（3）除衍生品交易执行设施外，都不允许经由中介达成交易；（4）《商品交易法》反操纵和反欺诈条款和一些市场运营要向期交会注册外，豁免适用《商品交易法》其他监管规定。②

《商品交易法》允许市场运营商自主选择注册为“交易设施”或上述“交易设施”外的任何一个层次的市场，只要符合相应条件。如《商品交易法》5（d）允许交易所在通知期交会的情况下，作为豁免交易所营运，只要满足下列条件：（1）只要交易量足够大、现货市场足够流动，几乎可以无限供给和交付的商品，该商品交易很难被操纵或没有现货市场。（2）交易限制在合格的合约参与者之间。对于豁免的交易所，无核心准则约束，虽然豁免交易所仍然受到《商品交易法》反操纵和反欺诈禁止的约束。对于豁免的商业市场，2（h）规定了豁免商品交易的监管豁免。

表 9－1 为豁免与排除的柜台衍生品交易。

表 9－1　豁免与排除的柜台衍生品交易

	涉及基础商品	适用条件	监管
个性化谈判的交易	非农业产品	（1）双方均是合格合约参与方； （2）一对一谈判达成交易； （3）不在交易设施执行或交易	无

① Elizabeth L. Ritter, “When Is a Trading Facility Not a Trading facility under the Commodity Exchange Act”, Business Law Brief, Fall 2006.

② 详细参见蔡向辉：“美国多层次风险管理市场结构演变及启示”，《金融期货研究》2012 年第 15 期。

续 表

	涉及基础商品	适用条件	监管
涉及排除商品的交易	金融商品以及不存在现货市场的商品，如利率、汇率、货币、证券、证券指数、信用风险或指标，债务或权益工具，气候异常事件，通货指标和其他宏观经济指数或指标	(1) 交易双方都是合格合约参与方；(2) 不在交易设施执行或交易	无
涉及豁免商品的交易	除排除商品或农产品以外的其他商品。金属（贵重，半贵重、非贵重），电力、非农业能源产品，电信宽带、电信记录和排放信用	(1) 交易双方均为合格合约参与方；(2) 不在交易设施执行或交易	受《商品交易法》反欺诈和反操纵规则约束，合约双方为合格商业实体的，不受反欺诈规定约束
银行互换协议	农产品以外的商品	(1) 银行为交易的一方，另一方为合格合约参与方；(2) 不在交易设施执行和交易	无

豁免与排除的市场是排除或豁免期交会或证交会监管的交易执行设施，它包括豁免交易所和排除的电子交易设施，见表 9－2。

表 9－2　豁免与排除的市场

	适用条件	监管
豁免交易所	合格的合约参与者之间涉及不存在操纵可能的商品的合约，即《商品交易法》排除的不受监管的商品合约，禁止涉及证券或一组证券或证券指数交易	仍然受到《商品交易法》反欺诈、反操纵规定约束；如果具有价格发现职能，期交会可要求其进行价格信息和交易数据披露
排除的电子交易设施	(1) 交易产品：涉及豁免商品合格的合约参与者之间 P2P 模式的合约、协议或交易。(2) 涉及豁免商品的合格商业实体间的协议、合约或交易	涉及豁免商品的合约、协议或交易仍然受《商品交易法》反欺诈和反操纵规定的约束

3. 场外市场的主要模式

场外市场有以下几种模式：第一类被称为传统的交易商市场（dealer market）；第二类被称为电子经纪市场（electronically brokered market）；第三类被称为自营交易平台市场（proprietary trading platform）。① 如果按照《商品交易法》对场外市场定义，前一类应该属于豁免的电子交易市场，后两类则属于另类交易设施（alternative trading system）。

（1）传统交易商市场——双边市场。传统柜台衍生市场是围绕一个或几个造市的交易商而组织起来的，交易商对市场参与者进行双边报价，报价和执行谈判是通过电话进行的，虽然这个过程可以通过电子公告牌发布交易商报价来提高效率，通过电话谈判达成交易，无论是终端用户与交易商，还是交易商与交易商之间。因为只有两个市场参与者直接可以看到报价或执行，所以，它是一个典型的双边市场。从监管的角度看，双边交易安排并不构成《商品交易法》上的“交易设施”，因为它不是多边的。不过值得注意的是，此类市场的双边谈判过程通常是高度自动化的。交易商之间和其他交易商及主要客户之间有直接的电话连线，这样的即时通信可以让市场参与者打电话向交易商询价，挂断后又向另一交易商询价，在几秒钟内就可获得交易商全部报价。这会给投资者一种此类市场与多边撮合过程并没有什么不同的印象。

（2）电子经纪市场。柜台市场也采取了新的电子和网络技术，使用这些技术，通过电子经纪平台（也称之为电子经纪系统）就形成了电子经纪柜台市场。这个交易平台实质上与交易所使用的电子交易平台相同，它们创造了一个多边交易环境。如果这个电子经纪平台自动匹配订单，《商品交易法》就把此类交易安排定义为“交易设施”，因为它对许多当事人参与的多边参与者开放（如报出认购价格和出售价格和交易执行）。如果只是作为电子布告牌发布买卖报价，就不属于交易设施。

在通过电子经纪平台这样组织化的柜台市场，运营平台的企业只是充当了经纪人，不持有头寸和充当任何交易的对手方。不过，如果电子经纪平台使用清算机构负责清算，情况就不同了。此种情况下，清算机构承担了所有交易的信用风险。

美国电子经纪市场实际上就是《商品交易法》上规定的另类交易系统。所谓另类交易系统，《商品交易法》1（a）（1）定义如下，即符合下列情形的组织、协会或人群。①按照1934年《证券交易法》15（b）注册为经纪人或交

① Randall Dodd，The Structure of OTC Derivatives（2002），http：//www.financialpolicy.org/dscotcstructure.pdf.

易商；②履行交易所通常履行的功能；③并没有：(a) 制定调整认购者行为的规则，除该认购者在另类交易系统的交易外，(b) 除驱逐外并不对认购者采取纪律制裁；④不属于证券交易委员会规则或条例约束的“交易所”。

(3) 自营电子交易商或交易平台。另外一类柜台衍生市场由传统交易商和电子经纪平台结合而成，在该市场中，柜台衍生品交易商建立自己的自营电子交易平台 (proprietary electronic trading)，而不是经纪平台，因为它只是交易平台，而不充当经纪人。在这样的安排下，只有交易商自己的买卖报价，其他市场参与者可以看到报价，还有可能看到执行价格，因此，它最贴切的称谓应该是单向多边环境 (one way multilateral environment)。因为是单向，只能看到交易商的报价，对于其他市场参与者，最多只能从执行价格变化中推导出某些信息。

在这样的电子交易平台上，交易商是所有交易的对手方，交易商承担市场的信用风险。

此类交易平台也不被看成是《商品交易法》规定的交易设施，因为多边性是单向的。

9.1.3 欧盟法上“场”

欧盟 MiFID 规定的交易通道 (venues) 或平台 (platforms) 有受监管市场 (regulated markets)、多边交易设施 (MTFs)、系统性的内在化者 (systemic internalisers)。

1. *多边交易设施* (MTFs)

MTF 被定义为多边系统，是由投资企业或市场运营者运营，把多边买卖方聚合到该系统，按照规定的交易进行金融工具买卖。按照《金融工具市场指令》(MiFID)，运营多边系统属于投资服务，它必须遵守类似受监管市场组织的透明度和市场监督条件。

在《金融工具市场指令》(MiFID) 颁布前，欧盟成员国把多边交易设施主要当做经纪人来监管，这类似美国《另类交易系统 (ATS) 条例》采取的方法。[①]《金融工具市场指令》(MiFID) 则采取了比较功能性的方法来监管多

---

① 在美国，证交会另类交易系统规则 (Regulation ATS) 把 ATS 当做是经纪人功能的扩展，允许其注册为经纪人，但却增加了当做市场的额外监管，包括交易量达到一定量的股票价格强制性透明和专门审计和报告要求。如果 ATS 足够大，就允许注册为交易所（可以获得自律实体的好处）。Iris H-Y Chiu, Securities Intemediaries in the Internet Age and the Traditional Pricipal Agent Model of Regulation: Some Obeservations from European Union Secutiries Regulaiton, 2 Va. L. & Bus. Rev. 321 (2007).

边交易设施，把其当作一个独特的、具有多种功能的实体，不管其是由经纪人运营的，还是由其他市场运营者营运的，一律采取同样的监管。《金融工具市场指令》(MiFID) 对多边交易设施的监管包括以下几个方面：(1) 交易执行的规则和运行，如优先顺序规则；(2) 确保交易规则得到遵守和识别市场滥用的监督功能；(3) 交易前的透明义务；(4) 交易后的透明义务。

在市场运营管理方面，《金融工具市场指令》(MiFID) 第 14 条和 26 条规定，多边交易设施必须具有能够让其作为市场运行的规则及制度。第 14 条要求建立公平、有序的和透明的交易顺序、执行以及市场准入方面的规则及制度。《金融工具市场指令》(MiFID) 实施条例要求多边交易设施告知客户交易是如何结算的。《金融工具市场指令》(MiFID) 第 26 条勾画出了多边交易设施必须具备确保有序交易和客户遵守规则的监督制度。第 26 条还要求该制度必须能够识别市场滥用，以便监管者能够进行调查。

市场透明主要是价格透明。MiFID 第 29 条和第 30 条是对多边交易设施价格透明要求的。价格透明是欧盟资本市场监管的一个新领域。第 29 条要求多边交易设施满足交易前透明的最低标准，包括当前标购价格和要约价格，在这些价格上的交易深度 (5 个最好的标价和要约，除非市场是一个拍卖驱动系统或使用其他价格发现方法)。MiFID 第 30 条和实施条例第 27 条涉及交易后透明度，多边交易设施必须公开规定的信息，包括价格、交易量、达成交易的时间，尽可能适时 (交易结束后 3 分钟内)。虽然许多领先交易所提供的交易前和交易后透明度服务都高于最低标准，这些要求可能为多边交易设施提供一个价格披露最低标准。按照第 27 条规定，系统性内在化者也必须提供与其他渠道报价相比较的信息，以便客户能够了解内在化是否提供了最佳交易。

MiFID 对由经纪人运营的 MTF 和由独立市场运营商运营的 MTF 区别对待。由投资企业运营的 MTF 必须遵守 MiFID 第 13 条投资企业监管的规定，它规定了企业的内部运营和管理要求。第 13 条要求 MTF 具有处理有关客户资产、资金和信息的健全的、有效和常规的运营和管理程序。具体要求在欧盟委员会实施的 MiFID 指令中规定，它要求设立合规官，建立合规制度和设立内部审计程序，识别和防止利益冲突。如果 MTF 是由非投资企业运营的，则客户受到的保护就要弱一些。

2. 系统性内在化者

系统内在化者 (SI) 是指以自己账户执行客户订单，不通过组织化市场或多边交易设施，换句话说就是，代表客户同自己进行交易。它相当于美国法上自营电子交易平台或电子交易商。MiFID 规定，一个企业如果以自己账户在组织化市场或多边交易设施外执行客户订单，在组织化、经常和系统性

基础上从事这样的活动，该企业就被当作系统性内在化者对待。所谓组织化的、经常的和系统性的基础必须满足下列标准：①这些活动构成该企业重要的商业活动；②这些交易活动是按照自动撮合（无裁量权）规则和程序进行的；③客户可以经常或持续地参与此类活动。① 也就是说，在组织化、经常性的和系统性基础上以自己的账户同客户进行交易，执行客户订单，在组织化市场或多边交易设施外进行流动性股票交易的投资企业就是系统性内在化者。不过，系统化组织者不可能像向受监管市场、多边交易设施或组织化交易设施那样撮合第三方买卖，因此不可能成为一个交易渠道。系统性内在化者同第三方交易时，必须遵守最佳执行和其他行为规则，客户必须清楚地知道其他与投资企业的交易。表 9－3 为欧盟与美国期货交易市场的比较。

表 9－3　　欧盟与美国期货交易市场的比较

	欧盟	美国
组织化交易设施	1. 经纪人撮合系统（Broker Crossing System）。组织化交易设施的一种。把一个客户订单与另外一个客户订单匹配，或把两个客户的订单同公司订单匹配（取得客户同意）。 2. 系统性的内化者（Systemic Internalisers）。按照金融工具市场指令定义，它是指投资企业在组织化、经常性和系统性基础上，以自己的账户在受监管市场外或多边交易设施执行客户指令的投资企业	1. 传统交易商市场——双边谈判。传统柜台衍生市场是围绕一个或几个造市的交易商而组织起来的，交易商对市场参与者进行双边报价，报价和执行谈判是通过电话进行的，虽然这个过程可以通过电子公告牌发布交易商报价来提高，但只有两个市场参与者直接可以看到报价或执行。 2. 电子经纪市场。采用电子和网络技术电子经纪平台（有时也称之为电子经纪系统），该交易平台创造了一个多边交易环境，但运营这个平台的企业只是充当了经纪人，不持有头寸和充当任何交易的相对方。 3. 自营电子交易商或交易平台。它是由传统交易商和电子经纪平台结合而成的，在该市场中，柜台衍生品交易商建立自己的自营电子交易平台（proprietary electronic trading），而不是经纪平台。在该平台上只有交易商自己的买卖报价，其他市场参与者可以看到报价，还有可能包括执行价格，因此，它最贴切的称谓应该是单向多边环境（one way multilateral environment）

① 欧盟金融工具市场指令第 4 条（7）和第 27 条。

续 表

	欧盟	美国
场内衍生品交易场所	1. 受监管市场（regulated market）。由市场营运者运营的多边系统，撮合第三方买卖金融工具指令，系统无裁量权。 2. 多边交易设施（multilateral trading facility，简称 MTF），MiFID 将其定义为投资企业或市场营运者运营的撮合第三方买卖金融工具的多边设施	1. 指定合约市场（designed contract market）。按照美国《商品交易法》第 5 节归期交会监管的期货交易所。 2. 全国证券交易所（national securities exchange）。美国《1934 年证券交易法》第 6 节规定的在证交会注册的交易所
危机后新增加交易设施或场所	组织化交易设施（organized trading facility，简称 OTF），按欧盟委员会的建议，其属于柜台衍生品交易场所的一种，是由投资企业或运营商运营的，撮合金融工具买卖订单，无论是自由裁量，还是非自由裁量基础的，但不包括作为受监管市场的交易设施	互换执行设施或证券为基础的互换执行设施（《金改法》定义的）。互换执行设施是指多边参与方能够执行或交易互换的交易系统或平台，通过该交易设施或系统多边参与者报价或要约

资料来源：根据 IOSCO，Report on Trading of OTC Derivatives（2011）整理。

9.2　2008 年金融危机后的场外市场

20 国匹茨堡峰会要求："所有标准化柜台衍生合约最迟 2012 年底都应当在交易所或电子交易平台（exchange or electronic trading platforms），合适的话，通过中央相对方清算。柜台衍生合约应当报告给交易仓库。非集中化清算合约应当受到更高资本要求的约束。"要落实匹茨堡峰会的要求，就需要解决以下几个问题：一是什么样交易设施或系统满足"交易所或电子交易平台"的要求；二是什么样的柜台衍生合约才是标准化的，必须到交易所或电子交易平台交易。

9.2.1 组织化交易设施和适合在组织化交易设施或平台上交易的适格衍生品

国际证券委员会组织（IOSCO）关于适格的组织化平台（Suitable Organised Platform）的定义如下。

IOSCO 在匹茨堡峰会后在 2011 年后发布了一个名为“关于柜台衍生品交易的报告”（*Report on Trading of OTC Derivatives*2011）。报告将交易平台或交易场所定义为“将一种或多种金融工具买卖双方撮合到一起的系统或设施”。[①] IOSCO 将其分为以下几类。①订单记账系统（order book system），即集中集合竞价系统。它是最基础的形式，市场参与者可进入多边报价或要约系统，查看其他市场参与者的报价或要约。该系统有事先设置好的优先顺序，可以在客观和透明的基础上提供持续或阶段性的买卖订单匹配，此系统是自动化的。②造市商系统。该市场体系是建立在有一个或多个愿意提供经常性或持续性买卖金融工具报价给其他能够进入此系统的市场参与者的基础上的。它可以是单个做市商，也可以是多个做市商进行竞争，该系统可能是自动的，也可以完全手工操作，或二者兼有。③定期拍卖系统（periodic auction system）。该系统通常是基于事先设计好的交易程序进行间歇性的订单匹配，这适合那些不那么适合持续执行的金融工具，这些系统也是完全自动的。④报价牌系统（bulletin board system）。即给市场参与者提供一个电子报价牌，通常没有自动交易匹配和执行程序或清算系统，相反，市场参与者可以利用电子报价牌发起或更新和展示某具体工具的报价。报价可以是：买进价格和卖出价格；无报价的买卖意向；有买卖报价，但可对技价进行协商。⑤混合系统（hybrid system）。具有上述交易系统某些特征的具有混合功能的交易系统。混合系统通常被用来描述电子系统，让参与者利用系统运营者提供的声讯谈判设施来执行交易，它可以作为电子执行的替代。

报告认为，符合峰会提出的“交易所或电子交易平台”的适格组织化平台应具备以下 7 个特征：①在有关监管当局注册，满足财务和运营条件；②参与者进入的标准是客观与公平的，且适用上是公正、不偏不倚的，不存在歧视；③交易前和交易后的透明度相对于产品的流动性和该平台的功能是适当的；④运营有效率，具有修复与适应能力，包括与交易后基础设施的连接和处理平台潜在的可能出现故障的措施；⑤活跃的市场监测能力，包括审

① IOSCO：Report on Trading of OTC Derivatives（2011）.

计跟踪能力；⑥调整平台运营的透明度规则；⑦有禁止平台运营者采取在竞争性平台参与者之间与系统（无论是完全电子还是混合的）内买卖互动有关的歧视规则。①

IOSCO认为，要把衍生品从柜台转移到组织化平台交易，同时保留交易对终端用户的实用性价值，就必须满足两个特征，即标准化和流动性（liquidity）。②

确定一个产品标准化水平要考虑多种因素：①法律一致性，它是指特定产品统一的合同定义和条款，具体到某个产品时即所有交易都是相同的；②运营标准化，它是指交易处理过程，包括交易的抓取、确认、清算、终止和处理交易的其他程序都是一致的；③交易进行的特定平台，要有充分的流动性以满足交易的需求。

法律标准化包括产品条款一体化、附件合同条款和定义的一体化。作为组织化交易平台图谱的一端，受监管交易所（regulated exchange）的上市产品都是统一的、可替代和按照交易所规则和参考每个交易合约的规章进行交易的。而图谱的另一端，柜台衍生品交易的双边市场，通常是第三方，如ISDA提供的标准化文本和个性化条款相结合，形成主协议调整所有合约当事方的柜台衍生品交易，并以具体交易确认书作为补充。在大多数柜台衍生市场，双边合约参考ISDA或类似实体发布的标准化定义。具体交易的确认文件按照主协议签订，通常使用了公开的标准格式。除了这些标准化外，更为具体的合同条款，如合同规模、折扣、支付日期、期限、报价承诺或其他类似条款可以是统一的，或允许进行修订的。

运营标准化是指交易的处理和交易的抓取、修订、确认、清算、交割和其他“生命周期事件”（lifecycle events）按照约定方式根据约定的时间表予以处理。法律与运营标准化、链接的一体化和产品条款一体化为订单的自动处理提供了便利。为确保交易当事人确信他们提到的是同一合约或工具，标准的行业普遍接受的产品识别方法可以为组织化平台的交易提供便利。

透明度是指有关交易机会和完成的交易通过约定披露方式和按照事先确定的时间表予以公开披露。透明度被市场监管者看作是监管的主要手段。透明度包括交易前透明度（参与当前交易的兴趣，包括报价或交易订单等）和交易后透明度（与完成交易有关的信息披露，如价格和交易规模等）。

① IOSCO：Report on Trading of OTC Derivatives（2011）.

② IOSCO：Report on Trading of OTC Derivatives（2011）.

欧盟证券监管者委员会（CESR）认为，满足 20 国峰会目标的最低要求是市场透明和运营效率。此外，也有必要进一步把功能性特征纳入“组织化交易渠道”的定义中，基于 20 国峰会目标，组织化交易渠道（organised trading venues）应该具有如下几个特征：①便利和无歧视的市场准入；②非任意性的和透明的规则；③高效率的订单执行客观标准；④多边性；⑤有相关当局的核准/监管和监督；⑥运营修复能力；⑦对遵守组织化交易渠道规则的监督。欧盟 MiFID 规定的符合组织化交易渠道（organised trading venues）的有受监管市场（regulated markets）和多边交易设施（MTFs），这些都符合上述全部功能性特征，能够满足 20 国峰会的目标。[①]

符合组织化交易渠道（organised trading venue）的衍生品，即适格的衍生品（Eligible Derivatives）应该满足如下前提条件：①衍生合约对产品、法律和交易处理过程（product，legal and process）而言是标准化的；②衍生合约市场是充分流动的。已经在受监管市场或多边交易设施上交易的产品应推定为合格衍生品。而系统性的内在化者和经纪商配系统（broker crossing systems）则不符合。[②]

9.2.2 欧盟《金融工具市场指令二》MiFID2 /MiFIR 规定的组织化交易渠道与适格衍生品

1. 组织化交易渠道

MiFID2/MiFIR（即所谓市场工具指令 2）规定了 3 种组织化交易渠道（organised trading venue），它们执行同样的交易前和交易后透明标准，它们是受监管市场、多边交易设施和组织化交易设施。

在受监管市场、多边交易设施基础上，欧盟提出了一个“组织化交易设施”（Organized trading facilities）的新概念。组织化交易设施被定义为包括由投资企业或市场运营商在组织化基础上运营的能够凝聚与金融工具有关的买卖兴趣或订单的设施或系统。它包括多边或双边的，任意性或非任意性的（discretionary or non-discretionary），但不包括受监管市场、多边交易设施或系统化的内在化者。它包括通过声讯、电子执行或声讯与电子执行混合的经纪人撮合系统（broker crossing system）、交易商经纪人间系统（interdealer broker system），但不包括纯粹的柜台交易（如真实的通过对手方执行的双边

① MiFID Review — Standardisation and Organised Platform Trading of OTC Derivatives—14，Oct. 2010.

② MiFID Review— Standardisation and Organised Platform Trading of OTC Derivatives — 14，Oct. 2010.

交易、未经过任何组织化交易设施或系统），也不包括只是简单用于执行外部交易渠道的订单或传输外部交易系统订单的渠道。组织化交易设施运营者不能以自营账户执行订单。以自营账户在经常性的组织化基础上在受监管市场、多边交易设施或组织化市场进行交易的，视为系统性内在化者。

要注册成为组织化交易设施，必须满足下列条件。①向相关监管机构完整报告和描述系统或设施以及系统或设施市场运营者或投资企业，至少包括使用该系统进行交易的详情、交易的金融工具、交易技术和交易后处理制度安排等。②相关监管当局将通知欧盟证券和市场局，该局将予以公示。③制定和公布了进入该设施或系统的明晰规则。④采纳了清晰和有效识别及管理可能产生于设施或系统运营的利益冲突的制度安排。⑤系统有确保设施或系统运营技术稳健管理的制度安排，包括建立有效的应付系统中断突发事件的安排。⑥能够对设施或系统上的所有交易进行监督，以便能够识别涉及市场滥用的行为。⑦遵守监管当局的指示，停止或撤销 MiFID 规定的金融工具的上市交易。⑧如果设施提供商品衍生合约交易，遵守报告义务。

组织化交易设施是欧盟为满足 20 国峰会所有标准化柜台衍生合约都应在交易所或电子交易平台上进行的要求而新增的一个组织化交易平台。它要求所有适合清算和具有充分流动性的衍生品都必须转移到受监管市场、多边交易设施和组织化交易设施进行。

3 个市场相互竞争。所有 3 类平台运营者都是中性的。受监管市场和多边交易设施的特征就是运营商在交易执行上无裁量权（non - discretionary execution of transaction)，即交易是按照事先确定的规则执行的。而组织化交易设施（OTF）对交易如何执行享有裁量权，运营者使用此类平台受到投资者保护、行为规范和最佳执行要求的约束。因此，有关组织化交易设施的准入和执行方法的规则都必须是透明和清晰的，能够让运营者对客户提供服务，与受监管市场和多边设施在质量上并无差异。为确保组织化交易设施在交易上保持中立，以及不会牺牲对客户的义务，牺牲客户的利益从中牟利，MiFID2 禁止组织化交易设施营运者进行自营交易。

透明度包括交易前透明和交易后透明。交易前透明是指适时公开当前订单和报价的义务（出售的价格和总量），交易后透明则是指股票交易成交后及时发布交易报告。MiFID 修订前，交易前透明适用于受监管市场、多边交易设施和系统性的内在化者。修订后的 MiFID2 把交易前和交易后的透明度要求扩大到债券、结构性融资产品、碳排放和衍生品，而且受监管市场、多边交易设施和组织化交易设施的透明度标准是相同，但会根据不同工具有所调整。

2. 适格的衍生品

按照 MiFIR2，适合清算和充分流动的（clearing eligible and sufficiently

liquid）柜台衍生品今后将不在纯粹的柜台交易了，要转入到组织化的交易通道，所有这些交易渠道都必须遵守同样的交易前透明的规定。

9.2.3　美国互换执行设施及适格的衍生品

《金改法》723（a）（3）在《商品交易法》基础上增加了2（h）（8）。它规定，互换要受到《商品交易法》2（h）（2）清算要求的约束，或在指定合约市场或互换执行设施上进行，除非没有指定合约市场或互换执行设施可供。《金改法》744节给《商品交易法》增加了5h（a）（1），除非注册为互换执行设施或指定合约市场，任何人都不得经营互换交易或互换执行设施。

互换执行设施，修订后的《商品交易法》1a（50）将其定义为"交易系统或平台，在系统或平台的多边参与者能够执行或进行互换交易通过接受该平台多边参与者买卖报价通过州际商务手段进行互换交易或执行互换交易，包括具有如下特征的交易设施：便利人们互换的执行；不是指定的合约市场。

对于互换执行设施，《金改法》在《商品交易法》基础上增加了5h节，它规定：①除非注册为互换执行设施和指定合约市场，任何人都不得经营互换交易设施；②要注册和维持注册，互换执行设施必须遵守15个核心原则和期交会颁布的规则与条例提出的要求；③期交会有权制定调整互换执行设施的规则。

美国《金改法》规定，必须清算的互换是由期交会和证交会确定和由清算组织接受的。期交会提出了非常广范围的利率和某些信用违约指数互换必须清算。《金改法》规定的强制清算的互换也必须在交易所或互换执行设施执行，除非执行合约市场或互换执行设施不提供该互换交易。零售客户只能参与交易所执行的互换的交易。见表9-4。

表 9-4　危机后欧盟与美国提出的柜台衍生品组织化交易市场及适格衍生品

	欧盟	美国
新增加的组织化交易平台	OTF（organized trading facility）。按欧盟委员会的建议，属于柜台衍生品交易场所的一种，是由投资企业或运营商运营的，撮合金融工具买卖订单，无论是自由裁量，还是无裁量基础的设施或系统，不包括作为受监管市场的交易设施或市场、多边交易设施（MTF）或系统性内在化者（SI，systematic internaliser）。此类设施将具有提供非任意的多边接入、支持交易前和交易后透明、能够把交易数据报告到交易仓库、履行交易执行的功能等特征	互换执行设施（swap execution facility）或证券基础的互换执行设施。《商品交易法》1a（50）定义其为"交易系统或平台，在系统或平台多边参与者能够执行或进行互换交易通过接受该平台多边参与者买卖报价通过州际商务手段进行互换交易或执行互换交易，包括具有如下特征的交易设施：便利人们互换的执行；不是指定的合约市场
适格的衍生品	适合清算和充分流动性的衍生品。(1）首先必须是通过中央相对方清算的衍生品。如果中央相对方获得许可或认可能够清算，则这些柜台衍生品就必须清算。欧盟证券与市场管理局（ESMA）已经确定将考虑以下标准，如相关柜台衍生品标准化的程度、流动性和是否有可靠的定价等。(2）ESMA 确定的必须在组织化交易场所交易的必须经中央清算的衍生品。欧盟要求 ESMA 确定哪类必须清算的衍生品也必须遵守强制性交易规定。相关衍生品必须是获准在多边交易设施或组织化交易设施或受监管市场中至少一个市场上市或交易，必须具有充分流动性的	美国《金改法》规定强制清算要求的互换也必须在交易所或互换执行设施执行，除非执行合约市场或互换执行设施不提供该互换交易。必须清算的互换是由期交会和证交会确定和清算组织接受的

说明：与美国互换执行设施相区别，MiFID 给予组织的交易设施（OTF）运营者在订单执行方法上更多的灵活性，它可以采用声讯、声讯电子混合和电子经纪等，互换执行设施只限于电子经纪。

9.3 结论

（1）多边性、中央清算、透明度与流动性是组织化交易平台，即场内交易所具有的主要特征。组织化交易平台不仅为交易提供了便利，也为有效监管和防范系统性风险创造了条件，基于此，金融危机后，20国匹茨堡峰会要求成员国在2012年年底所有标准化柜台衍生品进入组织化交易平台进行。

（2）并不是所有柜台衍生品都适合在组织化交易平台交易，也不是所有柜台衍生品都适合中央清算，足够的标准化和流动性是进场交易和中央清算必须满足的两个必要条件，只有满足了这两个条件的适格衍生品才适合场内交易。

（3）柜台衍生品市场发展趋势表明，场外衍生品的大量存在主要还是由各国放松监管、金融中介机构进行监管的套利所致，对个性化的需求并非是决定性因素，也就是说，柜台衍生市场游离于不受监管场外并不具有充分的合理性和合法性，柜台衍生品标准化、场内化的发展趋势充分证明了这一点。

（4）柜台衍生品交易大量存在最大的危害不仅在于其不透明、不受监管，更重要的是它为监管套利提供了激励，导致大量场内交易场外化，金融危机后对柜台衍生品监管的改革实质上是对这一趋势的逆转，其目的是最大限度地对所有衍生品交易采取协调统一的监管立场和监管标准，从根本上消除监管差异带来的监管套利。IOSCO就指出，最大限度减少监管套利的方式是把柜台衍生品交易转移到组织化平台交易。在要求标准化、中央清算、报告与披露等因素时，要考虑的一个核心要素是尽可能地避免对同类产品采取不同的监管标准，导致监管套利，削弱监管的实效。①

（5）场内与场外交易是一个动态的概念，美国和欧盟把“互换执行设施”“组织化交易设施”与传统意义上的交易所并列，表明它们实际上已经把在互换执行设施或组织化交易设施上进行的互换交易视为场内交易，而不再是场外交易了。

（6）以上分析给我们的启示：在确定期货市场边界时，应该把交易所和适合交易所交易产品的标准厘清，并把握以下两个准则：①如果该产品满足了场内交易标准化和流动性标准，同时又具备了期货交易的功能，则该产品就可以认定为期货合约；②如果前述产品交易场所交易制度安排不能满足组织化交易所的监管标准，则该立法上应该强制该产品在受到严格监管的组织化交易所进行交易，即必须进场交易，不允许场外交易。

① IOSCO：Report on Trading of OTC Derivatives（2011）.

10 交易所去互助化改革及其治理结构

交易所去互助化改革已成潮流，去互助化改革对交易市场带来了革命性的变化，它从根本上改变了交易所与场内经纪商之间的关系，也改变了交易所的治理结构。

10.1 交易所去互助化与集团化

股票和期货交易所传统上都采取所在州非营利公司的形式，不像慈善或教育机构，它们纳税。如纽交所按纽约州法注册，而且属于互助组织，归成员所有，盈利通过更低的接入费或其他福利形式回馈给会员。交易所董事会由成员投票选举组成。

20世纪90年代，股票交易所组织和运营进行了重大变更，一个趋势就是去互助化，把会员所有的非营利交易所转变为营利的投资者所有的公司。1993年，斯德哥尔摩股票交易所成为首家去互助化的交易所。随后，赫尔辛基股票交易所（Helsinki Stock Exchange）于1995年，哥本哈根交易所（Copenhagen Exchange）于1996年，阿姆斯特丹交易所于1997年，澳大利亚交易所于1998年，多伦多、香港、伦敦交易所于2000年都进行了去互助化改革。完成去互助化改革的交易所更进一步是改制为公开上市公司，1996年澳大利亚交易所开始公开发行股票，1998年在本交易所上市，伦敦股票交易所在2000年完成去互助化改革，第二年就完成了上市。

虽然组织和运营发生了大的变更，但交易所的主要收入来源仍然是交易费、上市费和会员费，信息如市场数据服务出售费用。但随着交易所竞争的加剧，越来越多的公司选择到外汇交易所上市，以降低上市费用。随着竞争的加剧，主流交易所主要收入来源转向交易和相关服务，大多数交易所期望扩大产品和服务。

扩大产品和服务的一种方式是交易所之间结成战略联盟或成立合资企业。20世纪90年代，交易所之间形成联盟。

交易所去互助化过程分为以下几个步骤：①由会员制非营利机构转变为

营利的私人公司；②通过向会员、上市公司和机构投资者私募成为私募公司；③通过限制性持股改制为由会员和非会员投资者共同所有的上市公司；④持股无任何限制的公开上市公司。

纳斯达克和多伦多去互助化后转为私人公司，而澳大利亚股票交易所也在1998年去互助化后很快上市，伦敦交易所也是。去互助化交易所成为上市公司的全资子公司，如瑞典股票交易所就成为OM集团的子公司。某些交易所对持股或表决权有限制，如股份或表决权不得超过5%。

美国芝加哥期货交易所（CBOT）成立于1848年，是世界上最古老的衍生品交易所，在1999年被Eurex取代之前，它还是交易量最大的期货交易所。最初，该交易所只交易农产品期货合约，1975年开始交易金融期货，包括美国国债期货合约，1997年开始交易道琼斯指数期货和期货期权合约。交易所一直采取场内面对面喊价的方式交易。1994年开始启动电子交易系统，该系统被称之为Project A，2000年，该系统被新电子交易平台取代（与Eurex结盟）。CBOT是一个会员制社团，有超过3600个个人会员。18个董事中有9个完全是由会员选举出来的，有2个非芝加哥居民，4个由总裁提名和交易所同意的非会员董事，2个联系会员（associate members），不过，按照新营利结构，董事会将减少到9名成员，2个为独立董事。2005年，芝加哥期货交易所实现去互助化改革，2005年10月19日，交易所挂牌上市。

美国芝加哥期权交易所也在2010年完成了去互助化改革，并在2010年6月通过IPO上市。从事权益衍生品交易的美国国际证券交易所（International Securities Exchange）也在2002年完成了去互助化改革，并在2005年3月8日挂牌上市。

从事权益、货币、商品、利率衍生品交易的澳大利亚悉尼期货交易所在2000年完成去互助化改革，并在2002年4月16日实现挂牌上市。

按照2010年世界交易所联盟报告（the World Federation of Exchanges），截至2009年，53个成员所中有83%已经成为营利机构，48%已经公开上市。同时，2008年年报显示，截至2007年，自2001年来，27个公开上市的监管交易所中的8个成为并购目标，上市交易所代表了3000亿美元资本，其中有1000亿美元是并购目标。

去互助化实际上是交易所走向了市场化改革，参与市场竞争，因此，如缺乏竞争，交易所去互助化就会丧失合法性，如韩国股票交易所去互助化改革受挫，就是缺乏竞争环境所致。

案例 1：韩国股票交易所去互助化改革遇阻受挫

直到2004年，韩国股票市场是由韩国股票交易所（成立于1956年2月）、韩国交易商自动报价系统（1996年7月成立）和韩国期货交易所（1999年4月成立）构成。2005年1月19日，3家交易所合并成立了韩国证券期货交易所（KRX）。按照韩国《证券和期货交易所法》，它成为韩国目前唯一的交易所。韩国证券期货交易所选择股份有限公司作为其组织形式，但交易所还未完成从会员制转制，去互助化仍未完成。韩国《金融投资服务和资本市场法》2007年通过，2009年生效。该法生效后，韩国证券期货交易所受该法第373～414条规定的调整，同时受韩国《证券和期货交易所法》和《商法典》中股份有限公司法的调整，公司最高决策机构是股东大会。

韩国交易所最初都是政府所有的公司，后进行了私有化改革，1988年3月1日交易所改制为会员制组织。2009年1月29日开始，交易所被认定为公共机构，受到审计和监察委员会（the Board of Audit and Inspection）的审计约束，预算和人力资源受到政府控制。按照韩国《公共机构管理法》，韩国战略和财政部（the Ministry of Strategy and Finance）可以将收益50%以上来自垄断业务的组织认定为公共机构。自2005年三大交易所合并，韩国证券期货交易所成立以来，该交易所成为韩国唯一的交易所，垄断了场内金融产品交易业务，因此，其收入来源主要依靠垄断业务。据此，战略与财政部于2011年1月24日将韩国证券期货交易所认定为“依靠服务佣金收入的准政府机构”（Commissioned - service - based quasi - government institution），此类机构属于公共机构。

自律组织被认定为准公共机构，传统上其一直被视为私人实体，而非公共或政府实体。其次，韩国立法明确规定韩国金融投资协会履行自律职能，而立法没有对KRX做出明确规定。

10.2　去互助化后交易所的治理结构

表 10-1　会员制交易所（Mutual Exchange）和去互助化交易所比较①

项目	互助交易所	去互助化交易所
所有权	交易所会员所有	公众股东，包括会员，但交易权利和所有权是分开的
交易所的目的	通常是维持：有效率的、低成本的交易环境；风险最小化的结算；高质量的监管框架。	通常是：股份收益最大化；增加盈利和分红；改进产品范围和分销；通过引入高质量的监管框架保护品牌品质
董事会构成和决策	（1）董事会通常大多数或完全由会员代表构成； （2）决定通常是根据会员一人一票表决作出的； （3）决策权授予董事会	（1）董事会通常更多元化； （2）决定通常是一股份一票表决通过的； （3）决策权授予董事会，但可能更策略地留给管理团队运营业务
收购与联盟	并非首先考虑	可能为优先目标，期望最大化增长
资本管理	通常并非优先考虑。互助交易所可能保持高的资本充足水平以备风险	管理团队的优先目标是股东股份价值最大化。保持高的现金或流动性储备是不理想的，因为它会降低公司的资产收益

案例 2：芝加哥商品交易所国际化、去互助化与集团化改革
——芝加哥商品交易所集团成立与发展

1. 芝加哥商品交易所国际化、去互助化、集团化改革

芝加哥商品交易所（Chicago Mercantile Exchange，简称 CME），其前身是芝加哥农产品交易所，它于 1874 年成立，为黄油、鸡蛋、肉禽和其他农产

① Jung Nu Ri, A Study on Demutualization of Stock Exchanges—Focusing on the Case of Korea Exchange.

品提供组织化市场。1898 年交易所设立了芝加哥黄油和鸡蛋商会（board），1919 年改名为芝加哥商品交易所，登记为非营利公司。1969 年，芝加哥商品交易所信托设立，在清算企业破产时为客户提供财务资助。1972 年，国际货币市场（the International Monetary Market）设立，开始交易 7 种外汇。把芝加哥商品交易所转变为首个主要从事金融工具衍生品的期货交易所。1981 年，现金结算的期货合约取代了实物交付，1982 年，指数和期权市场（the Index and Option Market）分部设立，上市指数和期权合约。第一个上市的就是标准普尔期货合约。

新加坡货币交易所与芝加哥商品交易所（CME）启动了相互抵销系统，成为首个国际上互联互通的交易所。1987 年，与路透控股（Reuters Holdings PLC）实现互联互能，CME 开启全球互联互通（GLOBEX）先河，首个世界范围闭市后的电子交易系统开启。1995 年，设立了成长和新兴市场（the Growth and Emerging Markets）分部，接通新兴市场国家的投资。1998 年，发起了全球市场 2 号（GLOBEX2），建立在与巴黎股票交易所（the Paris Bourse）和马替夫（MATIF）技术互换基础上。

2000 年，芝加哥商品交易所完成了去互助化改革，转制为股份有限公司，成为营利性的公司。2002 年，芝加哥商品交易控股公司（Chicago Mercantile Exchange Holdings Inc.）完成首次 A 股发行，在纳斯达克全球选择市场（NASDAQ Global Select Market）上市，名称“CME”，2007 年，与 CBOT 控股公司合并，更名为芝加哥商品交易所集团（CME Group）。通过合并，收购了芝加哥期货交易所（CBOT）。2008 年芝加哥商品交易所集团与纽约商品交易所控股（NYMEX Holdings）合并，收购了纽约商品交易所（NYMEX）和纽约金属交易所（COMEX）。纽约商品交易所主要交易能源期货和期权合约，包括原油合约、天然气、热油和汽油及通过芝加哥商品交易所清算港（CME ClearPort）清算的柜台能源交易。纽约金属交易所（COMEX）交易金属期货和期权合约，包括黄金、白银和铜。2011 年，芝加哥商品交易所发起设立了芝加哥交易所欧洲清算公司（CME Clearing Europe），扩大了欧洲的业务，把清算业务扩大到欧洲。2012 年，芝加哥商品交易所设立合资企业 McGraw - Hill，从事标准普尔指数业务，把集团指数业务一部分剥离，设立了标准普尔/道琼斯指数有限责任公司，成为指数业务全球领军企业。集团全球指数业务形成于 2010 年，从事指数业务的公司是与道琼斯公司创办的合资企业。2012 年，作为合资企业麦格营希尔（McGraw - Hill）合资企业的一部分，集团收购了信用衍生品数据业务。2012 年 9 月，集团向英国金融服务局提出申请，设立伦敦衍生交易所仍然等待英国监管当局核准为认可的投资交

易所。芝加哥商品交易所欧洲有限公司将开始进行外汇期货产品交易，并计划在 2013 年中开始运营。2012 年 11 月，芝加哥商品交易所收购了堪萨斯城交易所（KCBT），该交易所在硬红冬小麦（hard red winter wheat）期货交易中处于领先地位。2012 年，芝加哥商品交易所集团还开始注册互换数据仓库服务。

2. 交易所去互助化前后交易所的治理结构

（1）去互助化前的治理结构。去互助化前，芝加哥商品交易所按照伊利诺伊州公司法注册为非营利公司，由购买交易所席位的会员所有。会员有 4 类。①完全的芝加哥商品交易所席位（full CME seats）（简称 CME 席位）。取得席位的会员可以交易芝加哥商品交易所上市的所有品种和合约。②国际货币市场会员（简称 IMM 席位）（International Monetary Market Membership，IMM）。可以交易外汇期货、利率期货以及下列第 3 类、第 4 类可由会员交易的衍生品种。③指数和期权市场会员（Index and Option Market membership，简称 IOM）。会员可以交易指数期货、木材期货、所有的期权合约及下列第 4 类会员可以交易的品种。④新兴市场会员（Growth and Emerging Market Membership，GEM）。会员可以交易涉及新兴市场的各类合约。

芝加哥交易所设立董事会，按照芝加哥商品交易所规则，董事会席位必须由芝加哥商品交易所 CME 席位会员选举出来的 12 个会员担任，8 个席位由 IMM 会员选任，4 个席位由 IOM 会员选任，10 个席位由董事会主席经交易所任命。而且，CME 董事会必须是多元的，包括场内经纪人、场内交易商、期货经纪人、生产者、消费者、加工者、分销商、在 CME 交易的商品商、各种市场和交易场所主要交易者或用户。任何一方如果没有代表进入董事会，都可要求。至少有 10%的席位必须是农场主、生产者、商人或主要基础商品出口商的。目前，交易所雇员、管理人员代表也进入董事会。

（2）去互助化后交易所的治理结构安排。2000 年 11 月 13 日，CME 成为首家去互助化的交易所，把会员资格转化为附有交易 CME 产品交易权利的股份，以及代表权益的股份。CME 分几个步骤转化为公众持股营利公司。原先的伊利诺伊非营利公司与新成立的在特拉华州注册的非股份公司合并，随即转化为股东拥有的营利特拉华公司。该公司开始发行 A 股和 B 股两类股票，两类股票都具有传统普通股特征，不过 B 股的主要目的是赋予与交易所会员有关的交易特权，该交易并不代表首发。

去互助化后，芝加哥商品交易所发行了 25855 份，200 份 A 类普通股，按照 3∶2∶1 的比例分配给 CME、IMM、IOM 会员。此外，它还发行了 4722 份 B 类普通股，分给交易所会员，对应其先前会员地位。CME 会员获得 B－1

股份，IMM 会员获得的 B－2 股份，IOM 会员获得 B－3 股份，GEM 会员获得 B－4 股份，持有部分 GEM 权益的会员获得 B－5 股份。每类 B 股份赋予了与其会员资格相应的交易特权。

B 类股份交易类似传统交易所席位的交易。CME 的会员部门发布买卖报价，其价值取决于市场，基于交易权利的价值和 A 股绑定的交易权利的价值。A 股在去互助化后的 15 个月是限制交易的。6 个月后可以交易 25％的 A 股，在去互助化后的首个 6 个月，A 股只能与 B 股一并转让，其交易与席位转让类似。6 个月后，独立转让 A 股的比例提高。去互助化后，董事会由 39 名成员降低到 19 名。2002 年选举后，只有 19 个董事，其中 13 名为股东董事，6 名为 B 股董事，13 名股东董事由 A 股股东选出，B 股股东则由董事会提名委员会提名，6 名分部董事由分部 B 股股东组成的提名委员会提名。B 股股东享有改变某些核心权利的权力，即该股份授予的交易特权，而 A 股不具有该权利。因此，虽然 B 股股东只代表了所有权益的 10％，但该表决权则赋予 B 股股东一票否决权，可以阻止任何不利于 B 股股东变革的能力。

10.3　推动期货（证券）交易所去互助化改革的动因

促使和推动交易所去互助化的主要有以下几个因素。

（1）技术加剧了交易所之间的竞争，因为技术消除了市场地理上的边界，打破了垄断。① 信息化技术打破了国界对市场的分割，让跨境上市与交易变得更为容易和便利，从而加剧了交易所在全球范围的竞争。去互助化可以为交易所国际化、集团化创造条件，推动交易所国际化、集团化。

（2）全球竞争和电子通信网络的兴起加剧了交易所之间的竞争。互助化产生的闭锁效应，导致交易所会员享有垄断权力，利益受到特殊保护。交易所成为公司后，提供了更有效的管理利益冲突的治理结构，追求公司利益最大化取代了会员利益最大化，过去会员的一致决定被更为专业的管理团队取代，交易所治理水平和经营管理水平可获得极大提升。

10.4　去互助化后交易所自律职能与自律体制重构

交易所去互助化后其营利性质与交易所作为自律组织承担的自律监管职

① Ramos, Sofia Brito, Why Do Stock Exchanges Demutualize and Go Public?（March 13, 2006）. Swiss Finance Institute Research Paper No. 06－10. Available at SSRN: http: //ssrn. com/abstract=890268 or http: //dx. doi. org/10. 2139/ssrn. 890268.

能产生冲突。交易所作为自律组织，对市场承担自律监管职能。它包括以下几个方面。①交易。制定交易规则并监督和实施规则。②防止市场操纵。监督交易系统，防止滥用。③会员管理。设立规则调整会员行为，监督其遵守和实施规则。在进行去互助化过程中，就必须解决好交易所自律监管职能与营利职能之间的冲突，妥善处理好交易所自律监管职能与营利职能的关系。从世界范围来看，交易所去互助化后，其自律监管职能处置有以下几种模式。

10.4.1 瑞典模式

其特点就是交易所自律监管功能在去互助化后继续由交易所执行。采取此种模式的理论依据就是，去互助化交易所自律监管职能与营利职能并不必然存在冲突，相反它们是兼容的，发挥好自律监管职能，维护公平健康的交易秩序是交易所声誉不可或缺的部分，这与交易所营利最大化目标并不冲突。瑞典 OM 集团采取了此种模式。交易所创始人和主席俄罗夫·斯腾海默（Olof Stenhammar）就指出："私人运营和所有市场并不与该市场、当局要求具有的高标准监管和监督标准对立。这不仅是个道德问题。对我而言，它是一个优秀商人的问题。"他进一步指出"私人拥有交易所对建设和实施良好监管框架负全责"。该框架对于交易所商业上的成功是至关重要的。

10.4.2 美国股票交易所模式

在去互助化过程中，美国证交会坚持要求纽交所和纳斯达克处理好去互助化后交易所营利性职能与自律监管职能之间存在的冲突。最终，纽交所和纳斯达克将自律监管职能与营利职能进行剥离，交易所设立独立的子公司专门履行自律监管职能，以避免可能发生的利益冲突。具体做法就是，交易所设立一个独立子公司，专门履行自律监管职能。负责履行自律监管职能的公司与营利性交易所就自律监管签订协议，接受自律监管。

在纽交所，负责履行自律监管职能的子公司的董事会完全由独立董事构成，同时，还设立了一个分开的由行业代表组成的顾问委员会，定期与董事会举行会晤，以确保行业贯彻交易所的政策。顾问委员会无表决权，董事会还被要求定期举行没有顾问委员会参加的会议。

纳斯达（NASD）专门履行自律监管职能子公司——纳斯达监管公司（NASD Regulation Inc.，Nasdr）采取了与纽交所不同的治理结构，其董事会并不要求全部由独立董事构成，但要求非行业董事等于或大于会员代表董事和行业董事成员之和，即超过半数的董事为非行业董事，即独立董事。

10.4.3 美国期货交易所模式

交易所将自律监管职能外包给一个完全独立的第三方。在美国期货市场，全国期货协会为好几家交易所履行该职能。第三方可以是注册的期货协会，或期交会注册和监管的实体，确保政府对其履行的自律监管职能进行监督。

10.4.4 澳大利亚模式

澳大利亚采取模式类似美国交易所营利职能与自律监管职能分置模式。澳大利亚交易2001年《公司法》授予澳大利亚证券和投资委员会（ASIC）负责澳大利亚交易所上市事项的权力，该委员会和澳大利亚交易所就委员会（ASIC）和交易所在交易所自我上市中的角色达成了好几个谅解备忘录。委员会监督交易所自我上市，对其日常是否遵守上市规则进行监督，以确保交易所受到独立监督。交易所有义务通知ASIC与自我上市有关的规则和支付的费用。为确保市场公平运营，澳大利亚将运营监督职能转移到了一个交易所全资子公司——澳大利亚市场监督有限公司（ASX Market Supvision Pty Limited，ASXSM）。该公司在独立保障下运行，监督市场参与者遵守交易所上市要求并监督经纪人遵守交易所规则，包括交易所清算规则。

11　衍生交易场内化——以美国衍生市场监管历史为例

2007—2008年金融危机爆发后，柜台金融衍生工具成为众矢之的。著名的巴菲特形容它是“大规模杀伤金融武器”，绍罗斯称它正在摧毁整个社会，而华尔街业内人士迈克尔·刘易斯说它是说谎者的扑克牌，形容它正在摧毁华尔街，还有严谨学者称柜台衍生市场是不可监管的市场，还有人干脆就把柜台衍生工具斥责为华尔街骗子们的把戏，将其比作是中世纪的炼金术，华尔街这些金融机构就是金融巫师。危机后社会各界对柜台衍生金融市场的普遍反感，也让许多学者、监管者因未能预见到其破坏性风险而陷入内疚、自责、道德自卑纠结中。据报道，2009年7月，英国一些著名经济学家和监管部门官员就集体向英国女王伊丽莎白女王发去了道歉信，对他们没有能够预见到2007—2008年金融危机而致歉。事情起因于2008年11月，英国访问伦敦经济学院时，对当时与会的一帮经济学家和监管部门官员，女王冷不丁问了一句，为什么就没有人预见到伦敦金融城和华尔街在玩的危险游戏，提醒监管部门注意防范。女王的问话让这些在座的经济学家们和监管部门官员羞得无地自容，为此纠结了半年多时间，才鼓起勇气向女王写了一封道歉信。在信上签名的人有英格兰银行货币政策委员会委员蒂姆·贝斯勒（Tim Besley），历史学家皮特·亨利萨（Peter Hennessy），一些最具有影响力的经济学家，包括英国财政部部长、高盛首席经济学家。

如果把金融衍生工具只局限在2007—2008年金融危机前后短暂的历史背景中去分析，对其在监管宽严得失的评价都可能是不准确的。危机带来的灾难让任何对金融衍生工具的正面肯定都可能是“政治不正确”，但过度的甚至情绪化的反应也不能不防，否则不但可能出现矫枉过正，而且可能迷失政策方向。为明晰将来在金融衍生市场的发展方向及监管政策思路，我们需要从更长远的历史视角来分析和研究，准确把握金融衍生市场历史的发展脉络，探寻监管的逻辑。

通过对美国衍生市场监管的历史演变梳理，笔者发现，衍生市场监管的历史竟然就是一部场外衍生品场内化的历史。所谓场外衍生品场内化，就是通过立法场外不受监管的衍生交易强制集中到受到严格自律监管和行政监管的交易所进行交易。而每一轮场内化都是通过监管改革和立法来实现的，而每一轮场内化之后，金融创新又会掀起新一轮场外化的运动，即在场外形成一个不受监管的前所未有场外衍生市场，在暗处集聚金融风险，引发金融危机。衍生市场监管历史可以说就是场内化与场外化反复博弈、交替发展的过程。借助美国金融衍生市场发展和监管演变的历史作为分析样本，可以为我们金融衍生市场发展战略的规划、监管政策的制定和制度构建探寻可以借鉴的逻辑思路。

11.1 期货交易场内化及联邦立法与监管

这个阶段，困扰美国衍生市场发展的是价格操纵和对客户的欺诈。而其中罪魁祸首就是场外衍生交易投机，即所谓场外对敲店。在打击场外衍生交易各种欺诈的过程中，美国决策者意识到，场外市场组织化程度不高，分散、分布范围极广，没有固定交易场所和交易规则，也无须通过交易中介进行，交易完全是一对一的，个性化的，缺乏交易记录，信息极度不对称，受到监管成本和监管手段局限性的制约，是难以监管，甚至是不可监管的。而场内衍生交易组织化程度高，且所有场内交易都是通过交易所会员通过场内交易设施执行和清算的，受到场内交易规则严格约束，因此，政府只要加强对交易所和市场主要参与者的监管就可以有效控制场内交易秩序，遏制和消除场内市场价格操纵和对客户的欺诈。也就是说，政府通过对交易所和交易会员的集中监管，借助交易所自律就可以对衍生市场实施有效监管。

因此，在这个阶段，美国联邦监管主要从两个层面不断加强：一是不断通过立法完善把所有商品衍生交易都纳入场内，取缔场外商品衍生市场，把商品衍生交易都集中到受到联邦政府和交易所自律的场内进行；二是不断加强交易所监督及其会员等中介机构的行为规范，加强了场内监管，以消除场内价格操纵和对客户的欺诈。

11.1.1 19世纪，美国从尝试取缔期货交易到尝试监管的转变

在这个阶段，美国决策者对衍生交易的认知发生了从消极禁止、取缔到积极干预和监管的转变。

19世纪上半期，衍生市场普遍存在的价格操纵和欺诈，导致农产品价格急剧波动，威胁到了美国农业的可持续发展，对此，美国联邦政府和州采取的监管政策就是对期货市场予以取缔，禁止商品期货等衍生交易。

美国最早的衍生市场是形成于18世纪末和19世纪初的农产品远期合约

市场和期货市场。19 世纪 40 年代末，开始出现了集中化交易的农产品期货合约市场。1848 年芝加哥期货交易所（the Chicago Board of Trade）成立。1865 年标准化谷物期货合约出现了。内战期间和内战后，有更多商品期货交易所设立，1865 年，堪萨斯城期货交易所成立。1974 年，芝加哥产品交易所（Chicago Produce Exchange）成立，后更名为芝加哥黄油和鸡蛋交易所（the Chicago Butter and Egg Board），随后在 1919 年更名为芝加哥商品交易所（the Chicago Mercantile Exchange，CME）。1881 年，明尼波利斯谷物交易所成立，主要交易硬红小麦期货和期权。

早期的农产品衍生市场为少数几个大的投机者所控制，价格操纵是商品期货市场发展面临的主要问题。期货市场价格操纵导致农产品价格急剧波动，激起农场主对期货交易的愤怒和反对，州和联邦层面曾多次努力要废除期货交易，后来试图转向监管。1844 年，禁止期货交易的第一部立法引入国会，随后 50 年类似的好几个法案都引入了国会。在 19 世纪 60 年代早期，许多州也试图通过禁止期货交易的立法。

美国许多公众和决策者之所以对期货交易充满敌意，主要有以下几个原因。（1）对期货交易还不十分了解。（2）新教伦理对赌博的排斥和反感。早期许多人都把期货交易当做赌博，只看到其投机的一面，没有看到其发现价格、管理风险的功能与价值。这反映在美国普通法一直都将期货交易看作是差价合同，即赌博上，一直到 2000 年《商品期货现代化法》才最终排除了普通法对差价合同的禁止。（3）由于认知上的局限性，主张对期货交易不当做法加以限制和规范的人把期货交易看作是不可监管的。困扰当时期货交易的最大问题是价格操纵和欺诈，而面对广泛蔓延而鱼龙混杂的各种差价交易，决策者无法找到区分正当期货交易与非法赌博的方法，也没有办法从法律上找到区分非法操纵和合理投机的标准，因此，不知道监管切入点在哪里，也找不到合适的监管方法和手段，所以，简单外科手术式的取缔和禁止，或干脆放任不管就成为当时决策者能够找到的两个政策选项。

1895—1920 年，要求废除期货交易的压力减轻了，公众关注视线开始转入监管该市场。导致态度转变的是农场环境的改善，农产品价格的上升。此外，农场主开始组织起来，形成销售协会，提高了其在农产品定价上的话语权。同时，农场主也开始学会利用期货市场管理农产品价格波动风险，这让他们看到了投机的另外一面，为期货市场提供流动性支持，使他们得以把价格波动风险转移给偏好风险的投机者。

至此，美国决策者和公众对农产品期货市场投机的敌意转向对欺诈和价格操纵的关注，美国联邦政府开始着手尝试对对农产品期货市场加以干预和监管，打击价格操纵和欺诈。但联邦国会在期货立法工作上开展得并不顺利，1880—1920 年，大约有 200 个法案被纳入国会立法，但都未能成功通过。阻力主要来自期货业者和期货交易所所在州的强烈反对和游说。他们的理由是，已经存在州的监管和交易所自律，无须联邦政府介入。

11.1.2 场外衍生市场的兴起及泛滥

场外商品衍生市场被称为“桶店”，它原是城市穷人聚集在一起喝用水桶从酒吧收集来的被客户扔掉的残留啤酒的地方，后来就被用来专门指场外进行股票和商品期货价格赌博的经纪店，即投机经纪店。投机经纪店出现的直接诱因是交易所场内交易进入的财务门槛过高。例如，纽交所要求保证金为交易量的 10%，最低交易量大约为 100 美元，交易涉及几百或上万美元。这就把美国普通民众挡在了门外。而美国 19 世纪股票市场和商品期货市场蓬勃发展，造就无数投机者一夜暴富的神话，激发起了许多渴望分享美国股市和商品期货市场繁荣，能够迅速发展致富的激情。为此，一些机灵的商人就开始瞄准这个市场，1877 年纽约第一家桶店开张，1878 年年初就迅速扩大到中西部主要城市，随即爆炸性增长，19 世纪 80 年代中期，这些店开始搬到金融区周边，数量达到好几百家，并在全美国流行起来。

桶店从许多方面看起来像场内股票或商品期货经纪商，它们有股票报价器和商品期货报价器，潜在客户可以用其了解打赌的每只股票或商品期货的合约价格。这些价格随后被张贴在一个大的黑板上，以便客户能够看到和下达指令，或打赌。投机经纪店老主顾可以用 1%的保证金购买一只股票或商品。在某些投机经纪店，甚至只需要 0.5%的保证金。因为保证金如此低，交易的价值通常也就为 10～50 美元，这让这些赌博对普通公民而言比较合理，即使是穷人也可以玩。

桶店本质上是一种赌博形式，它让人们对场内市场交易的股票和商品期货合约价格进行打赌。桶店接受客户交易指令后，并不是到场内执行，而是在桶店与客户之间或客户与客户之间进行对敲。在交易中，如果客户赢了，就有另外一个客户或桶店输了，如果桶店赢了，就有客户输了，实质上就是赌博，是一种零和游戏。桶店接受所有客户的指令，按照当时说法，把它们放到一个桶里，没有资产被转让，股票交易所和期货交易所为其提供打赌的价格信息。例如，客户打赌糖价格上升 1 美元，如果真的上升了，投机经纪店像所有赌博一样，将支付赢家 1 美元，反之，客户就要赔进去 1 美元。

桶店的泛滥在交易所场外形成了一个巨大影子股票市场或商品期货市场，该市场规模和交易量甚至超过了场内市场。因为桶店交易不存在任何记录，

所以很难获得其实际交易规模的数据。但据1889年《纽约时报》估计，全国投机经纪店客户打赌股票等同于每天100万股，而纽交所1888年6月平均日交易量才14万股。因此，它们不再只是普通公民去的地方，许多富裕投资者也开始利用其保证金的优势。

投机经纪店存在带来几个问题。（1）桶店的竞争让交易所处于不利地位，尤其是越来越多的富裕投资者转向桶店。（2）缺乏监管和交易记录容易产生欺诈。（3）投机经纪店往往资信条件非常差，一旦赌输，就关门溜之大吉，客户所面临的信用风险缺乏任何保障。（4）桶店为牟利，通常通过场内价格操纵，如大肆抛售（wash sales）来操纵市场，以此影响桶店赌盘的胜负，损害场外客户利益，破坏场内交易秩序。通常桶店大多数客户都倾向于看多，赌股票价格或商品期货价格上升，所以，桶店就通过场内市场价格操纵打压股票和期货价格，此种因为桶店大肆打压导致价格波动的做法就被人们称为"桶店驱动"（bucket shop drive）。

11.1.3 对桶店的监管与打击——交易所和州反场外化运动

在1907年美国发生金融恐慌之前，桶店如金融市场的投机一样，普遍存在而且人们习惯于它们的存在，人们甚至把它看作是无害的。但因为桶店的竞争威胁到交易所的业务，所以自20世纪初，交易所就成为反桶店的急先锋。交易所注意到，桶店投机必须借助交易所的报价信息，因此，交易所反桶店的一个有力招数就是切断桶店获得报价信息。交易所这一做法最初遭到一个法律障碍，那就是交易所切断桶店获得报价信息被一些法院裁定为非法。直到1905年，联邦最高法院在针对当时号称"桶店之王"——查瑞斯蒂（C. C. Christie）案件中做出了有利于交易所的判决，确定交易所可以控制其报价信息，这对桶店是一个致命打击。

与此同时，由于桶店泛滥导致的欺诈横生也引起许多民众对桶店违法经营的不满，要求取缔的呼声日高，因此各州也开始通过《反桶店法》（*Ant-Bucket Shop*）取缔桶店的投机。1907年金融恐慌之后，全国各州都通过各自《反桶店法》，取缔桶店非法经营。许多州都把从事桶店经营列为重罪，如果是公司犯罪，就处以罚金5000美元，如果个人犯罪，就处以监禁5年，罚金1000美元的处罚。有了联邦法院和州《反桶店法》的支持，交易所就掀起了打击桶店的高潮，芝加哥交易所就借助私人侦探成功把281人送上法庭，并最终获得了胜诉宣判。

在反桶店的同时，交易所也开始采取措施，降低了入市门槛，让普通民众也得以入市参与交易。双管齐下的策略获得了成功，到1915年，纽交所就登报宣告，反桶店运动取得了胜利，桶店已经不存在了。

反桶店运动的胜利确立了期货交易所在农产品期货市场的垄断地位，也为联邦政府如何介入期货市场监管提供了切入点，即为借助期货交易所来实施期货市场监管奠定了基础。与此同时，交易所反桶店运动胜利也极大鼓舞了美国决策者，一是让他们认识到期货市场是可控的，可监管的，二是让他们意识到只要把期货交易集中到指定的集中交易市场，通过强制披露与报告制度就能够有效掌握整个市场信息，增加市场信息透明度，而政府通过监管市场就可以有效监管所有期货交易和期货交易参与者的行为。

11.1.4 联邦助力场内化——联邦反场外化立法及监管

从1921年《商品期货法》到1974年《商品期货交易委员会法》是美国商品衍生市场联邦监管体制确立及完善的过程，同时也是联邦反场外化，在全国范围内推动商品衍生交易场内化的过程。

1. 联邦商品衍生市场集中统一监管体制的确立

（1）1921年《期货交易法》。桶店的消失消除了场内市场的威胁，确立了场内期货市场在期货业的垄断地位，但同时，联邦监管的缺失，使交易所自律监管存在的缺陷暴露无遗，即谁来监管监管者，交易所从事商品期货交易属于州际商务范畴，所以，交易所所在的州没有能力对交易所内期货交易进行监管，而交易所场内普遍存在的价格操纵和欺诈也并未因为场外市场——桶店的取缔而有所削弱和收敛，期货市场价格操纵严重扭曲了正常农产品价格，导致美国主要农产品价格急剧波动和下跌，严重损害了中西部农场主利益。1921年，美国国会冲破重重阻力，成功地通过了首部联邦监管立法——《期货交易法》。

1921年《期货交易法》的一个核心内容就是授权农业部对农产品期货市场进行监管，所有期货交易除非是在农业部指定的合约市场交易，一律要征收惩罚性的税，即每蒲式耳交易单位征收20美分的税。1884—1913年，美国小麦现货价格每蒲式耳不到1美元，玉米每蒲式耳低于60美分，燕麦每蒲式耳低于40美分，这实际上让所有非指定合约市场的期货不可能获利。这实际上是宣布只有联邦政府指定的合约市场的农产品期货交易才被允许，任何其他非指定合约市场的期货交易都被看作是场外交易，一律被禁止。

1921年《期货交易法》反映了联邦政府监管思路，即所有期货交易都必须集中到场内市场——交易所交易，即所有期货交易都必须场内化，联邦政府可通过监管期货交易所来间接监管期货市场。

没有能够在立法过程中阻止该法通过的期货业者，在该法一颁布后就立

即诉诸司法，要求法院确认该法违宪。芝加哥期货交易所 8 个会员联合发起了诉讼，官司最终打到了联邦最高法院。法院认为，谷物期货交易完全属于州内商务，联邦政府对其征税不合法，所以，宣布整个法案违宪。

（2）1922 年《谷物期货法》。在联邦最高法院做出裁决几天后，期货市场就发生了谷物价格操纵恶性案件，这让国会认识到，联邦必须立即介入监管。所以，很快国会就通过了 1922 年《谷物期货法》。在制定该法时，国会援引宪法赋予联邦政府管辖州际商务的权力，而不是征税的权力。在随后的司法审查中，联邦最高法院认定期货交易所价格操纵影响到州际商务正常秩序，国会通过立法给予联邦制政府监管的权力是合乎宪法的，认定其合法。

1922 年《谷物期货法》在农业部创设了一个谷物期货管理部和一个独立的谷物期货委员会，前者负责报告谷物期货交易，调查可能影响谷物价格的误导性信息传播，后者则监管谷物期货交易所。该法明确了申请成为农业部“指定合约市场”的条件，即：（1）制止交易所成员散布误导性市场信息；（2）禁止从事价格操纵；（3）保持交易记录，并接受农业部和司法部的检查；（4）制定接受成员授权代表从事现货或期货业务的进入规则，并同意遵守委员会适用于其他成员的规则。该法第 9 节还宣布任何从事违反该法第 4 节期货交易或故意或有重大过失进行虚假或误导性报价或关于谷物价格信息的行为都是犯罪行为。

1922 年《谷物期货法》要求所有期货交易都必须进场交易，且该市场必须是联邦机构指定的满足了联邦监管标准的场内市场。

1922 年《谷物期货法》实际上确立的是间接监管体制。联邦监管机构并不直接监管期货市场，即联邦政府监督期货交易所（主要监管手段是对交易所申请成为“制定合约市场”的资格条件进行审查），而期货交易所负责对场内市场和市场参与者的行为进行监管。为此，1922 年《谷物期货法》沿袭了 1921 年《期货交易法》的做法，明确禁止联邦监管机构指定合约市场以外的所有谷物期货交易。

2. 联邦商品衍生监管体制完善

1922 年《谷物期货法》虽然通过了违宪审查，但该法存在两个重大缺陷：一是其适用范围很窄，仅限于谷物期货，不能适应商品衍生交易创新与发展的需要；二是其不能有效制止日益猖獗的价格操纵和欺诈。因此，一直到 20 世纪 70 年代上半期，美国联邦商品衍生市场监管体制都一直在两个层面不断加以完善。在这个阶段，联邦政府商品衍生市场监管总体趋势上是不断加强。

适用范围不断扩大，直到把所有商品衍生工具都纳入联邦《商品交易法》的监管范畴。

1922 年《谷物期货法》适用的“商品”只包括谷物。此后，鉴于商品衍生市场的发展，国会一次次通过立法修订，把更多商品纳入联邦《商品期货法》的管辖范畴。

1936 年将《谷物期货法》改名为《商品交易法》，将其适用范围扩大到除谷物以外的所有农产品，也就是所有农产品期货交易都必须到联邦监管机构指定合约市场进行交易，并接受监管。此后，又陆续地修订，进一步扩大了《商品交易法》适用范围。

1974 年《商品期货交易委员会法》进一步通过采取一个概括性条款，把除洋葱外，包括贵金属、金融商品在内的所有商品全部纳入该法适用范围。

3. 联邦监管执法权力加强

（1）1936 年《商品交易法》。1922 年《谷物期货法》采取的是间接监管的方式，期货市场实际监管是由交易所负责的。而且，立法给予农业部谷物期货管理局的监管权力和资源也非常有限。所以，该机构没有足够的资源履行其职责，即使是发现了问题，也缺乏足够的约束手段加以制止。

罗斯福政府新政时期，美国对商品衍生市场监管进行了全面改革，1936 年国会通过了修订并改名的《商品交易法》取代了《谷物期货法》。第一，它改变了过去完全依靠交易所对交易市场和市场参与者进行监管的间接监管体制，加强了联邦监管机构的直接监管，把联邦政府监管对象从交易所扩大到对市场主要参与者的监管。如要求场内经纪商和期货佣金商注册。第二，加强了对价格操纵的监管，规定对投机性交易设置头寸限制，加强对价格操纵的禁止。第三，加强了对客户的保护。该法还要求把客户保证金放到期货佣金商的信托账户中。

1936 年《商品交易法》通过后，监管执法便加强了。商品交易局是经济学家主导的组织，只有一个律师，缺乏执法人员，在打击价格操纵方面，鲜有作为，场内交易中价格操纵和欺诈仍然困扰着民众和美国的决策者。

（2）洋葱期货交易的取缔——《1958 年洋葱期货法》。20 世纪 50 年代，美国人餐桌上常见的蔬菜——洋葱突然成为期货市场投机者钟爱的炒作对象，少数投机者对洋葱市场的操纵导致洋葱价格急剧波动，为此，1955 年，美国国会修订《商品交易法》，把洋葱期货交易纳入该法调整范畴，给予商品交易局监管洋葱期货的权力。但这于事无补，所以，无奈之下，1958 年 8 月 28 日，国会通过《洋葱期货法》，全面禁止了洋葱期货交易，并对违反者给予最高罚金 5000 美元的罚款，直到今天，该法仍然有效。

（3）1968 年《商品交易法》修订，进一步扩大了联邦监管机构监管执法权力。这些权力包括：第一，对期货佣金商制定最低财务要求，加强其审慎监管；第二，给予废除与法案不一致的交易所规则；第三，提高了对价格操纵的刑事处罚力度。

(4) 1974 年《商品期货交易委员会法》。1974 年《商品期货交易委员会法》进一步完善了联邦商品衍生监管体制，加强了联邦监管力度。

第一，监管体制的完善。一是设立商品期货交易委员会（以下简称“期交会”），专门负责商品期货市场监管，将原商品交易局和商品交易委员会职能全部移交给新设立的委员会；二是设立全国期货协会，作为调整非合约市场会员的市场参与者行为的自律机构。

第二，加强了联邦监管机构的监管权力。一是给予期交会被给予给任何受到违反《商品交易法》行为伤害的人以经济赔偿；二是要求商品交易顾问，商品集合管理人，从业人员都必须在期交会注册；三是规定斯交会可以直接干预交易所自律监管活动。交易所拟定的交易新规则在正式颁布前应提交期交会，并取得其批准；四是给予价格操纵罚金从 1 万美元提高到 10 万美元；五是给予期交会向法院申请颁布禁止令，以阻止违法行为的发生；六是给予期交会在紧急状态下，暂停交易和采取措施恢复交易的权力；七是加强期交会对交易所自律的监督。该法鼓励交易所加强自律，但同时规定，交易所应向期交会报告其采取自律行动，期交会有权更改或撤销其采取行动。

1974 年《商品期货交易委员会法》的颁布标志着第一轮场内化运动完美收官，但也就在此时，金融创新又在传统商品衍生市场外掀起了新一轮的场外化运动，并持续不断冲击着联邦所有期货合约交易都必须在受到严格监管场内交易的底线。

11.2 金融衍生交易场外化运动及监管放松

11.2.1 20 世纪 70 年代后半期金融衍生时代到来——衍生行业经历转型

美国衍生市场在 20 世纪 70 年代后期发生结构性转变，这表现在以下 3 个方面。

1. 金融创新导致金融衍生市场迅猛增长，并迅速超过商品衍生市场规模

就在尼克松政府宣布终止美元与黄金挂钩，停止外国持有美元兑换黄金时。芝加哥期货交易所就敏感意识到金融衍生时代已经到来。1972 年，芝加哥商品交易所设立国际货币市场（the International Monetary Market），提供外汇期货合约。该交易所设立开辟了非农业产品衍生品爆炸时代。与此同时，

更大一个场外衍生市场——柜台金融衍生市场也开始形成和飞速发展，并很快超过了传统场内商品衍生市场规模，开始引领衍生市场的发展。

1970 年，期货合约为 1300 万份。到 1980 年，年交易量增加到 9000 万份。1990 年，交易量超过 2.7 亿份合约。增幅主要是金融衍生工具，包括各种证券指数期货、期权产品。从 1975 年到 1983 年，债务工具期货从大约 2 万份上涨到 2800 万份合约。货币期货合约（currency future）年交易量从 22.8 万份上升到 1984 年的 1100 万份。到 1982 年，金融期货交易增加到超过 4 千万份，1984 年前 9 个月，金融期货交易占了总的期货交易量的 46%。1990 年，金融期货交易量达到 1.8 亿份，占当年期货交易量总额 2.7 亿份的 66.67%，金融期货远远超过了农产品期货。

2. 柜台衍生工具和交易规模迅速超过了场内商品衍生市场和金融衍生市场

柜台衍生品在 80 年代到 90 年代经历了爆炸性增长，全球交易所交易的和柜台交易衍生品在 1992 年年底达到了 17 万亿美元，同 1989 年比，增长了 145%。柜台衍生估计在 1992 年年底达到了 10 万亿美元，衍生交易量增长主要是具有不同功能的柜台衍生工具。

3. 衍生市场参与者也随金融衍生市场，尤其是柜台衍生市场发展而完成了机构化的转变

所谓机构化，是零售投资者逐渐退出越来越复杂的衍生市场，各种机构成为衍生市场主要参与者，如表 11 - 1 所示。

表 11 - 1　　市场结构演变

时间	主要参与者
20 世纪 30 年代农业部调查	最大参与者——农场主。其他包括 19 个殡仪从业人员，12 个糖果店老板和大量工人、学生、指甲修饰师、寡妇、秘书、速记员、家庭主妇、失业个人。不少医生、牙医、律师也参与
1949 年调查 9000 个商品期货账户	1/3 为老练的交易者，农场主也很多，但也存在不少退休人员，此外，还有大量律师、医生等专业人士
20 世纪 70 年代的调查	有更多的老练个人投机者，许多非专业交易者都受过良好教育，年龄超 45 岁，年收入超过 1 万美元。大多数是律师、医生、牙医和商业专业人士

续 表

时间	主要参与者
1984 年调查	个人或非商业交易者占交易量不足 1/3。90%的个人交易者上过大学，大约 40%具有研究生或专业学位，大多数净值财富超过 10 万美元。28%的股票指数交易者拥有净值财富超过 50 万美元

资料来源：美国监管当局历年调查结果汇总。

与此同时，美国证券市场投资者也完成了机构化的转型。市场参与者机构化转型对衍生市场发展带来了重大影响。一是老练的和具有自我风险防范和保护能力的机构取代了需要更多法律和监管保护的散户，成为市场的主力，这就意味着对客户保护性的监管需求减轻了。二是机构投资者基于风险管理和投机的需要，对个性化的、创新型的柜台金融衍生工具有更大的需求，这进一步促进了金融创新和柜台金融衍生市场的发展。

11.2.2 监管趋势的转变：1974 年《商品期货交易委员会法》成为拐点

金融衍生市场及市场结构的变革导致美国联邦衍生市场监管在 20 世纪 80 年代开始转型，1974 年《商品期货交易委员会法》也就成为了美国从商品衍生时代向金融衍生时代过渡，美国衍生监管由逐步加强转向逐步放松，不断的国会立法和监管机构对《商品交易法》豁免或排除条款的适用，从逐步放松到全面放任柜台衍生市场发展，这对金融衍生交易场外化运动起到了推波助澜的作用。

就在美国联邦政府商品衍生监管市场不断完善，1974 年《商品期货交易委员会法》将所有商品期货和期权交易都纳入指定合约市场，关闭了所有场外商品衍生交易的同时也打开了另外一扇场外衍生交易市场——柜台金融衍生市场的大门，这扇门在 20 世纪 70 年代后半期和 20 世纪 80 年代通过不断增加的排除或豁免《商品交易法》而徐徐展开，最后发展到 2000 年《商品期货现代化法》全面放松柜台金融衍生市场的监管而得以完全洞开。

1. 20 世纪 70 年代后半期到 20 世纪 80 年代对柜台金融衍生工具监管的排除与豁免

(1) 1974 年《商品期货交易委员会法》美国财政部修正案对银行间柜台衍生市场的豁免。1974 年美国国会通过《商品期货交易 0 委员会法》对《商品交易法》进行了修订。当时，考虑到已经有大量不受监管商品，如咖啡、糖、可可、木材、橡木、各种贵金属及数量众多的外汇等期货合约的存在，所以在对“商品”概念进行修改时把所有商品包括金融商品都包括进去的同时，也在2（a）（1）（A）排除条款中把所谓的“财政部修正案”（财政部在立法时提出的）纳入了。该修订规定，《商品交易法》不适用于外汇交易、证券权证、证券权利、分期贷款合约转手、回购期权、政府证券、按揭或按揭购买承诺，除非该期货出售在交易所进行。这实际上把已经兴起的银行间柜台金融衍生交易市场完全豁免和排除在商品衍生监管框架之外了。

美国国会在立法时给予银行柜台金融衍生交易豁免，理由就是这些交易参与者都是老练的机构参与者，交易的目的是管理其业务中面临的金融风险。参议院农业、林业委员会对该豁免条款解释时指出：“为澄清法案规定不适用于外汇和某些列举的金融工具，除非该交易在正式的组织化期货交易所进行交易。美国大量外汇交易是通过银行和柜台非正式网络进行的。委员会认为，该市场受到银行监管机构更合适的监督，因此，本法规定的监管没有必要。因此，委员会认为，期交会对某些金融工具交易监管（如证券权证、证券权利、分期贷款合约转售、回购期权、政府债券、按揭和按揭购买承诺），通常在银行间和其他老练机构参与者之间是不必要的，除非是在正式的组织化期货交易所交易。”

（2）期交会政策立场的转变，逐步扩大了金融衍生工具豁免监管的范围。1982年，美国国会在《商品交易法》基础上增订了23节，要求联储、期交会和证交会在财政部帮助下，对期货、期权交易，包括商品期权、期货期权、外汇期权、证券期权和一组或证券指数期权对经济的影响进行研究，要求研究这些衍生交易带来的利弊，现行监管是否充分、适当，是否需要完善现行监管制度。1984年，相关部门完成了研究，提交了名为《对期货和期权交易对经济影响的研究》（*A Study of Effects on the Economy of Trading in Futures and Options*）的报告，报告得出结论是：①新的金融期货和期权市场服务于有用的目的，主要是通过提供经济活动内在风险，如市场、利率和汇率风险能够被转移的手段；②金融期货和期权显然对资本形成没有可计量的负面影响，很显然提高某些基础现货市场的流动性并没有明显减少这些市场的流动性；③功能性相似工具的交易也没有明显给公众消费者、衍生或相关现货市场造成损害；④对正在发展的柜台金融衍生市场无须采取额外的立法来建立适当的监管框架。

1989年7月21日，美国期交会颁布对包含商品期权和期货，兼具商品期权、期货合约和证券特征的结构性金融工具（当时被称为“混血工具”（hybrid intruments），20世纪80年代开始出现并逐步流行）的豁免监管规则。该规则豁免了下列包含衍生产品的结构性金融工具：①混合债务工具；②包

含商品期权成分的优先权益或存款工具，如果该工具按照 1933 年证券法注册，或因为是证券，豁免注册，或是美国联邦保险金融机构发行的证券，或美国许可外国银行办事处或分支机构发行的证券；③保险公司发行的证券和证券法豁免注册的证券；④联邦保险的金融机构发行的存款、债券存款或交易账户。工具内暗含期权费不超过工具发行价格的 40%。不过，这些豁免期交会监管的工具，如果构成证券，要受到证交会的监管。

（3）银行控股公司全面进入衍生行业。在期交会通过豁免不断放宽对金融衍生交易监管的同时，美国联邦银行监管部门也放松了对银行从事衍生业务的限制，让银行控股公司通过设立子公司进行衍生经纪业务。1982 年，摩根大通获准设立一家期货子公司——摩根期货公司（Morgan Future Corp.）。此后，陆续有许多银行控股公司模仿。

2. 场外化引起的监管争论：飘忽不定的 20 世纪 90 年代

20 世纪 90 年代初，美国决策者沿袭了 20 世纪 80 年代放松监管的趋势。鉴于期交会在 20 世纪 80 年代后半期对急剧增长的互换在豁免《商品交易法》监管上的政策立场时紧时松，具有不确定性，影响到场外衍生市场的发展。国会通过了《1992 年商品期货交易做法法》（*Commodity Future Trading Practices Act*），该法授权期交会豁免合格合约参与者之间衍生交易不受《商品交易法》监管。合格合约参与者包括银行、保险公司、投资公司、商品期货集合投资基金、经纪交易商、一定规模的公司和其他富裕的个人。该法通过后，期交会就豁免了所有互换的监管。

这个开局并没有顺利延续，很快，美国衍生监管就因为对柜台衍生交易可能给金融安全和金融稳定带来的风险认识上的分歧和联邦监管机构之间监管冲突在监管政策上陷入飘忽不定的状态。

20 世纪 90 年代初开始，柜台衍生交易风险开始逐步暴露，许多商业终端用户、政府和金融机构因为不当的衍生交易而蒙受巨大损失，甚至濒临倒闭，这引发了系统性风险。

德国金属公司（Metallgesellschaft A. G.）、宝洁（P & G）和匹佩尔资本管理（Piper Capital Management）分别损失了 13.7 亿美元和 1.5 亿美元和 7 亿美元以上。日本卡夏雅石油（Kashia Oil）在外汇衍生交易中损失了将近 15 亿美元，芝加哥城市学院（the City College of Chicago）在衍生交易中损失了 1 亿美元。美国加州橘县因为衍生交易损失了 15 亿美元以上而陷入破产境地。美国以外的巴林银行新加坡公司因为柜台衍生交易的损失超过 10 亿美元，导致该银行被荷兰国际接管。更可怕的是 1998 年，美国最著名的对冲基金，长期资本管理因为衍生交易巨亏而濒临倒闭，将美国华尔街所有大的金融机构都牵连进去，引发了系统性风险。在纽约联储的干预下，华尔街主要的 36 家金融机构共同出资将其接管，才使危机得以缓解。

随着柜台金融衍生交易风险的逐步暴露，美国学界、决策者和联邦监管者就柜台衍生交易可能对美国金融安全和金融稳定产生的影响，以及美国应该采取的监管对策产生了争论与分歧。争论主要集中在两个层面：一是柜台衍生交易可能产生的风险是否会威胁到美国金融安全和金融稳定；二是是否需要改革美国衍生监管体制，专门针对柜台衍生交易构建新的监管框架，对其加以监管。

一些学者和美国审计署认为，柜台金融衍生交易不仅可能导致金融机构倒闭，还可能引发系统性风险，威胁整个金融体系的稳定，必须加以监管。1994 年审计署发布的报告认为，柜台金融衍生交易监管的缺失导致政府缺乏防范危机发生的能力，建议国会要求对所有柜台衍生交易商进行监管，防止风险在系统内积聚，使交易商金融机构倒闭而引起金融系统崩溃，发生金融危机。审计署报告注意到，美国柜台衍生交易主要集中在 15 家交易商，它们由 7 家银行、5 家证券公司、3 家保险公司组成。银行为化学银行、花旗、JP 摩根，信孚纽约银行（Banker Trust New York Corp. 美国银行、第一芝加哥银行），证券公司为高盛、所罗门兄弟、美林、皮尔斯（Pierce，Fenner & Smith Inc.）、摩根士丹利和雷曼兄弟，还有三家保险公司，它们分别是美国国际集团、保诚保险公司（Prudential Insurance Co.）、通用再保险公司（General Re Corp.）。也就是说，任何其中一个交易商出现问题都可能威胁到金融稳定。

1998 年，长期资本管理倒闭事件发生后，美国审计署的报告将长期资本管理倒闭危机归咎于其在柜台衍生交易中融资杠杆的过度使用。报告指出，杠杆的过度使用暴露出了监管上的缺陷，即联邦监管者没有能够发现银行、证券业在风险管理上的缺陷，没有有效协调好跨行业和跨市场风险的识别和监督。报告建议，采取措施防范柜台衍生交易相对方的违约风险。

美国华尔街主要金融机构、财政部、联储等都反对任何专门针对柜台衍生交易的监管。美国一个代表美国主要金融机构的民间智库——30 集团组成了一个由保罗·沃尔克担任主席的促进委员会（a Steering Committee），其也专门就柜台衍生交易的风险防范和监管发布了一个报告。报告认为，同其他金融工具一样，衍生工具自身并没有带来具有根本性差异的风险，或给现行金融市场带来更大的风险。因此，该报告认为，柜台衍生交易带来的问题在现行监管框架和方法内可以解决其带来的问题。而专门针对柜台衍生交易的监管将与现行监管框架产生冲突，不但是不必要的，而且会阻碍产品创新或

抑制企业发展个性化的、积极的风险管理体系。因此，30人集团报告开出的处方就是鼓励柜台衍生交易商和终端用户寻求一套稳健的风险管理做法，加强和完善其风险管理，以克服柜台衍生交易可能带来的风险。

20世纪90年代初，好几个关于柜台衍生交易监管法案被纳入到美国国会。如参议员尼格尔（Riegle）提出的《1993年衍生监督法》（*Derivatives Supervision Act of* 1993）。该法遭到美国联储、财政部的坚决反对。美联储反对理由是，目前的监管框架给监管者提供了充分的信息，监管是充分的。美国财政部则认为，银行和证券监管者拥有足够监督衍生产品交易商和终端用户的权力，而且事实上它们已经有了实质性的指南。

美国期交会对于柜台衍生交易的政策立场在20世纪90年代飘忽不定，缺乏连贯性，让人难以琢磨。20世纪90年代初，为落实美国国会《1992年商品期货交易做法法》，期交会针对柜台衍生市场发布了研究报告。报告得出的结论是，柜台衍生交易无须更多监管。在20世纪90年代前期，期交会一直贯彻落实国会1992年立法精神，推动金融创新、竞争和为金融创新发展提供法律上的确定性，不断扩大了柜台金融衍生交易豁免监管的范围，90年代爆炸性增长的互换。但在1998年，期交会突然宣布，重新检讨对柜台衍生市场监管方法，并以柜台衍生交易构成对整个市场和经济的威胁为由寻求对柜台衍生交易进行全面监管。期交会政策的突然转向遭到证交会、财政部和联储及市场参与者的集体反对。当时的财政部部长鲁宾和联邦联储主席格林斯潘就向国会提出，建议国会永久废除期交会对衍生品的监管权。财政部和联储还警告国会说，期交会反复无常的政策立场所导致的不确定性可能会引起市场恐慌和动荡。国会被财政部和联储的警告吓到了。1998年11月，美国国会采取立法行动阻止期交会政策逆转，通过了《综合拨款法》（*the Omnibus Appropriations Act*）。该法禁止期交会发布任何可能对混合工具或互换协议进行监管的解释性政策，直到1999年3月30日。这实际上暂时冻结了期交会可能针对柜台衍生市场采取的任何监管行动。

在一片反对声中，期交会随即来了一个大转弯，试图对所有只有机构参与的衍生交易加以豁免。

美国国会并不满意只是禁止期交会监管柜台衍生市场，其随后把注意力转向了证交会。在1999年金《金融现代化法》中，国会给予证交会对互换和其他混合产品的管辖权。同时，《金融现代化法》明确把证券为基础和非证券为基础的互换排除在联邦证券法和证券交易法“证券”的定义范畴。禁止证交会注册证券为基础的互换，或制定、解释、实施任何与证券为基础的互换的规则。

长期资本管理倒闭事件后，美国国会上下两院试图专门针对对冲基金和金融衍生市场监管立法。一是众议院议员提出旨在增加对冲基金透明度的法案。一个被冠以“对冲基金信息披露法”（*Hedge Fund Disclosure Act*）。该法要求对冲基金每季度报告其资产规模、衍生工具头寸、资产负债表。二是“1999年衍生市场金改法”（*Derivative Market Reform Act of* 1999）。该法要赋予证交会监管非银行衍生工具交易商的权力，包括制定资本充足率标准，要求其履行信息披露义务等权力。但两个法案最终都没能通过。

1999年，针对期交会和证交会产生的管辖冲突，金融市场总统工作组（财政部牵头，证交会、期交会和货币监理署负责任参加监管政策协调小组）就双方管辖权划分达成了一致。将某些柜台衍生品排除在期货交易委员会管辖之外。在确定期货交易委员会管辖权上，工作组认为需要考虑以下几个要素：①该产品交易一方是否是零售投资者；②该产品是否易于价格操纵；③市场参与者有没有受到其他监管。如果上述一个或多个特征被满足，期交会就没有必要对这些产品和交易进行监管。

总统工作组的意见实际上也得到了国会的认可，并在1999年《金融现代化法》中得到了反映。

至此，关于柜台金融衍生市场监管的分歧和争论也就告一段落了。20世纪90年代柜台衍生交易风险暴露并没有从根本上撼动美国决策者和监管者关于柜台衍生交易的主流看法，即柜台衍生工具流动性低，不像场内标准化衍生工具那样容易受到价格操纵，没有零售投资者参与，也就不存在对投资者监管保护的问题，各监管机构依职权对各金融行业审慎监管和交易商、终端用户不断改善的风险管理足以消除柜台衍生交易可能给金融安全和金融稳定带来的所有威胁。

对于美国决策者而言，最要命的是，如果像监管商品期货和期权衍生交易那样监管新型金融衍生工具，尤其是柜台衍生工具，将扼杀金融创新的活力，损害美国金融市场的竞争力，而且，由于期交会念念不忘地想把所有场外衍生交易都纳入其专属管辖范畴，其时松时紧的监管政策立场已经让许多创新金融工具转移到监管更为宽松、灵活的伦敦和加拿大上市交易了。

3. 场外化全面放开——2000年《商品期货现代化法》

（1）场外化大解放。20世纪90年代的大争论中，反对加强监管一方最终取得胜利，不仅如此，联储和财政部还继续推动国会消除一切影响到金融衍生市场发展和金融创新的法律障碍和监管障碍。尤其是，包括过去的国会立法、州立法和普通法以及监管机构颁布的限制过多和缺乏连贯性的条例和规则。为此，总统工作组1999年11月发布了《关于金融市场的报告》。报告认

为，金融衍生市场的发展受到法律不确定性疑云（a cloud of legal Uncertainty）的笼罩，阻碍了其发展，损害了美国在金融服务业的领导地位。为此，总统工作报告建议进一步通过联邦立法全面取消柜台金融衍生市场的管制。报告最后向国会提出了两个具体要求：①消除柜台衍生交易面临的法律不确定性，促进创新和降低风险；②提高美国在全球柜台衍生市场上的竞争地位。

在总统工作组报告的推动下，2000 年国会通过了《商品期货现代化法》。

《商品期货现代化法》提出排除《商品交易法》的监管和豁免《商品交易法》的监管的交易，排除或豁免《商品交易法》监管的市场。排除或豁免的交易包括此类柜台衍生交易，即个性化谈判交易、排除在外商品的交易、豁免商品交易、某些银行签订的某些互换协议。

综上，一般说来，符合下列条件的协议、合约和交易，都可以豁免《商品交易法》的监管：第一，涉及非农业商品；第二，只与合格合约参与者签订；第三，不在交易设施签订和执行。所谓合格合约参与方，是指满足某些资产和其他条件的机构和自然人，包括金融机构、保险公司、商品集合、公司、政府实体、经纪交易商、期货经纪商、场内经纪人和充当经纪人和代表其他合格参与方履行经纪人职能的场内交易商。此外，合格合约参与方也包括投资顾问、商品交易顾问、类似充当投资经理或其他合格合约参与方受托人的受监管外国人。

《商品期货现代化法》还取消了对单个证券基础上期货交易的禁止。

此外，它明确了互换不是证券，排除了证交会的监管。《商品期货现代化法》在《1933 年证券法》的基础上增订了 2A 条款，1934 年《证券交易法》的基础上增订了 3A 条款，规定无论是证券为基础的互换还是非证券为基础的互换都不属于证券，禁止证交会按照《证券法》或《证券交易法》，建议或暗示对证券为基础的互换进行注册。这次修订消除了法律上的不确定性，即互换协议，包括利率、货币、商品以及权益互换不属于证券。

为加强豁免或排除监管的法律效力，最大限度确保金融创新、柜台金融衍生市场发展所需要的法律确定性，《商品期货现代化法》还采取了以下两个措施。一是排除了州法对免受《商品交易法》监管的豁免或排除交易的适用。《商品期货现代化法》修订了《商品交易法》，明确排除州赌博和反桶店法适用于符合条件的柜台衍生交易、混合工具、财政部修正案范围内产品和受到《商品交易法》2（c）、2（d）、2（f）、2（g）或 2（h）豁免和排除的电子交易设施上的交易，不管交易是否受到《商品交易法》管辖。排除适用也包括被《商品交易法》2（e）排除的电子交易设施本身。二是明确了不能援引其他联邦法和州法，或仅以双方基于《商品交易法》豁免或排除规定的达成交易不符合《商品交易法》豁免或排除的条件而确认该交易无效、不可强制执行。《商品期货现代化法》修订了《商品交易法》，规定合格合约参与者之间交易，出售给任何投资者的混合工具只因为该交易或工具没有遵守《商品交易法》豁免或排除的条件，或根据联邦或州法被撤销，就被认定为是无效的，可撤销的，不可强制执行的。该法第 4 章《银行产品法》也包含了一个禁止将银行发行的混合银行产品和担保互换协议宣布为无效的平行条款。

（2）场外化全面解放带来的后果。

①金融创新步伐加速，柜台衍生交易规模成倍增长。2000—2008 年中，全球衍生品名义价值从 95 万亿增长到 684 亿美元。交易所交易衍生工具从 1998 年的 14.8 万亿美元增加到 2007 年的 95 万亿美元。而同期柜台衍生交易量从 1998 年的 72.13 万亿美元上涨到 2008 年顶峰时期的 683.37 万亿美元。柜台衍生交易中信用违约互换从 2004 年的 6.4 万亿美元增加到 2007 年的 57.9 万亿美元，2008 年回落到 41.9 万亿美元左右。

②柜台衍生市场完全成为一个处于暗处、不透明的黑色市场，风险在暗处累积。随着 2008 年贝尔斯登濒临倒闭，雷曼的宣告破产，这金融危机全面爆发，这与华尔街作为柜台衍生交易商的大金融机构持有巨大的柜台衍生交易头寸风险暴露有关，尤其信用违约互换。在房地产市场泡沫破裂后，所有金融机构都缺乏足够的资金来满足不断被追加的保证金的要求，濒临倒闭。2008 年 9 月 15 日，雷曼宣告破产，总共持有 4000 亿美元的信用互换头寸清算抵销后，仍留下 52 亿美元缺口。就在雷曼宣布破产时，美国国际保险集团（AIG）持有信用违约互换头寸风险暴露，审计员强迫该公司确认损失。该公司总共发行了 4400 亿美元的信用违约互换合约，虽然当时仍然持的有头寸余额不足总额的 0.8%，但投资次级贷按揭证券让其信用评级迅速下降，其交易相对方纷纷要求其追加担保，公司流动性陷入枯竭。这最终迫使政府动用了 1500 亿美元对其予以救助。

③柜台衍生交易被上市公司滥用，用于操纵资产负债表，进行盈余操作，从事财务欺诈，而充当交易商的金融机构在其中充当了帮凶的角色。安然利用《商品期货现代化法》“豁免的商业市场”，通常也被称为“安然漏洞”（因为它是在《商品期货现代化法》立法程序走完最后 1 分钟时经过安然游说被塞进去的私货）——安然在线，一个安然运营的囤积大量天然气期货合的柜台电子交易平台，进行价格操纵，被称为“安然在线”。安然的倒闭导致许多丑闻曝光，其中包括安然在线。期交会后来查出，安然通过电子交易平台快速购买大量天然气合约以操纵天然气价格。最终，期交会认定安然在线为非法期货交易所，因为它本应到期交会注册，或期交会应当被告知该平台是豁

免注册的。最终，安然在线被地区法院颁布的永久禁止令所禁止，安然也被处以 3500 万美元的罚金。

在安然财务造假丑闻的查办中，证交会还发现，摩根大通和花旗利用柜台衍生交易协助安然操纵公司及关联企业资产负债表，掩盖其巨额银行贷款，从事财务欺诈，最终两机构同证交会达成和解，同意支付 2.55 亿美元罚款。

④柜台衍生交易把风险扩散到整个金融体系，并进而蔓延到整个经济和全球范围。信用违约互换不但把美国金融体系，而且把美国实体经济部门，并进而把全球金融体系和整个经济都牵连进去了。如危机全面爆发时，美国通用汽车持有信用违约互换头寸总额高达 350 亿美元，损失超过 22 亿美元，并最终导致通用汽车向联邦政府寻求救助。历史上，从来没有哪一类金融产品具有如此强大的风险传染能力和大规模的杀伤力，所以将信用违约互换形容为“大规模杀伤金融武器”是恰如其分的。

11.3 监管改革——柜台衍生交易场内化

11.3.1 危机后金融衍生市场监管改革

1. 危机中曙光——DTCC 信息库在雷曼倒闭中显灵

DTCC，存管信托和清算公司（The Depository Trust & Clearing Corporation）在危机爆发前已经建立了一个交易信息仓库——DTCC TIW（Trade Information Warehouse），在次贷危机前，它是唯一全球存管和中央化交易后柜台信用衍生品处理的基础设施。该仓库保留市场大多数信用违约互换。雷曼兄弟在 2008 年 9 月 15 日提起破产保护，放大了市场不确定性，市场因无根据猜测雷曼案将陷入 4000 亿美元信用违约互换风险而陷入混乱。而 DTCC TIW 计算和宣布实际合同总额只有 720 亿美元，净值结算余额为 52 亿美元。后经验证，其宣布结果是准确的。

在 2008 年 10 月，DTCC TIW 宣布开始按国家提供实际市场数据，披露的数据包括客户总余额（交易商总余额、非交易商总余额、按产品分类总余额、按买卖方分类总余额）、单个 CDS 参考实体买卖总余额）等。

2. 合约标准化、中央清算和中央信息存管成为危机后改革柜台衍生交易监管 3 根支柱

DTCC TIW 的神通一下子让全球决策和监管者看到了解决柜台金融衍生交易监管的出路和改革的方向。只要能够充分、完整、准确、及时掌握市场信息，系统性风险、金融安全和对客户欺诈等一切问题都将迎刃而解。而

DTCC TIW 对雷曼信用违约互换信息完整、准确掌握就表明，解决监管信息不对称的机制是存在的，柜台衍生交易原来是可以被监管的。

当金融局势趋于稳定时，世界主要发达国家都宣布计划引入交易信息存管系统。金融行业也对建立交易信息集中存管制度显示出了积极配合和合作的意愿。美国 27 家主要金融机构在 2009 年 6 月 2 日给美联储纽约银行发函称，目前不在中央清算的所有信用违约互换信息、利率衍生、权益衍生都将分别转送到 TIW 在 2009 年 7 月 17 日，2009 年 12 月 31 日，2010 年 7 月 31 日前。2009 年 9 月，美国最大的柜台衍生交易商与纽约联储达成协议，至少 80％现存的违约互换和 95％的新的违约互换将在 2009 年 10 月进入中央清算设施。为此，行业开始筹划建立中央清算所。

2009 年 2 月，欧盟宣布要推动设立欧洲信用违约互换中央清算所，寻求为该工具设立一个中央清算和信息存管机构，该机构能够在信用衍生工具交易后得到确认的信息，创造一个保持这些交易信息的“黄金记录副本”（gold copy）。

欧盟委员会在随后发布的征求意见报告中认为，监管柜台衍生市场可以改善金融稳定。为此，监管必须要实现以下 4 个目标：（1）让监管者和监督者掌握柜台衍生市场全部交易，包括头寸；（2）增加柜台衍生市场对用户的透明度，尤其是能够取得关于价格和量的信息；（3）加强柜台衍生市场运营效率，以便确保衍生交易不会威胁到金融稳定；（4）降低相对方风险，推动中央化清算制度。为此，欧盟希望采用以下手段：第一，促进柜台衍生工具的进一步标准化；第二，使用中央数据存管；第三，将柜台衍生交易转移到中央清算系统进行清算；第四，把交易转移到更为公开的渠道执行。

20 国匹兹堡峰会也呼吁在 2012 年年底，柜台衍生合约标准化，在交易所或电子交易平台交易，适当情况下，通过中央结算相对方清算。20 国相互向其他柜台衍生合约信息存管报告，非中央清算的合约受到了更高的资本要求。

3. 美国金融危机后柜台衍生交易监管改革

《金改法》的首要目标是提高柜台衍生市场的透明度和效率，降低相对方风险和系统性风险。而改革锁定的主要对象就是直接导致危机发生的各种场外衍生交易。

《金改法》就互换等柜台衍生品监管提出了以下几项措施。

（1）对期交会与证交会在互换监管上的分工进行明确，即期交会负责互换监管，证交会负责证券基础的互换监管。

（2）互换交易信息向监管者强制披露，适时将这些信息公开。

（3）对对手方风险提供担保（即保证金），包括交易前的保证金（即初始

保证金）和合约持有期间根据逐日盯市调整的保证金（即变动保证金，variation margin）。

（4）要求互换交易商和主要互换参与者等主要市场参与者必须注册，并接受资本充足率和保证金监管。

（5）课以要求互换交易商和主要参与者建立风险管理计划和雇佣首席合规官的“内部营业操守”（internal business conduct requirements）。

（6）要求互换交易商和主要参与者在与相对方打交道时遵守外部营业操守，包括重大信息披露要求和对对手方适格性进行确认。①

11.3.2 危机后美国场外衍生交易场内化趋势——互换期货化 (Swap Futurization)

美国《金改法》生效实施后，美国衍生市场出现了一个趋势，即过去作为互换交易的衍生品现在被转换为期货进场进行交易。这被称为“互换期货化”。美国《金改法》最大限度地促进柜台衍生交易标准化、清算中央化、数据保管集中化、市场透明化，以此来确保监管机构和市场参与者都能够及时、完整、准确地掌握市场信息，防止风险在暗处积聚。这其实与最早的联邦期货立法一样，都是要将场外衍生交易场内化，通过场内监管来解决场外衍生交易带来的种种问题。该法的实施导致美国衍生市场出现了互换期货化的趋势。

2012年7月，美国洲际交易所（Intercontinental Exchange）称其将所有作为互换交易的能源合约期货化。截至2013年1月，该交易所52%的能源期货交易量在2012年10月15日前都属于互换交易，是通过柜台市场进行的。②

11.4 结论

11.4.1 任何复杂金融衍生工具和复杂的交易都是可控制的、可监管的，无论是系统性风险防范，还是投资者保护，困扰监管最根本的一个问题依然是信息不对称

危机后美国柜台衍生的监管改革与20世纪20年代美国联邦政府初次涉

① Gabriel D. Rosenberg, Jai R. Massari, Regulation through Substitution As Policy Tool: Swap Futurization under Dodd-Frank, 2013 Colum. Bus. L. Rev. 667 (2013).

② Gabriel D. Rosenberg, Jai R. Massari, Regulation through Substitution As Policy Tool: Swap Futurization under Dodd-Frank, 2013 Colum. Bus. L. Rev. 667 (2013).

及商品期货的监管无论是演绎的过程还是思路都有很大的相似性。20世纪90年代关于柜台衍生市场监管的争论最终得出的结论是，不能监管和不可监管。僵化的监管无法为柜台衍生工具创新和发展提供其所需要的灵活性和法律确定性的制度环境，最终只能扼杀美国金融创新活力和竞争力。这个结论隐含另外一个命题，那就是个性化金融创新工具是不可监管的，没有办法找到一种创新与监管相容的办法和手段。因此，决策者和监管者就以柜台衍生工具规模还很小，不可能产生系统性风险，或金融审慎监管机构对银行、非银行金融公司的审慎监管足以保障所有银行和非银行金融机构的安全和稳健，只要这些机构不倒闭，就不可能发生系统性风险等来安慰自己。危机的发生让系统性风险不会发生的假设不攻自破，而DTCC TIW的显灵也让决策者们看到了，监管与创新相容的机制是存在的，柜台衍生市场是可监管而且必须监管的，有足够方法和手段可以消除监管与被监管者之间的信息对称问题，同时又不妨碍金融创新。当然，我们不能说，目前所有改革都已经找到或找对了这些监管方法和手段，但至少在正确的方向上迈出了一大步。所以，我们应该有理由对所有这些改革给予审慎的乐观态度。

19世纪，美国联邦和州政府试图取缔期货市场，这实际上是受到两个因素困扰：一是非理性因素，传统道德上对赌博的反感，没有区分合理投机与赌博的本质区别；二是认知上的局限性。期货交易在当时是不可监管的，没有办法监管。因为没有找到解决期货市场监管的方法和适当手段，尤其是对于处于隐蔽状态的价格操纵。因此，面对场内、场外正当期货交易与赌博鱼龙混杂的市场，联邦决策者只面临两个政策选项，或全部取缔，或实施有效监管。

19世纪中期出现的交易所交易，即场内交易，以及交易所自律规则体系的建立与完善，交易所在打击场外赌博交易上显示出来的强大动力和所借助的手段让美国决策者意识到，商品衍生市场是可以监管的。

交易所在反桶店运动中切断桶店获得交易所报价信息的渠道，并借助司法和州反桶店立法的支持，成功地把困扰几十年，遍布全美国的投机经纪一扫而光，这启发了美国联邦决策者，让他们看到了期货市场是可控的、可监管的。那就是，把期货交易集中到场内交易，这不但可以充分发挥自律作用，而且信息采集和获得成本也大大降低了，通过监督交易所和市场参与者，就可以有效对市场交易秩序加以规范，遏制价格操纵和欺诈。

类似一幕发生在2008年危机后，存管和信托公司信息库在雷曼倒闭引起的恐慌中拨云见日，准确地提供了雷曼衍生交易风险敞口信息，这让美国决策者和监管者再次看到，场内交易、集中中央清算、中央信息存管是可以把

长期以来被认为不可监管（监管就必然导致柜台交易量身定做的个性化特征消失，其创新意义也就不存在了，这是长期以来反对监管的主要理由）的柜台衍生市场找到监管的解决方案。

错误并不是2000年《商品期货现代化法》全面放松柜台衍生市场管制所造成的（因为当时柜台衍生交易规模还小，引起系统性风险的可能性比较低），全面放松管制导致美国监管当局和决策者完全失去了对柜台衍生市场发展的动态把握，从而导致在该法颁布后，美国决策者和监管者的监管理念和对柜台衍生市场的认识从此停滞不前，没有能够审时度势，与时俱进，适时调整监管政策，改革监管制度，错过时机。在金融创新加速的时代和金融创新完全游离于监管之外的情况下，如果监管者不能采取有效措施解决信息不对称的问题，监管者就可能完全失去对局面的控制，其可能带来的后果是致命的。

历史有惊人的相似之处，衍生监管改革在2007—2008年金融危机后似乎又回到了起点，把最大限度消除场外交易作为解决问题的基本手段，让柜台衍生工具进场，或信息集中汇集到指定机构，提高市场透明度作为监管基本准则，但这并不是简单的回归，而是更高起点上的螺旋式的发展。

柜台衍生工具已经成为现代商业基础设施的一个重要部分。柜台衍生市场的主要参与者分为两类：一类是交易商，负责柜台衍生市场造市，这主要是大的商业银行、投资银行、保险公司；另一类是终端用户，终端用户包括大公司、政府和机构投资者。它们使用这些衍生工具主要是为了对冲其大宗原材料采购、融资和管理的资产组合所面临的市场风险，如利率、汇率风险，尤其实现全球化经营的大公司，据估计，全球500家最大公司94%使用衍生品管理其商业和金融风险。从上述柜台衍生市场总的份额来看，利率衍生合约占绝大部分，而外汇合约占位居其次，而这两类衍生产品与金融危机发生并无直接关系。

就柜台衍生交易泛滥引发系统性风险的真正原因来说，美国柜台衍生交易过度集中到美国系统性重要（太大而不倒）金融机构，而美国对这些机构传统的宏观和微观审慎监管存在致命缺陷（如监管的碎片化，要么是监管重叠引起监管冲突，要么是留下致命的监管空隙）是导致风险集中暴露，金融体系崩溃的真正症结。美国主要柜台衍生交易商都集中在华尔街所谓太大而不能倒的大金融机构上，最大的5家柜台衍生交易商是摩根大通、高盛、美国银行、摩根士丹利和花旗。按照美国货币监理署统计，2010年第1季度，25家最大控股银行持有291万亿美元中的95%，大约90%都是柜台交易。其中，美国最大的5家大商业银行占据了商业银行互换活动的97%。根据货币监理署对联邦保险的1030家美国银行的调查，美国商业银行2009年从柜台衍生交易中获得226亿美元的利润，信用违约互换、货币、利率互换占的比重比较大，其中145亿美元来自于与利率有关的衍生交易。

11.4.2 金融创新是把双刃剑，它在改善效率的同时，也会侵蚀现有监管体系，带来新的风险，监管必须审时度势，与时俱进，不断改进和完善

直到21世纪初，困扰衍生市场的仍主要是价格操纵和欺诈，因此，美国监管目标始终是瞄准市场行为规范和对参与者审慎监管，没有把系统性防范作为衍生监管首要目标。在20世纪90年代监管争论过程中，到2000年《商品期货现代化法》，美国在放松柜台衍生监管的同时，场内反欺诈和反操纵监管并没有削弱，国会在2000年立法时，针对系统性风险没有采取任何措施，一个主要理由就是柜台衍生市场规模还很小，但美国国会没有充分意识到，由于完全放任不管，美国决策者没有办法有效掌握柜台衍生市场的发展变化，无法掌握有关信息，这就导致决策者始终无法完整和准确了解柜台衍生交易给整个金融系统带来的风险，而柜台衍生工具发展的迅猛确实超出了决策者的想象。因此，柜台衍生市场完全游离在监管之外，其集聚增长导致决策者和监管者与市场参与者之间信息不对称的拉大，决策者完全失去了市场动态，仍然沉迷在过去记忆中，是导致监管失灵的主要原因。

第四部分

国际比较研究

12 错误销售及投资者适当性制度研究

中国很早就发生过因投资产品错误销售而引发的群体性纠纷，影响比较大的就是金新乳品信托违约事件。2003 年 5 月底，交通银行上海分行个人理财中心向其 VIP 客户群发出的信中推介了全新乳品信托计划，并称是“我们和金新信托投资公司合作”，为会员客户“度身定制”的“紧俏金融产品”。金新信托乳品计划通过交通银行发行，总额为 8600 万元，期限 1 年，预期收益率为 5.2%，发行日为 2003 年 7 月 2 日，期限届满后，没有能够按约定如期兑付。[①] 交通银行销售金新信托乳品收购计划总额为 8720 万元，共有 197 名个人投资者认购，这些投资者以交通银行上海分行理财中心的 VIP 客户为主，还包括交通银行上海分行的高层及内部员工，以及上海分行的媒体关系户。2004 年 7 月，产品到期后，金新信托不能按约定兑付承诺，导致上海部分投资者已经发起了近 30 次上访、交涉、会谈，包括到市政府前的游行。[②] 这一“推介信”的性质成了争议的焦点。交通银行上海分行与金新信托只是签署了《代理资金结算协议》。许多投资者反复向记者强调，“如果不是交行出面推介，就算利息再高，也不会投资这个乳品信托计划”。[③] 在这个事件中，投资者认为是信任交通银行上海分行的推介才认购了该产品，所以要求交通银行上海分行承担责任。而交行则一再声称，自己与金新信托只是代为兑付的关系，不存在合作关系，所以对投资者不存在任何法律责任。监管部门也似乎认可了交行的说法，忽视了一个基本事实，即正是由于交行上海分行推介，投资者才认购该产品的。

监管者对金新信托事件的关注应集中在两个方面：一是关注该产品的品质，产品提供者或推介者对投资者是否存在欺诈；二是交行是否与金新信托

---

① 翁海华，徐可强．金新信托“8600 万乳品计划”兑付危机调查，原载《21 世纪经济报道》2004 年 7 月 9 日，money. 163. com/economy2003/editor _ 2003/04，2010 年 4 月 3 日最后访问。

② 曹海丽．金新乳品信托赔付之争，政府垫付的最后一段地铁，http：//biz. 163. com/41101/8/144E3D6B00020QC3，html，2010 年 4 月 2 日最后访问。

③ 朱莉，金新信托事件聚焦：银行中间业务敲响警钟，原载《上海证券报》2004 年 7 月 15 日，http：//www. cnstock. com/ssnews/2004 - 7 - 15/sanban/t20040715 _ 604362. htm。

存在必须承担连带责任的合作关系。金新信托事件暴露出来的核心问题是，在销售过程中，投资者对产品风险认识存在误解，而这种误解到底是因为投资者自己的过失，还是因为销售者的不当推介造成的。

对于金新信托案件，交行上海分行则辩称与金新信托只是代为支付关系，因此，国内法律专业人士也好，监管者也好，都把关注焦点集中到了金新信托与交行上海分行之间是否为代理关系。而对于投资者反复强调的主张，即因为是交行的推介，信赖交行，所以才购买，没有给予足够的重视，忽视了交行上海分行是信托计划的销售者和推介者的角色，所以，这里提出的关键问题并不是交行与金新信托关系到底是合作关系还是代理关系，而是作为投资产品推介者和销售者对其推介对象和在其推介下认购该产品的投资者是否承担有法律义务和承担什么样的法律义务的问题，这才是问题的根本。

要对上述问题做出判断和认定，就必须弄清楚以下问题：投资者是如何获得金新信托有关信息，如何形成自己的投资判断的；产品销售者与产品发行人及投资者之间到底是何种法律关系。从金新信托事件来看，金新信托并没有直接向投资者发售，也未直接向投资者推介该产品，而推介和销售该产品的是交行上海分行。

无论是证券公司，还是商业银行，就其提供的投资理财服务而言，其与客户形成的关系有两类：一是销售者推荐促成投资者购买投资产品，二是投资者主动要求购买投资者产品。在投资产品、投资策略越来越复杂、技术含量越来越高的情况下，投资的选择与判断也越来越需要专业知识和专业咨询的帮助，需要借助专业机构和专业人士的推荐和建议才能作出投资选择与判断。因此，从这个意义上讲，产品分销环节是控制错误销售、防止投资者作出不适当判断和选择的最关键的环节，一旦投资者购买了投资产品，投资者可能面临的损失风险就不可逆转，投资者适当性制度是销售前控制错误销售的关键环节，是缔约前（交易发生前）保护投资者免于错误销售伤害的法律保障手段。

投资者适当性制度实际上对终端销售商课以了强制性的投资者适当性评估义务，强制其在销售环节对认购产品的投资者进行适当性测试，帮助投资者充分认识到其拟认购产品与服务的风险与收益特点，根据自己的实际情况，作出适当的判断与选择。因此，从法律性质上来说，投资者适当性义务是对产品与服务推销者课以的法定的、强制性的、缔约前的义务。

12.1 错误销售的定义及其风险

12.1.1 投资产品错误销售的定义

错误销售（misselling），按照巴塞尔银行监督委员会联合论坛的定义，它是指企业出售给客户的某一具体产品不适合客户的情形，不管是否存在推荐。① 所谓投资产品（investment products），是指为获得盈利、分红或增值的目的而取得资产，包括传统产品，如股票、债券、互助基金、年金、人寿保险和更为复杂的工具，如期权、对冲基金、可变保险产品（variable insurance products），直接参与计划/有限合伙和不动产投资信托等。② 也就是说，错误销售的结果就是投资者购买了与其财务状况、投资目标和风险承受能力不匹配的投资产品。

12.1.2 错误销售可能给出售投资产品的金融机构带来的风险

错误销售不但可能导致投资者遭受损失，而且也可能泛滥成灾，威胁到整个金融秩序的稳定。巴塞尔银行监督委员会联合论坛报告指出，错误销售可给销售产品的金融机构带来以下 5 种风险：（1）投资者或消费者索赔的法律风险；（2）企业声誉风险，短期产生的流动性风险和客户逃离产生的长期破产风险；（3）声誉传染风险，即因为行业中某个企业不负责任导致错误销售事件从而使整个行业声誉被玷污；（4）与声誉、破产或分心（必须投入有限的资源应付索赔）有关的机会主义索赔的风险；（5）企业面临的法律上的不确定性可能阻碍金融创新的发展。

截止到巴塞尔委员会 2008 年报告的发布，在 2005—2008 年，涉及违反披露义务和适当性要求的，澳大利亚 3 个金融行业（银行、保险与证券）共有 2916 个案件；美国证券领域（SEC NASD NYSE）大约处理了 1739 个案件；此外，在荷兰，3 个金融行业（银行、保险与证券）每年大约有 300 件投

---

① The Joint Forum（Basel Committee on Banking Supervision），Customer Suitability in the Retail Sale of Financial Products and Services，http：//www. sfc. hk/sfc/doc/EN/general/general/lehman/Review%20Report/Exhibit%202. pdf.

（April，2008）。2010 年 4 月 4 日最后访问。

② The Joint Forum（Basel Committee on Banking Supervision），Customer Suitability in the Retail Sale of Financial Products and Services，http：//www. sfc. hk/sfc/doc/EN/general/general/lehman/Review%20Report/Exhibit%202. pdf.

（April，2008）。2010 年 4 月 4 日最后访问。

诉要受理。①

案例1：中国香港迷你债券索赔事件

2009年7月22日，历时将近1年的时间，香港证券及期货事务监察委员会（证监会）、香港金融管理局（金管局）和16家雷曼迷你债（迷债）分销银行达成协议，迷你债分销银行将向合格的迷你债投资者提出回购计划。分销银行将以相当于迷你债面值六成的金额（向65岁以下），或面值七成的金额（向65岁以上）购买迷你债合格投资者持有的债券，回购的总金额约为63亿港元。②按协议约定，除回购支付部分外，分销银行日后出售迷你债的抵押品后，再向投资者派发额外的余款。香港一些专家认为，香港监管机构与各金融机构达成和解协议完全是外界政治压力的结果。因为按照香港现行法律，并没有确实的证据证明零售银行和其他金融机构在销售迷你债券过程中有违法行为，但投资者有许多是根本不适合投资该产品的老人和退休人员，这些人人数众多，且不断走上街头抗议，香港监管当局和银行都面临着非常大的政治压力。③ 香港雷曼迷你债券错误销售事件暴露了香港在复杂结构性产品监管上的缺陷。它不仅挫伤了公众对香港金融体系的信心，也严重损害了香港监管当局的监管声誉（金管局任志刚辞职很大程度上也与雷曼迷你债券事件密切相关）。④ 截至2009年9月3日，共收到了21651宗涉及雷曼兄弟相关产品的投诉，其中有7759宗涉及迷你债券。2009年8月7日，16家迷你债券分销银行向迷你债券投资者中符合回购计划条件的合格客户（约25000名客户）发出了回购函，截至2009年9月2日共17900名客户作出回应，其中17717名客户（99%）接受回购建议。⑤ 根据达成的协议，香港银行业总计（16家银行）将花费63亿港元（约8.8亿美元）回购29000名符合条件的迷你债券持有人持有的债券，偿还原始资本金的60%，年龄超过65岁的可以拿

---

① The Joint Forum (Basel Committee on Banking Supervision), Customer Suitability in the Retail Sale of Financial Products and Services, http: //www.sfc.hk/sfc/doc/EN/general/general/lehman/Review%20Report/Exhibit%202.pdf.

(April, 2008)。2010年4月4日最后访问。

② 《香港监管机构与16家分销银行达成回购迷你债券协议》，(2009年7月22日) http: //news.xinhuanet.com/gangao/2009－07/22/content_11755346.htm.

③ 《避免香港雷曼迷你事件被政治化》，2009年7月6日（凤凰网专稿），2009年9月6日登录，http: //phtv.ifeng.com/program/cjzqf/200907/0706_1698_1236046_4.shtml.

④ 《避免香港雷曼迷你事件被政治化》，2009年7月6日（凤凰网专稿），2009年9月6日登录，http: //phtv.ifeng.com/program/cjzqf/200907/0706_1698_1236046_4.shtml.

⑤ http: //www.info.gov.hk/hkma/chi/press/2009/20090904c3_index.htm.

回 70%的本金。摩根大通当时估计迷你债券回购可能让中银香港支出 111.8 亿港元，2009 年预期净利润减少 16%，本地小型银行需要支出 3.99 亿港元，2009 年净利润将减少一半以上。①

案例 2：20 世纪 90 年代英国养老计划错误销售事件

1988—1994 年，金融机构为推销其产品，建议和鼓动那些依靠退休养老金的退休人员离开或不要加入雇主养老计划，或把先前的雇主养老收益转移出来，建立自己个人的养老计划。最终，有 120 万人投诉，声称上当受骗，因为产品提供者或提供咨询的金融顾问建议他们改变养老安排。在这些投诉中，将近 110 万个请求是针对产品提供者的（投保人、银行或其他人），有 10 万个案件是针对大的独立金融顾问的，有 6 万个案件是针对小的金融顾问的。到 2002 年 7 月，金融服务局（FSA）对 346 家企业采取了查处制裁行动，罚款总额达到 960 亿英镑，审查费用支出达到 115 亿英镑，管理费支出达 20 亿英镑。在监管执法的高压下，金融服务机构被迫采取返还投资来应对投资者不满，截至 2002 年 6 月 30 日，大约 90%的投资者都获得返还。不过这一事件对金融服务机构的声誉影响持续了很长时间，2002 年 2 月调查显示，大约 20%的客户不再信任独立金融顾问，到 2005 年 11 月该比例仍然维持在 15%。对于银行，不信任客户也达到将近 10%。②

12.1.3 错误销售发生的主要原因

错误销售的发生源于投资者对投资产品认识上的错误，导致投资者认知错误的无非有两个原因：一是有关产品信息不够完整、准确，有误导、遗漏或虚假内容，导致投资者对产品风险与收益认识产生错误；二是投资者本身缺乏独立判断和选择的能力，也就是说投资者自身缺乏必要的投资经验、专业知识和判断能力，而金融服务机构及其销售人员则利用了投资者的无知，将不适合的投资产品销售给这些投资者，导致了错误销售。

传统上对投资产品错误销售的监管主要依靠两根柱子：一是以信息披露为基础的监管；二是以适当性评估义务为基础的投资者适当性监管。如上所

① 《香港银行股早盘大多走高，因 16 家银行达成迷你债券和解协议》，http://chinese.wsj.com/gb/20090723/BCH020987.asp. 2010 年 2 月 23 日最后访问。

② 《香港银行股早盘大多走高，因 16 家银行达成迷你债券和解协议》，http://chinese.wsj.com/gb/20090723/BCH020987.asp. 2010 年 2 月 23 日最后访问。

述，导致错误销售发生的原因主要有两个方面：一是投资者缺乏有关产品的信息，或信息不够真实、完整和准确；二是从认知上来说，产品复杂程度超出了投资者知识、经验，超出了其对产品性质与风险的理解能力，投资者难以做出正确的投资判断和选择。为防止金融服务机构利用其信息和知识上的优势把不适合产品推荐和销售给投资者，监管主要从以下两个制度来保护投资者：一是信息披露制度，它要求销售前必须向投资者作出完整、真实和准确的信息披露；二是投资者适当性制度，它要求产品和服务提供者在向投资者推销前必须对投资者履行适当性评估义务，在确保产品适合投资者的情况下，才能把产品销售给投资者。因此，信息披露监管和投资者适当性监管是传统上的防止投资产品错误销售的两大主要法宝。

导致错误销售信息披露上产生问题的原因主要有 3 方面：（1）收益与风险披露不平衡、不对称，只突出产品收益特点，弱化或隐匿了风险的披露；（2）披露信息晦涩难懂或冗长繁杂，投资者难以从中获得充分了解产品的风险与收益特点的有效信息；（3）因金融创新快速发展导致产品越来越复杂、信息标准化难度越来越大，监管难以适时跟进，这就为信息误导、隐匿提供了激励，加大了信息提供者的道德风险。

错误销售发生的主要环节是产品或服务推荐与销售：①在销售过程的口头介绍和推荐过程中有意识地夸大收益，淡化或隐匿有关产品风险，误导或欺诈投资者；②在对投资者进行适当性评估过程中，未对投资者情况进行充分了解，或对投资者进行误导或欺诈，让投资者错误选择了投资者身份，自动放弃了某些法律提供的保护；③分销商在产品风险定级与确定目标客户时，进行错误的匹配，导致产品风险与投资者风险承受能力不相匹配。①

从以上分析可以看出，从错误销售产生的根源来划分，错误销售应包括广义上和狭义上的错误销售。广义上的错误销售包括因信息欺诈产生的错误销售和因投资者投资判断失误产生的错误销售。而狭义上的错误销售指后一种。本书探讨错误销售限于狭义上的，即非由信息欺诈，而是在投资知识与经验上欠缺，对产品收益与风险特点产生错误认识，购买了不适合投资者财务状况、风险承受能力的投资产品。

① 新加坡雷曼结构性产品销售调查中发现，许多分销银行和证券经纪商在产品风险定级与目标客户确定上压低了该产品的风险级别，致使产品在销售过程发生错配。

12.2 投资产品销售商的投资者适当性义务

12.2.1 投资产品销售过程中的投资者保护

现代投资业中，投资产品分销商通常是拥有完整的分销网络和广大客户渠道的商业银行与证券经纪商。其中，商业银行因为分销网络分布最为广泛而完整，是投资产品最大的分销商。

从投资产品的零售的产业链来看，产品设计者和提供者通常是投资银行、商业银行、资产管理人等，它们设计出各种投资产品后，通过商业银行、证券经纪商零售柜台销售给终端的零售投资者。零售银行或证券经纪商在零售环节扮演了两种角色，一是产品的推销者，二是产品认购订单的执行者。因此，从业务定性与分类而言，前者属于销售业务，后者属于经纪业务；从交易角度来说，前者是推荐驱动促成交易，后者是订单驱动促成交易。推荐驱动的交易中，投资者是被动接受，而在订单驱动的交易中，投资者是积极参与，自我为主。所以，这两类交易，投资者与零售分销商的关系是有着本质区别的，见表 12－1。

表 12－1　　承销或分销与经纪在交易特点与业务分类上的比较

	交易发起与促成	投资决定	投资判断上是否存在信赖	业务性质与分类
被动投资	推荐驱动	接受推荐	接受推荐，形成信赖关系	承销业务
主动投资	订单驱动	自主决定	完全依靠自己判断，无信赖关系	经纪业务

承销与分销业务和经纪业务在法律上是两种不同性质的业务，但在投资者保护上却面临着同样的问题，即产品错误销售问题。承销与分销是为获得佣金收入，帮助产品发行人销售产品而获得佣金收入，它们是积极的主动的推销者，在推销过程中，面对投资者，它们又扮演一个投资服务提供者的角色，提供投资建议或产品与服务推荐服务，帮助投资者作出投资判断和选择。经纪业务本质上是订单驱动的交易，经纪商是代理客户买卖投资产品，是单纯的订单执行者。但经纪商推销的是经纪服务，推销经纪服务必然要推销其买卖的产品，所以，提供代理买卖产品服务的经纪商同样存在推销产品的激励。实践中，经纪人为推销自己的经纪服务，通常将自己装扮成投资专家，

向投资者提供咨询服务并推荐产品，以取得投资者信赖，获得投资者的买卖订单，赚取经纪业务手续费收入。因此，尽管承销与分销业务与经纪业务性质不同，经纪关系中经纪商与投资者的关系和承销与分销关系中投资者与承销商或分销商的法律关系存在本质的区别，但实际上它们都与投资者可能产生事实上的产品或服务推荐与提供咨询服务的关系，都有可能在推荐或提供咨询服务过程中把不适合投资者的产品或服务错误销售给投资者，见表12-2。

表12-2　　承销与经纪业务比较

	承销与分销	经纪
行为性质	帮助发行人完成证券发行	帮助客户执行交易指令
交易市场	一级发行市场	一级发行市场或二级转让市场
交易中地位	与发行人之间存在共同的利害关联关系	与发行人或交易相对方通常不存在关联关系
与投资者的关系	买卖关系提供投资咨询服务	代理买卖投资产品提供投资咨询服务

通过上述比较，我们可以看出，在承销业务过程中，分销商获得的佣金收入与产品销售量成正比，与发行人存在共同的利害关系，这就存在道德风险的激励。而在经纪业务中，由于经纪商获得的收入主要来源于客户对产品的买卖，因此，为最大化获得经纪佣金收入，经纪商存在千方百计向客户推销或推荐产品的激励。

12.2.2　终端销售商与经纪商对投资者的适当性义务

为有效防止错误销售，保护投资者免受不负责任的推销或推荐的伤害，在销售终端环节或产品买卖环节，对向投资者推荐或销售产品或服务的分销商和经纪商赋予投资者适当性义务，要求其确保其推销的产品或服务适合投资者就成了重要保障环节。

12.3 投资者适当性制度比较

12.3.1 美国

1. 行业自律规则——投资者适当性制度的产生及发展

适当性义务源于原美国证券业自律组织——全美证券交易商协会（National Association of Securities Dealers，NASD），即现在的 FINRA[①] 的自律规则。美国联邦 1934 年《证券交易法》要求 NASD 制定并实施促进交易公平和平等的规则。1939 年，NASD 注册成立，并采取了公平作法规则（Rules of Fair Practice），其中最著名的就是适当性规则（suitability rule），也就是今天的 2310 规则。[②] 该规则规定："向客户推荐购买、出售或交换证券时，成员（经纪交易商）应当有合理理由相信该推荐是适合该客户的，基于客户向其披露的财务状况和需要以及其持有的其他证券。"

1990 年，金美证券交易商协会（NASD）对适当性规则进行修订，明确要求证券经纪交易商在向非机构客户推荐证券投资产品时必须进行尽职调查，了解其财务状况，该修改适用于 1991 年生效和开立的账户。[③] 虽然 2310 规则只适用于经纪交易商主动向客户推荐的情形，不适用于无推荐的证券买卖，但 NASD 对"推荐"含义的解释极其宽泛，涵盖了经纪交易商所有主动向客户兜售的行为。NASD 在 1996 年发布有关"推荐"含义的解释时就指出，当经纪人通过任何手段引起客户对特定证券的注意时，包括但不限于直接的电话沟通、邮寄推销文件、发送电子信息等都应被认定为推荐。[④] 也就是说，除客户主动提出的交易指令外，经纪交易商任何主动向客户兜售的行为或招揽行为都构成推荐，都必须履行适当性义务。

通过对"推荐"含义的扩张性解释，投资者适当性义务实际上就扩大到了所有证券推销活动。

---

① The Financial Industry Regulatory Authority（FINRA），是美国证券行业自律机构，它是 2007 年在原美国全国证券交易商协会（NASD）基础上合并纽约证券交易所仲裁功能创立的，取代了原来的 NASD。它负责自律规则的监督执行，管辖将近 4800 家经纪企业，173000 家办事处和将近 647000 名注册证券代表。

② Stuart D Root，Suitability - the Sophisticated Investor - and Modern Portfolio Management，1991 Cloum. Bus. L. Rev. 287.

③ Stuart D Root，Suitability - the Sophisticated Investor - and Modern Portfolio Management，1991 Cloum. Bus. L. Rev. 287.

④ NASD Notice to Members No. 96 - 60.

投资者适当性义务是为了避免错误销售，保障投资者购买到合适的投资产品或服务，因此，美国自律机构针对不同的投资者确定了不同的投资者适当性义务标准。基于不同投资者风险承受能力与投资知识及经验不同，NASD适当性规则对机构投资者与非机构投资者加以区别对待，在适当性评估与评估上的具体要求和执行标准也有所不同。按照NASD的解释，所有自然人以外的实体都属于机构投资者，自然人不能成为机构投资者。对于机构投资者，经纪交易商一旦有合理理由相信机构客户能够独立地做出投资决定，能够独立地评估投资的风险，其适当性义务就算履行了。而对于自然人，经纪交易商则首先要采取必要的措施了解客户的财务状况、税收地位和风险承受能力，以及知识和经验等，然后根据推荐产品的性质和风险，作出适当性评估。因此，经纪人对机构投资者的适当性义务比自然人客户要窄，对于自然人投资者，要求对其推荐的投资都要作适当性评估，不管该客户在投资方面的成熟（sophisticated）程度如何。①

2. 由自律向法律的转变

适当性义务原本是行业自律组织要求所有成员遵守的行业道德标准，违反要受到自律机构的纪律制裁。但随着金融创新的发展，投资产品结构越来越复杂，适当性评估就成为保护不成熟投资者免遭经纪交易商不适合推荐，购买不适合投资产品的主要防范机制，适当性学说也经历了“从道德向法律微妙转化的变化”。② 在监管执法中，证交会将违反适当性义务，向客户推销不适合投资产品的行为看成欺诈行为，适用1934年《证券交易法》反欺诈规则进行查处。③

在民事责任上，投资者可以通过两类诉讼获得救济。①依据联邦证券法反欺诈规则，即10b-5规则提起侵权诉讼，即证券欺诈诉讼。投资者可以依据10b-5反欺诈规则，或普通法代理理论中违反对客户的信赖义务提起索赔诉讼。联邦证券法反欺诈规则，尤其是证交会的10b-5规则，禁止故意或疏忽作不适当推荐，违反者，证交会可以查处，投资者可提起民事诉讼。②以普通法经纪人推荐违反了其对客户的信赖义务为由提起索赔诉讼。④

按照联邦判例法，提起10b-5规则诉讼，必须要满足以下要件：①虚假

---

① NASD Notice to Members No. 96-60.

② Norman S. Poser, Liability of Broker-Dealers for Unsuitable Recommendations to Institutional Investors, 2001 B. Y. U. L. Rev. p. 1496.

③ 反欺诈规则是指1934年证券法10（b）和证交会根据该规定制定的10b-5规则。

④ Norman S. Poser, Liability of Broker-Dealers for Unsuitable Recommendations to Institutional Investors, 2001 B. Y. U. L. Rev. pp. 1527-1528.

陈述或遗漏，或有其他过失行为；②买卖证券与该欺诈有关；③具有故意或重大过失；④虚假陈述或遗漏事实重大；⑤原告对经纪商的信赖是公正的；⑥损失与欺诈有因果关系。[①]

在美国首次出现的违反适当性义务的索赔案例是1978年的克拉克案（Clark v. John Lamula Investors Inc（583 F. 2d 594，599）2d Cir. 1978）。在本案中，上诉法院认为推荐不适合证券违反了10b－5反欺诈规则。依据该理论该推荐构成欺诈行为，违反了10b－5之（c）。该欺诈产生于经纪人对客户暗含的按客户利益行事的承诺，作出不适合的推荐违反该陈述。这一学说被称为“招牌理论”（shingle theory），是证交会在联邦证券监管早期发展起来的学说，法院至今仍然坚持。该学说认为经纪人挂出招牌（表明其面向公众营业），向客户作出了暗含的承诺，会公平对待他们，按照专业标准行事。如果经纪交易商没有那样做，违反了暗含的承诺，就构成了对客户的欺诈。[②]

在本案中，法院在判决意见中指出，投资者要主张经纪商违反适当性义务，就必须证明：

（1）销售者推荐的证券不适合他（她），即经纪人知道或应当合理推定该证券不适合投资者；（2）经纪人知道或应当知道客户信赖其推荐；（3）客户信赖经纪人的推荐。

但按照联邦判例法证券欺诈构成要件，依据10b－5反欺诈规则提出索赔，必须要证明经纪人存在虚假陈述、遗漏或其他欺诈。也就是说，要对经纪人错误销售提起证券欺诈诉讼，投资者必须证明经纪人在履行适当性义务中存在欺诈。原告如何才能证明经纪人的欺诈存在呢？在克拉克案中，法院并没有明确，但在随后的判例中，法院指出，经纪人在明知不适合的情况下，向客户推荐该证券，无视适当性本身就是欺诈行为（即属于美国联邦证券交易法反欺诈规则所说的“devices，scheme，or artifice to defraud”）。[③]

综上，根据10b－5规则提起的不适合索赔被看作是普通虚假陈述或遗漏的一种。

在随后布朗案件（Brown，991 F. 2d at 1031.）中，第2巡回法庭对依据欺诈规则提起不适合索赔的构成要件进行了更为明确的阐释，即主张不适合的欺诈赔偿必须满足以下几个要件：①推荐的证券不适合投资的需要；②被

---

① Norman S. Poser，Liability of Broker－Dealers for Unsuitable Recommendations to Institutional Investors，2001 B. Y. U. L. Rev. pp. 1537.

② 见引文，p. 1550.

③ Norman S. Poser，Liability of Broker－Dealers for Unsuitable Recommendations to Institutional Investors，2001 B. Y. U. L. Rev. pp. 1538－1539.

告知道应当知道该证券不适合；③被告存在故意或过失；④被告对重大信息作了不实陈述（对原告负有披露义务而没有披露）；⑤原告公正信赖被告而导致损害。①

对于认定原告对被告的信赖是公正的，在左伯瑞斯特案（Zobrist v. Coal -X，Inc 案件中（708 F. 2d 1511（10th Cir. 1983））中，第 10 巡回法院提出："只有原告行为与被告相比较达到了应当承担的责任程度，信赖才是公正的。在本法院，该行为必须达到至少过失行为程度（reckless behavior）。"法院列举了确定信赖是否公正应考虑的相关因素：①原告在证券和金融事项上的成熟程度和专业知识；②是否存在长期业务或个人的关系；③可否获得相关信息；④是否存在信赖关系；⑤欺诈的隐瞒；⑥存在识别欺诈的机会；⑦原告是否主动要求进行股票交易或促成该交易；⑧虚假陈述是一般性的常识还是专业的东西。② 法院同时指出，上述列举中的任何一个因素都不是决定性的，必须将所有因素平衡来考虑。

原告成熟程度可能是 10b－5 适当性案件中最重要的因素，因为一个老练、理性的投资者应对经纪人推荐的每种证券进行调查。因此，要证明"依靠被告虚假陈述是公正的"是很难的。如果机构投资者的管理人员被推定是老练的，机构就不能成功地提起 10b－5 诉讼，除非其推翻该假定，而如果该推定是结论性的，它就根本没有胜诉的可能。③

除依据联邦证券法反欺诈规则提起违反适当性义务索赔外，投资者还可以根据普通法代理学说以经纪人违反信赖义务推荐不适合产品主张损害赔偿。按照普通法代理学说，受托人（fiduciary）有公平、诚实和按委托人最大利益行事的义务，经纪人进行不适当的推荐就违反了其对客户的信赖义务。④ 许多投资者就是依据普通代理学说，在美国地方法院成功地对销售不适合投资产品的经纪人提出了索赔的。不过，在认定经纪关系是否构成信赖关系、经纪人是否对投资者承担信赖义务上，各个州的相关立法和判例法中存在很大的差异。科罗拉多州最高法院认为，经纪人作出的推荐，或仅仅引起客户对可能投资的关注，经纪人可能违反对客户的信赖义务，如果经纪人无视了该投资

---

① Frederick Mark Gedicks，Suitability Claims and Purchases of Unrecommended Securities：an Agency Theory of Broker－dealer Liability，37 Ariz. St. L. J. 535.

② Norman S. Poser，Liability of Broker－Dealers for Unsuitable Recommendations to Institutional Investors，2001 B. Y. U. L. Rev. p. 1541.

③ Norman S. Poser，Liability of Broker－Dealers for Unsuitable Recommendations to Institutional Investors，2001 B. Y. U. L. Rev. p. 1541.

④ Deborah A. DeMott，Beyond Metaphor：An Analysis of Fiduciary Obligation，1988 Duke L. J. 879，882.

的不适合，即便客户同意该交易。在纽约，经纪人与客户的关系被看作是信赖关系，它规定，经纪人的信赖义务限于客户受托事项。加利福尼亚法院也认为经纪人与客户关系属于信赖关系，但马萨诸塞州法院认为其仅仅是经纪人与客户关系，而不是信赖关系，除非客户在经纪人同意的情况下让经纪人自主管理其账户。在其他州，只有在特定情况下，经纪人与客户关系才构成信赖关系，如经纪人在管理客户的账户上享有替客户自主选择证券的权利，或即便是经纪人没有自主权，但对客户账户实际行使了控制权，或客户对经纪人给予了信任和信心。不过，不管经纪人—客户关系是否被认定为信赖关系，经纪人都可能负有普通法上不推荐不适合的证券的义务。在雷波（Leib v. Merrill Lynch，Pierce，Fenner & Smith，Inc.（461 F. Supp. 951（E. D. Mich. 1978)））案中，法院指出，经纪人代表客户行使投资自主权就成了广义上的客户受托人，必须按照客户授权委托书表明的需要、投资目标或客户投资和交易的经验进行管理。即便是经纪人并不掌管客户的投资账户，也负有只有在对推荐产品价格、性质充分研究了解，告知客户买卖该证券风险的情况下才能推荐产品的义务。经纪人对风险的解释取决于客户的老练程度。如果客户未受过教育，对金融事务不老练，经纪人就必须仔细谨慎地界定特定交易的潜在风险。但如果客户对股票市场或证券非常熟悉、了解，解释就仅仅敷衍了事。该案件在讨论经纪人普通法义务时被广泛引用，地区法院强烈支持该义务的存在。① 虽然法院没有明确把对客户账户不享有自主管理权的经纪人看作是信赖义务，但雷波案中法院认定被告对原告负有代理法上的义务。代理法重述要求代理人在履行其义务时应当尽到注意和技能（care and skill）义务，向委托人披露有关委托事项的有关信息。另外一个地区法院暗示，经纪人不适当推荐可能构成疏忽，因为他违反了对客户负有的注意义务，没有适当注意，确保其提供的投资咨询是否适合客户。② 加利福尼亚上诉法院认为，即便对该账户不享有自主管理权，且客户代表告诉经纪人其希望从事该不适当交易，经纪人对机构投资者的不适当推荐也可能违反信赖义务。在达夫案（Duffy v. Cavalier（259 Cal. Rptr. 162（Cal. Ct. App. 1989)））中，公司雇员利润分享计划的信托人要求股票经纪人代表他为该计划进行期权交易，法院认为该经纪人与客户的关系属于信赖关系，经纪人违反了对该计划对客户的信赖义务，推荐了不适当证券，即使是机构代理人表达了从事该证券交易

① Norman S. Poser，Liability of Broker - Dealers for Unsuitable Recommendations to Institutional Investors，2001 B. Y. U. L. Rev. p. 1555 - 1556.

② Norman S. Poser，Liability of Broker - Dealers for Unsuitable Recommendations to Institutional Investors，2001 B. Y. U. L. Rev. p. 1555 - 1556.

的意愿。从这个意义上看，法院采取了广义经纪人的义务，即一个非常明显不老练的投资者表达从事投机性投资以获得暴利的意愿时，股票经纪人不能简单地执行其意愿。股票经纪人负有信赖义务：①确定投资者根据其实际财务状况了解投资风险；②告知投资者投机性投资是不适合的，如果客户坚持要从事投机性投资，在股票经纪人没有劝说的情况下，客户能够承担其中涉及的风险；③竭力克制劝诱客户购买超出其风险承受能力的投机性证券。如果尽到这些义务，客户仍然坚持要购买，经纪人就按照客户指令进行交易。①

3. 衍生品销售与交易中的投资者适当性义务

美国法律上投资者适当性义务主要针对的是投资者难以独立评估和判断投资风险的复杂投资产品，因此，对于普通投资者难以准确理解和把握的衍生品投资（交易），美国法律都要求推销商承担投资者适当性义务。美国银行监管机构在其规范商业银行衍生工具交易规则中就直接要求银行在进行适当性评估过程中必须保留与客户沟通的记录及其评估结论得出的理由。随着商业银行越来越多涉及衍生品交易，美国货币监理署在 1993 年发布通知（Banking Circular BC - 277）制定了类似证券交易适当性规则的适当性标准（Appropriateness standard）。它要求银行管理人员在交易前必须评估其推荐的衍生交易对客户是否适当，并应当了解客户从事该交易需要管理的风险。此外，银行应当确保客户理解该工具的风险状况。在银行认为该交易对某客户不适合，而客户坚持要进行的情况下，银行才可以执行客户的指令，但它必须明确向客户指出该交易对其不适合，并保留与客户沟通的记录以及其看法的理由。

NASD 将衍生品列为非常规的另类投资。它在 2003 年 11 月给其成员发出的通知中要求把资产担保证券、不景气债务（distressed debt）、衍生产品等另类投资（alternative investment）工具与传统投资产品相区分，把这些产品称为“非传统投资”（non - conventional investments or NCIs）。2005 年 4 月，纳斯达（NASD，全国证券交易上协会）发布了 05 - 26 号通知——《纳斯达新产品审查最佳做法推荐》（*NASD Recommends Best Practices for Reviewing New Products*），把结构性投资产品也纳入了另类投资产品，即非传统投资产品的范畴，要求成员企业在产品销售前和销售过程中加强对促销活动的审查，防止错误销售发生。2005 年 9 月，纳斯达（NASD）又发布了05 - 59 号《涉及结构性投资产品销售指南》，该指南针对结构性投资产品风险与收

① Norman S. Poser, Liability of Broker - Dealers for Unsuitable Recommendations to Institutional Investors, 2001 B. Y. U. L. Rev. p. 1557.

益的特点，就如何防止错误销售对成员企业在信息披露和适当性评估义务履行上提出了明确、具体的要求。

在衍生品的投资上，经纪交易商也应对投资者承担适当性义务。按照现代组合管理理论，证券交易商与投资者之间的信息不对称让投资者在交易中可能承担更大的风险，这就要求经纪交易商与投资者在沟通上承担审慎责任，在投资日渐复杂的世界，要求经纪交易商承担适当性义务（suitability duty）。[①] 在了解了客户的基础上，经纪人负有两个义务：①确信自己推荐的期权合约是适合客户的；②不作推荐。此外，有合理理由相信客户具备理解能力、风险承受的财力。比如，在期权产品上，美国证交会就认为，期权是风险大、投机性的金融工具，可能带来巨大损失，不适合低收入或净资产低的人[②]，也不能向仰仗固定收入的退休人员[③]或依靠投资维持其日常生活的人推荐。[④] 证交会还认为，客户个人财富以外的情况在确定期权交易适当性时也要考虑到，如客户的年龄、婚姻状况和抚养或赡养负担情况。如果老年人没有重大的获得未来收入的能力，投资专业人士向其推荐期权买卖可能就是违规的。[⑤]

在有关期权买卖所引发的纠纷的仲裁裁决中，仲裁庭对经纪交易商的投资者适当性义务审查更为严格。仲裁庭通常采用更为灵活的标准以取得公平结果。如在皮特查尔（Peterzell v. Charles Schwab & Co. [⑥]）中，散户对经纪人提出索赔，称经纪人诱导他们购买了不适合其投资目标的期权。经纪公司辩称，自己从来就没有说是期权交易专家，而客户表明其自己在该交易上非常有经验，经纪人向他提供了准确的招募说明书，仲裁庭支持了客户部分的主张。仲裁庭解释说："原告部分损失归咎于其提供了虚假信息，选择了有问题策略，并持续进行交易，导致损失扩大。适当性是一个持续性义务，虽然查理·施瓦布（Charles Schwab）开始履行了其适当性义务，但对原告的适当性没有保持持续的监督。"仲裁庭还指出："在有些时候，原告变得不适合了，即

---

① Stuart D Root, Suitability - the Sophisticated Investor - and Modern Portfolio Management, 1991 Cloum. Bus. L. Rev. 287.

② Keel, 53 SEC Dock. at 461.

③ In re Wickswat, [1991 - 1992 Transfer Binder] Fed. Sec. L. Rep. (CCH) P 84, 921, at 82, 448 (Nov. 6, 1991).

④ Erdos, 29 SEC Dock. at 181.

⑤ In re Lewis, Exchange Act Release No. 29, 794, 49 SEC Dock. 1487, 1488 - 1489 (Oct. 8, 1991).

⑥ Peterzell v. Charles Schwab & Co., Inc., No. 88 - 02868, 1991 WL 202358 (N. A. S. D. June 17, 1991).

使有虚假陈述，被告合规部也应当在当时就意识到他的损失与其声称的净资产和年收益是不成比例的。”①

12.3.2 欧盟

1. 投资者分类保护

欧盟2007年生效的《金融工具市场指令》（*Market In Financial Instruments Directive*，简称“MiFID”）把投资者适当性监管作为规范复杂金融工具销售、防止错误销售、保护零售投资者的核心，其目标是尽可能杜绝把不适合的复杂金融工具销售给不成熟的投资者。② MiFID将投资者分为3类，即专业投资者、零售投资者和合格交易相对方（eligible counterparty）。其针对不同投资者的风险承受能力对适当性义务履行提出了不同的要求，采取不同的保护标准。

零售投资者为专业投资者以外的所有其他投资者，所有自然人都只能成为零售投资者，达不到大公司净值资产标准的中小企业也被划归为零售投资者。MiFID实施指令第28条之2规定，自然人可以要求投资服务企业将其作为专业客户看待，如果满足了某些条件，即选择进入（opt in）；而专业投资者也可以要求投资企业将其当作零售客户，即选择退出（opt down）。投资企业必须告知客户行使要求归类不同类别客户权利的期限和不同类别投资者得到保护的限制等。在客户请求当作专业客户看待时，投资企业必须采取合理措施确保客户符合相关条件，而不能仅仅凭客户自己的主张。按照MiFID的规定，富裕的个人投资者在符合相关条件下也只能成为选择性专业投资者（selective professional investors）。如果客户满足规定的条件，还需通过下列审查确认程序才能成为专业客户：首先，客户必须向投资企业提交要求在特定服务或交易，或某类交易或产品方面作为专业投资者对待的书面请求；其次，投资企业必须给客户以他可能失去的保护或获得赔偿的权利的清晰警告；最后，客户必须签署书面声明。该声明是与合同分开的独立文件，声明他了解失去保护的后果。

2. 投资者适当性与妥当性制度

MiFID第19条第4项规定，在提供投资顾问或投资组合管理服务时，投资服务企业应向客户取得有关产品或服务投资领域的相关知识或经验、其个

---

① Bradley J. Bondi，Securities Arbitration Involving Mortgage - Backed Securities and Collateralized Mortgage Obligations：Suitability for Unsuitability Claim，14 Fordham J. Corp. & Fin. L. 251.

② 欧盟指令将投资产品区分为复杂投资产品与不复杂投资产品，适当性义务只适用于复杂投资产品的销售。

人的财务状况以及其投资目标等必要信息，以便能够推荐最适合该客户的投资服务或金融产品。同条第 5 项规定，在提供非投资顾问或投资组合管理以外的投资服务时，投资服务企业应要求客户提供必需信息以便其评估该服务或产品对客户是否妥当（appropriate）。

MiFID 对适当性义务规定了 3 个要求：①MiFID 企业提供投资顾问服务或管理享有自由裁量权的账户，必须遵守第一层面指令（即 MiFID）第 19 条之（4）和第二层面指令第 35 条和第 37 条的规定，履行适当性义务。这些规定通常被称为“适当性测试”（suitability test）。②如果 MiFID 企业提供投资顾问或自由裁量账户管理以外的投资服务，就必须遵守 MiFID 第一层面指令第 19 条之（5），第二层面指令第 36 条和第 37 条，规定。这些要求通常被称为“妥当性测试”（appropriateness test）。③作为上述②的例外，在规定某些情况下，企业可以提供某些投资服务，如接受、传达和执行指令——涉及某些只负责执行交易，不适用适当性测试的情形。从金融工具或产品类别角度而言，适当性要求对复杂和非复杂产品的适用是不同的。实践中，如果服务或交易涉及复杂产品，则任何情况下都必须适用适当性测试。但对于非复杂产品，在某些具体情况下，则不需要进行妥当性测试，可以在只执行基础进行（execution only）。妥当性测试旨在加强从事 MiFID 范围内金融工具交易未获得投资企业咨询服务的客户（尤其是零售投资者）的保护。[①] 它的另外一个目的是防止复杂产品在只执行基础上销售给毫无知识或经验、不了解其中风险的零售投资者。总之，要进行妥当性测试，企业必须要求客户提供有关特定类型产品和服务的知识和经验，以便企业能够对该产品或服务是否适合客户进行评估。企业必须确定客户是否具有了解其中风险的必要的经验和知识，如果企业认为不适合，就必须对该客户发出警告。

12.3.3 英国

1. 投资者分类保护

根据 MiFID 的要求，英国金融服务局（FSA）在 2007 年修订了《操作守则》（COBS），明确了选择性专业投资者必须具备的条件和取得专业投资者资格的具体操作程序。它规定，申请成为专业投资者的零售投资者必须具备下列条件：①该客户在过去 4 个季度里在相关市场平均每季度从事 10 次规模很大的交易；②客户金融工具组合规模超过 500000 欧元（包括现金和金融工

① CESR, MiFID complex and non - complex financial instruments for the purpose of the Directive's appropriateness requirements, May 14, 2009 (CESR/09 - 295).

具)；③该客户在金融部门专业岗位上工作过 1 年，具有相关交易或提供服务的知识（素质测试)。符合上述条件的，还必须经过以下 3 道程序，才能获得专业投资者的身份：(1) 客户必须向企业提交希望在所有的或在特定交易或服务或产品中被当作专业投资者看待的书面声明；(2) 投资企业必须给客户清楚明了的保护警告，告知客户可能失去的获得赔偿的权利；(3) 客户必须在合同以外单独以书面形式声明他了解并清楚失去该保护的后果。

2. 投资者适当性与妥当性制度

(1) 投资者适当性与妥当性义务适用范围。金融服务局手册（FSA Handbook）企业行为准则（COBS）9.2.1R 要求，企业必须采取合理步骤确保针对个人情况的推荐（personal recommendation)，或交易的决定是适合其客户的（suitable for its client)。该义务不仅适用于投资顾问（针对个人所作推荐）的情形，也适用企业为他人提供投资管理服务的情形。2007 年 11 月之前，金融服务局旧的适当性规则仅适用于所谓的“私人客户”（private customer)，目前，也同样适用于专业客户（COBS 5.3.1R&5.3.5R)。

在进行适当性评估时，企业必须获得客户有关知识、经验、财务能力、教育程度、工作等的相关信息，确定某特定产品或服务是否符合该客户投资目标以及该客户是否具有足够的能力了解及承担该产品风险。若客户提供的信息不充分，则该企业应拒绝提供投资顾问服务。不过，若客户属于专业客户，则推定该客户具有足够的知识及经验。同时，金融服务局还解释说，某一交易可能因产品的风险、交易的类别、交易的特性以及频率等因素而不适当，在管理投资的情况下，若交易导致不适当的投资组合，也属于不适当（COBS 9.2.1G)。

对于非投资顾问或非投资管理服务，金融服务局要求接到客户交易指令的金融机构应评估该交易的妥当性（appropriateness)。在妥当性义务下，即便是客户主动要求购买某金融产品或服务，金融机构仍应评估其个人的知识、经验和其他个人信息，若认为该交易对该客户不妥当，则应警告客户。若经警告后客户仍坚持，则金融机构有权自行决定是否继续（COBS 10.2.8G)。

妥当性义务在特定的条件下可以享受豁免。若某一交易纯粹系证券交易中执行证券买卖或交易系非复杂金融工具（non - complex financial instrument)，则该金融机构妥当性义务豁免（COBS 10.5.1G & 10.5.2G)。所谓非复杂金融工具，按金融服务局解释，是指符合下列情形的金融产品：①该交易并非衍生商品（含经证券化后的产品)；②该产品可便利地公开地通过市场来实现其价值；③该产品并不会使该客户承担现在或将来的债务；④客户可获得适当且丰富完整的有关该产品的公开信息，且该产品可为中等资质客户了解并在知情的基础

上作出决定（FSA handbook 10.4.1（3）R）。

（2）违反投资者适当性义务或妥当性义务的法律责任。违反适当性或妥当性义务的责任，视客户的属性而有别。如果客户是个人或非以金融交易为常态业务的企业，可以依据《金融服务与市场法》，向违反该义务的企业请求损害赔偿（《金融服务与市场法》150（1）和《2000金融服务与市场法（诉讼权利）条例》（Financial Services and Markets Act 2000（Rights of Action）Regulation 2001，SI2011/2256），该法第3（1）条对“私人（private person）”加以了定义）。若非法定可起诉之人（如金融机构），则可视情形依据普通法或衡平法（过失侵权、违反忠实义务）等提出违反投资者适当性义务的索赔。

12.3.4 德国

德国《证券交易法》第31条之（1）规定：“投资服务企业应当以必要的专业、注意和勤勉为客户利益提供投资服务和其他附属服务。”该法第31条之（4）规定：“提供投资服务或金融组合管理的投资服务企业必须从客户处取得有关客户与特定类型金融工具或特定类型金融工具交易或投资服务有关的知识与经验的必要信息、他们的投资目标和他们的财务状况，以确保企业给客户推荐的金融工具和投资服务适合他们。适当性评估应当与推荐给客户特定的交易，或投资组合管理中特定投资服务是否符合客户投资目标，客户财务上是否能够承受与特定投资目标相关的投资风险，客户是否具有了解相关风险的经验和知识。如果投资企业不掌握上述要求获得的信息，在提供投资服务和提供金融组合管理服务时就不得推荐金融工具。”

《证券交易法》第31条之4（a）还规定：“上述（4）规定的提供投资服务的投资服务企业可根据其掌握的信息向客户推荐适合于客户的金融工具和投资服务。适当性评估应遵守上述（4）的规定。”第31条之（9）还规定：“如果客户属于31a（2）规定的专业客户，投资服务企业在履行上述（4）规定的适当性义务时，有权推定专业客户具备有关产品、服务或交易的知识和经验，能够对其作为专业投资者，了解这些交易或投资组合中固有的风险，有能力承担与其投资目标相关的风险。”

12.3.5 日本

日本《金融工具和交易法》将投资者分为普通投资者和专业投资者，对二者采取不同的保护标准。该法规定，满足某些条件的人被定义为特定的专业投资者（specified professional investor）。特定专业投资者（除合格机构投资者外）可以向交易商申请被当作普通投资者对待，该地位受到该法额外披露和投资者保护等规定的保护。目前，该选择在12个月内有效，期限届满后自动转回特定专业投资者身份。2009年该法修改，该选择一直持续到选择转回特定专业投资者身份为止。投资者可以在任何时候申请转回，但交易商必须获得该转回的书面同意。

普通投资者在某些条件下可以向交易商申请当作特定专业投资者对待，尽管其不符合《金融工具和交易法》规定的定义。该选择有效期为12个月。按照2009年的修订，在12个月期限届满前任何时候，做出这样选择的投资者都可以转回普通投资者身份，而且，一般投资者同意作为特定专业投资者对待的同意必须申明转回普通投资者身份在任何时候都是允许的。

12.3.6 韩国

韩国《金融投资服务与资本市场法》第46条“适当性原则”作出了如下规定。

（1）每个金融投资业实体都应当确认投资者是否属于普通投资者或专业投资者。

（2）每个金融投资业实体在向普通投资者推荐投资之前都应当通过访谈、调查获得其关于投资目的、财产状况、投资经验等的信息，并要求普通投资者（包括根据《数字签名法》第2条第2款的数字签名）签字和盖章，记录下谈话，或按照总统令规定具体方式加以确认，并安全保持和维护好该确认，及时向投资者提供确认信息。

（3）根据投资者的投资目的、财产状况和投资经验，如果某投资被认定为不适合该投资者，则金融投资业实体不得向普通投资者推荐投资。

针对衍生品的销售，《金融投资服务与资本市场法》还作出了专门规定，其第46-2条“妥当原则”规定如下。

（1）每个金融投资业实体应当，通过面晤或调查取得普通投资者有关投资目的、财产状况和投资经验的信息，无论什么在没有向普通投资者推荐投资的情况下打算出售衍生品或总统令规定的其他金融投资工具（以下称“衍生品”）。

（2）考虑到投资者的投资目的、财产状况和投资经验，金融投资业实体确定相关衍生品对普通投资者不适当（adequate），金融投资业实体应当按照总统令的规定告知投资者事实，并取得普通投资者签名或盖章的确认，或按照总统令规定的方式记录下谈话。

12.3.7 新加坡

新加坡《投资顾问法》第 27（1）节要求金融顾问对客户推荐时必须有合理的理由（reasonable basis）。投资顾问必须考虑其拥有的关于投资目标、财务状况和投资者具体需求的有关信息，违反该规定要承担民事责任（《投资顾问法》第 27（3）节。《投资顾问法》第 27 条（执照执业顾问推荐）规定：①在没有合理理由作出推荐的情况下，任何执业顾问都不应向合理预见到依靠其推荐的人作任何有关投资产品的推荐。②基于上述第一款的目的，执业顾问作出的推荐都是缺乏合理理由的，除非：（a）基于认定推荐是适当的目的，他已经考虑到并做了调查，根据其掌握该人投资目标、财务状况和具体需求等所有情况其推荐的标的是合理的；（b）该推荐是建立在上述（a）规定的考虑和调查基础上的。③如果（a）获准执业的顾问作出的推荐违反了上述（1）款的规定；（b）接受推荐的人根据该推荐为某种具体行为或不为某种行为；（c）考虑到该推荐和其他相关情形，该人依据该推荐为该行为或不为该行为是合理的；（d）该人因此为该行为或不为该行为而遭受损失或损害。在不影响该人可获得其他救济的情况下，获准执业的顾问应当负责赔偿该人因此而遭受的损失。④本节所指的推荐是指明示或默示方式所作的建议。⑤本节不适用于除法律明确规定不适用的任何获准执业的人或该类获准执业的人。①

虽然，立法并没有使用"适当"措辞，但新加坡监管当局——金融局证实，第 27 节要求金融顾问分析客户提供的信息，确定产品是适合客户的。而且顾问也必须向客户解释其推荐的理由，如果客户拒绝提供信息，要投资不适当的产品，顾问必须保留记录。

为应对 2008 年发生的迷你债券错误销售事件，新加坡金融局发布了《董事会、高管对消费者提供公平交易结果的公平交易指南》(*Guidelines on fair dealing - board and senior management responsibility for delivering fair dealing outcomes to consumers*)。2009 年，新加坡当局澄清投资者适当性规则适用于公平交易目的，金融局要求金融机构提供给目标客户群体的产品和服务应当是适当的。为此，金融服务机构必须对其进行分销的金融产品进行正式的产品尽职调查，针对其目标客户群体采取与之状况（profiles)、财务目标(financial objectives)、一般金融知识（general financial literacy）相适应的营销方法（marketing approach)。

对于嵌入衍生工具的投资产品，新加坡监管当局对推荐该产品的投资顾

---

① Financial Advisor Act of Singapore.

问赋予严格的投资者适当性义务。2004 年，新加坡金融局（Monetary Authority of Singapore，以下简称 MAS）颁布了《FAA - G09 结构性存款指南》，它要求银行把结构存款和其他存款产品分开。2005 年，金融局颁布的《证券期货（投资要约）（股票和债券）条例》把不承担保本义务的结构性投资产品彻底从存款产品中区分出来，将其定义为“结构性票据”，专门加以规范，对结构性投资产品销售与推荐适当性评估义务提出了更严格要求。即销售结构性投资产品，投资顾问必须履行投资者适当性评估义务：①投资顾问必须对其推荐产品进行尽职调查，确定该产品适合的客户（产品尽职调查）。②按照投资顾问法要求投资顾问根据投资者投资目标，财务状况，具体需求，包括风险承受能力确定产品对客户是否适合。为保障适当性评估的准确，要求必须对客户信息作尽职调查。①

12.3.8 中国香港

中国香港《领取证期会执照或在证期会注册的人操守法典》（*Code of Conduct for Persons Licensed by or Registered with the Securities and Future Commisssion*）第 5.2 条规定：“考量经适当努力所取得有关客户的资讯，一受特许或注册之人应在推荐或行销金融产品时，应确保该推荐或行销在所有情形下皆合理具有适当性。”在香港法下，专业客户可以放弃推介适当性保护。适当性义务只适用于投资顾问服务。

香港法要求企业在履行投资者适当性义务时，要履行尽职调查义务，即履行客户尽职调查（client due diligence）和产品尽职调查（product due diligence）义务，前者要求了解客户及有关投资知识、经验、目标、资历、风险承担能力等；后者要求了解产品架构、定价、投资的本质及风险，包括产品发行者之声誉、相关费用、产品之流动性、闭锁期间、终止合约之条件等。投资顾问也必须考虑其他市场及产业风险，以及任何其他可能影响到风险与报酬的因素，同时，投资顾问必须自行向产品发行者进行询问并取得完整的说明。

香港雷曼迷你债券错误销售事件引起中国香港监管当局对投资者适当性制度在保护衍生品投资者方面存在的缺陷进行检讨和反思，并予以了改进和完善。2009 年 3 月 25 日，香港金管局发布《实施〈金管局就分销与雷曼集团公司相关的结构性投资产品的事宜提交的报告〉中的建议》，明确要求销售衍

---

① MAS，Investigation Report on the Sale and Marketing of Structured Notes Linked to Lehman Brothers，http://www.mas.gov.sg/resource/news_room/press_releases/2009/INVESTIGATION%20REPORT_7%20JUL%2009.pdf. 2009 年 9 月 10 日登录。

生工具产品或包含衍生工具结构性的产品，应以合理大小的字体向投资者发出“健康警告”，并向投资者提醒注意该警告。所有结构性投资产品的市场推广材料及销售文件都应登载如下警告：“此乃涉及金融衍生工具的结构性产品。投资决定是由阁下自行作出的，但阁下不应投资在该______（产品名称/类型），除非中介人于销售该产品时向阁下解释经考虑阁下的财务情况、投资经验及目标后，该产品是适合阁下的。”① 该要求同样适用于电话销售，销售机构必须通过电话口述上述警告，并进行录音以供查核。这实际上意味着所有包含衍生因素的投资产品销售前都必须经过适当性审查。②

除此之外，中国香港监管当局还对投资者适当性评估过程加强了规范和监管，以防范评估过程中弄虚作假。因为误导和欺诈容易发生在适当性评估过程中，所以投资者适当性监管完善将重心转移到了评估过程的监管中。2009 年 3 月 25 日，中国香港金管局发布《实施〈金管局就分销与雷曼集团公司相关的结构性投资产品的事宜提交的报告〉中的建议》，要求销售过程及相关安排必须进行录音，且录音保留 7 年。③

12.3.9 中国台湾

中国台湾民法上并无一般性的适当性义务，连动债风波之后④，台湾金管会于 2009 年下半年先后公布了《银行办理衍生性金融商品业务应注意事项》（以下简称《注意事项》）和《境外结构型商品管理规则》。《注意事项》第 22 条规定：“银行向一般客户提供衍生性金融商品交易服务，应建立商品适当性制度，其内容至少应包括衍生性金融商品属性评估、了解客户程序及客户属性评估，以确实了解客户之投资经验、财产状况、交易目的、商品理解等特性及交易该项衍生性金融商品之适当性。”该规定与日本《金融商品销售法》规定的投资者适当性制度相似。⑤

---

① CESR，MiFID complex and non - complex financial instruments for the purpose of the Directive's appropriateness requirements，May 14，2009（CESR/09 - 295）.

② 香港金管局：《实施〈金管局就分销与雷曼集团公司相关的结构性投资产品的事宜提交的报告〉中的建议》http：//www. info. gov. hk/hkma/chi/guide/circu _ date/20090325c1. htm。2009 年 10 月 15 日登录。

③ 香港金管局：《实施〈金管局就分销与雷曼集团公司相关的结构性投资产品的事宜提交的报告〉中的建议》http：//www. info. gov. hk/hkma/chi/guide/circu _ date/20090325c1. htm.

④ 即雷曼迷你债券，台湾将与信用违约互换等衍生品挂钩的债券称为连动债。

⑤ 陈肇鸿 Chen，Christopher C.，由比较法观点论金融机构之适当性义务（The Construction of Suitability Obligation of Financial Institutions When Selling Structured Products：From Comparative Law Perspective）（April 2011）. 军法专刊，57 卷 2 期，2011 年 4 月，75 - 98 页（Military Law Journal，Vol. 57，No. 2，pp. 75 - 98，2011）. Available at SSRN：http：//ssrn. com/abstract=1832126.

2011年中国台湾《金融消费者保护法》正式将投资者适当性制度纳入立法。该法第4条规定："本法所称金融消费者，指接受金融服务业提供金融商品或服务者。但不包括下列对象：一、专业投资机构。二、符合一定财力或专业能力之自然人或法人。前项专业投资机构之范围及一定财力或专业能力之条件，由主管机关定之。"该法第9条规定："金融服务业与金融消费者订立提供金融商品或服务之契约前，应充分了解金融消费者之相关资料，以确保该商品或服务对金融消费者之适合度。前项应充分了解金融消费者相关资料、适合度应考虑之事项及其他应遵行事项之办法，由主管机关定之。"很显然，《金融消费者保护法》把投资者适当性制度作为了保护普通投资者或金融消费者的一个重要手段。

通过上述比较研究，我们可以得出以下几个方面的结论。

（1）投资者适当性要求对投资者采取分类保护，投资者适当性是针对投资者自我保护能力、风险承受能力、知识与经验上的差异分别采取不同保护标准，区别对待普通投资者与专业投资者、机构投资者与非机构投资者。

（2）投资者适当性要求投资产品具有适当性，即产品与服务、产品与服务设计都必须适合目标客户的投资需求，产品与服务的风险与收益特点与投资者风险偏好、承受能力、投资需求相匹配，不会发生错配。

（3）根据产品复杂程度确定金融服务机构应当承担的投资者适当性义务标准，即根据产品结构复杂程度分别采取不同的投资者适当性规则。欧盟《金融工具市场指令》将所有投资产品按结构复杂程度划分为复杂投资产品和不复杂投资产品。立法者认为，产品结构复杂程度影响到对产品风险的理解。① 按照指令的规定，所有衍生品都被看作是复杂产品，因为其价值派生于其他金融工具或资产，增加了对这些金融工具价值和特征调节的复杂层面。根据指令，欧盟监管者委员会（CESR）把包含衍生品的债券和其他形式债券都划归为复杂产品，要求在销售前必须进行适当性或妥当性测试。②

（4）投资者适当性制度经历了从自律到法律的发展演变过程。最初投资者适当性只是行业自律规范，随着金融的创新发展，投资产品越来越复杂，错误销售风险增大，投资者适当性制度也就从自律规范发展为法律规范，从道义的劝告演变为法律上的强制了。

（5）投资者适当性作为防止投资产品错误销售、投资服务错误匹配的重

① CESR，MiFID complex and non - complex financial instruments for the purpose of the Directive's appropriateness requirements，May 14，2009（CESR/09 - 295）

② 有推荐的情况下测试为适当性测试，无推荐情况下为适当性测试。二者的区别在于前者要求对投资者情况进行尽职调查，后者则只需要根据其了解的客户情况和产品情况进行适当性评估。

要手段，其适用范围在不断扩大，目前已扩大到所有金融服务领域，并扩大到所有复杂投资产品销售和服务领域。扩大适当性义务适用范围，甚至将其扩大到所有推销活动。NASD 在 1996 年发布“推荐”的解释，将适当性评估义务扩大到几乎所有的投资产品的推销活动。经纪人通过任何手段引起客户对特定证券的注意，包括但不限于直接电话沟通，通过邮政传递推销文件，发送电子信息等都被认定为“推荐”。[①] 也就是说，任何主动向客户的兜售或招揽行为都构成推荐，都必须履行适当性评估义务。欧盟《金融工具市场指令》（以下简称《指令》）则将适当性审查扩大到了所有复杂产品的销售。

（6）对销售衍生品和包含衍生品的结构性投资产品应尽的投资者适当性义务提出特殊要求。针对雷曼迷你债券错误销售反映出来的香港投资者适当性制度存在的问题，2009 年 3 月 25 日，中国香港金管局发布《实施〈金管局就分销与雷曼集团公司相关的结构性投资产品的事宜提交的报告〉中的建议》，其中明确要求销售衍生工具产品或包含衍生工具的结构性投资产品，应以合理大小的字体向投资者发出“健康警告”，并向投资者提醒注意该警告。所有结构性投资产品的市场推广材料及销售文件都应登载如下警告：“此乃涉及金融衍生工具的结构性投资产品。投资决定是由阁下自行作出的，但阁下不应投资在该______（产品名称/类型），除非中介人于销售该产品时向阁下解释经考虑阁下的财务情况、投资经验及目标后，该产品是适合阁下的。”该要求同样适用于电话销售，销售机构必须通过电话口述上述警告，并进行录音以供查核。这实际上意味着所有包含衍生因素的投资产品销售前都必须经过投资者适当性评估。

（7）加强适当性评估过程的监督，以提高适当性评估过程产品提供者与投资者沟通的质量，帮助投资者正确理解复杂产品的性质与风险，做出正确的投资判断，防止误导和欺诈。投资者适当性监管越来越注重过程监督，而不是外在形式上。这表现为越来越注重金融服务机构对投资者适当性评估过程的监管，而不是对适当性评估法律文件的形式审查，尤其是 2008 年雷曼迷你债券引发大规模错误销售之后，中国香港、新加坡等国家和地区都加强了对适当性评估过程的监管，以防止金融服务提供者以合法形式掩盖非法的欺诈和误导，不负责任地将不适合的产品或服务推销给投资者，损害投资者利益。针对迷你债券销售中大量投资者投诉最终确认书都是在欺诈和误导下签署的事实（即在销售口头交流或适当性评估过程中发生），2009 年 3 月 25 日，香港金管局发布《实施〈金管局就分销与雷曼集团公司相关的结构性投资产品

---

① NASD Notice to Members No. 96 - 60.

的事宜提交的报告〉中的建议》,[①] 要求销售过程及相关安排必须进行录音,且录音保留 7 年。

2005 年 9 月,NASD 发布的 05 - 59 号《涉及结构性投资产品销售指南》将 2210 规则规定的公平披露扩大到所有销售材料和口头陈述,要求口头沟通与陈述也必须做到对产品的公平与平衡描述(fair and balanced picture regarding both the risk and benefits)。如营销资料上不得把产品描述为"保守的"或预期当前收益,除非该报告是准确的、公平或平衡的。而且,在促销中,提及该产品好处,如获得利息和发行人可靠性时,也必须平衡披露参与者的风险,包括可能导致本金损失和到期参考资产价格下降可能带来的损失。总之,销售材料和口头陈述遗漏了对衍生品的描述,或把衍生品描述为普通债务证券都违反了 2210 规则。

12.4 投资者适当性制度具体适用的若干问题

适当性是投资购买的投资产品性质与风险能够与投资者财务状况、风险偏好、承受能力和投资目标相匹配。[②] 适当性义务要求金融机构在向客户推荐和销售复杂投资产品前必须尽到适当性评估义务,采取必要的措施了解投资者风险承受能力、投资目标、知识与经验,并向投资者推荐和销售适合其投资目标和风险承受能力的产品,不得向投资者作不适当推荐,销售不适合的投资产品。

12.4.1 适当性适用的范围

1. 适用的法律关系范围

金融机构与客户,除作为交易对手方外,它们之间的关系可以分为三类:一是金融机构提供投资顾问服务;二是提供资产管理业务;三是代理执行订单等。对于资产管理业务,法律通常要求金融机构承担较高的注意和忠实义务及保障投资者的权益。对于提供投资顾问业务,因为投资者依赖顾问的推荐和指导,容易引起投资顾问注意义务及投资者的保护问题,而在单纯执行

---

① 香港金管局:《实施〈金管局就分销与雷曼集团公司相关的结构性投资产品的事宜提交的报告〉中的建议》http://www.info.gov.hk/hkma/chi/guide/circu_date/20090325c1.htm。2009 年 10 月 15 日最后登录。

② 所谓错误销售(misselling),当投资者购买了与其财务状况、投资目标和风险承受能力投资理财产品就构成错误销售,错误销售不仅可能导致投资者遭受损失,而且错误销售也可能泛滥成灾,威胁到整个金融秩序稳定。

订单情况下，法律关系则较为单纯、简单。①

英国法适当性义务适用于资产管理、投资顾问等两种情形，妥当性义务适用于单纯执行，而中国香港和新加坡则适用于投资者顾问。对于复杂金融产品，新加坡金融局认为较适合采取强制顾问制度。②

按欧盟投资者适当性制度，对于零售投资者，如果提供资产管理和投资咨询服务，则必须履行投资者适当性义务，如果只是执行订单，不提供资产管理和投资咨询服务，则不承担投资者适当性义务，但如果涉及复杂的投资产品，则仍然要承担投资者妥当性义务。

2. 适用的产品或服务范围

美国金融行业监管局 2111 适当性规则规定，投资者适当性适用于向投资者推荐产品或服务以及投资策略等服务。对于“推荐”，2111 规则仍然采用灵活的“事实和情形”方法来确定服务提供者与投资者的沟通是否构成推荐，即是否构成推荐还是取决于个案的实际情况。例如，沟通的内容，环境和呈现的东西都很重要。一个重要因素是，考虑内容、场景和陈述方式，一个企业或从业人员跟客户的沟通合理地被看作是客户采取或不采取与证券或投资策略有关的行为的建议。此外，对某个客户的沟通越是贴近该客户，或涉及证券或投资策略越具体明确，该沟通越有可能被看作是推荐。而且，一系列行为单个看起来可能不构成推荐，但整个看起来实际上等同于推荐。沟通是通过人还是通过计算机软件进行并不影响认定。

投资者适当性也适用于投资策略推荐，涉及证券的投资策略推荐也要遵守投资适当性要求。只要金融服务机构或其人员推荐证券或投资策略，不管该推荐是否被践行，都要受到投资适当性的约束。

3. 适用的投资者范畴

投资者适当性一般只适用于普通投资者，不适用于专业投资者或机构投资者。美国金融行业监管局（FIRNA）适当性规则——2111 规则（b）规定，具体客户适合对于机构客户在某些情形之下是豁免的，但该豁免是附有条件的，即要求经纪商必须是有合理理由相信机构投资者能够独立评估投资风险，能够独立行使判断，包括一般意义上的和涉及具体交易和投资策略。而且，

① 陈肇鸿 Chen，Christopher C.，由比较法观点论金融机构之适当性义务（The Construction of Suitability Obligation of Financial Institutions When Selling Structured Products：From Comparative Law Perspective）（April 2011）．军法专刊，57 卷 2 期，2011 年 4 月，75－98 页（Military Law Journal，Vol. 57，No. 2，pp. 75－98，2011）．Available at SSRN：http：//ssrn. com/abstract＝1832126.

② Christopher Chen Chao－hung，Product Due Diligence and the Suitability of Minibonds：Taking the Benefit of Hindsight，2011 Sing. J. Legal Stud. 309.

对于机构投资者，满足豁免条件的，只豁免具体客户适合义务，适当性规则合理基础和数量适当义务并不豁免。因为，金融行业监管局认为，即使是对机构投资者，经纪人了解他们推荐证券和这些证券至少对某些投资者是适当的也很关键，而且，金融服务机构不推荐不适当的交易数量也很重要，尤其是在金融服务机构不管理客户账户的情况下。不过，它强调数量适当一般只适用于金融服务机构负责管理机构投资者投资组合和涉及金融服务机构推荐交易的部分。

欧盟将投资者分为 3 类，投资者适当性义务只适用于零售客户，而不适用专业投资者。不过欧盟专业投资者可选择退出，申请成为零售投资者，享受投资者适当性保护。

12.4.2 适当性评估构成要素

最早采用投资者适当性制度的美国自律机构最新适当性规则对适当性评估构成的要素作了明确阐释。美国自律机构——金融业监管局（FIRNA）发布的 2011 年 10 月 7 日生效的《了解你的客户和适当性》规则，即 2111 适当性规则。新规则明确了经纪人必须了解产品和客户，缺乏了解本身就违反了适当性规则。[①] 它从 3 个方面诠释了“适当性”的内涵，即合理基础（reasonable - basis）适当、具体客户（customer - specific）适当、数量适当(quantitative suitability)。

1. 合理基础适当

也称为“产品适当”，它要求经纪人有合理理由相信，根据合理的勤勉，推荐至少适合某些投资者。一般而言，合理勤勉取决于该证券或投资策略的复杂性和风险，企业或从业人员对证券或投资策略的熟悉程度。企业或从业人员勤勉必须是让他们了解与该推荐证券或投资策略有关潜在风险和回报。

2. 具体客户适当

它要求经纪人有合理理由相信根据客户的投资状况，该推荐适合具体客户。如上述，新规则要求客户努力取得和分析客户的具体情况。如何取得客户的具体情况？金融行业监管局 2090 规则模仿之前纽交所 405（1）规则，要求企业适用合理勤勉，在开立每个账户时，了解客户基本事实。该规则解释称，“基本事实”是指：①为客户账户提供有效服务；②按照该账户特殊指示要求处理；③了解代表性客户每个人的权利；④遵守有关法律、条例和规则。了解你的客户义务产生于客户与经纪商关系确立开始时，不管经纪人是否有

① FIRNA, Regulatory Notice 11 - 02, “ Know Your Customer and Suitability”.

作推荐，不像纽交所 405 规则，新规则没有具体提到订单处理、监督或账户开立等由其他规则明确调整的领域。

2111 规则基本上还是模仿前 2310 规则，它要求金融服务机构或从业人员有合理理由相信涉及证券推荐交易或投资策略适合客户，根据通过合理确定客户投资状况（investment profile）。该规则进一步解释"投资状况"包括但不限于，客户年龄、其他投资、财务状况、投资需求、税收地位、投资目标、投资经验和投资经历长短（investment time horizon）、流动性需求、风险承受能力和其他客户可以向经纪商或从业人员披露的与该推荐有关的信息。

3. 数量适当

它要求实际或事实上管理客户账户的经纪人有合理理由相信系列推荐的交易，即使孤立地看是适合的，不过度，但根据客户投资状况总体上来看不是不适合的。考虑因素包括交易频率、买进或卖出的成本和权益比等因素。

12.4.3 适当性认定标准

适当性认定标准是认定金融服务机构是否尽到投资者适当性义务的标准。从理论上来说，适当有两种不同解读：一是该产品或服务为最适当的选择（most suitable choice）才是适当的；二是只要不是不适当的（not unsuitable），就是适当的。区别在于前者难以找到一个客观的、判断适当性义务的标准，其认定标准充满了不确定性；不适当测试则只是提供了一个企业应该遵守的最低标准。①

从各国的经验来看，判断某个投资产品对于投资者是否适当，主要包括以下几个方面。

1. 风险适当性（risk suitability）

其产品的风险与投资者的风险偏好匹配，如某产品风险级别高于客户风险偏好，则该推荐或产品不适合，即采取"比较风险法"（comparative risk approach）。② 美国早期采取风险适当的标准。不过，要准确确定一个认定标准，判定某个投资产品风险对某个特定投资者是否适当是非常困难的。按照英国有限数量案例裁定确立的标准，最常发现的不适当就是产品具有比客户所能够承受风险还高的风险（风险适当性）。如在英国赛叶摩尔（Seymour v. Caroline Ockwell & Co.）案中，原告想规避资本所得税，寻求易于获得和低风险的离岸投资，被告推荐其投资不透明并保证 15%年化回报率的立岸基金，

① 参见前引陈肇鸿文。

② 参见前引陈肇鸿文。

该基金将资金借给受害者用于提起法律诉讼。最终，该基金倒闭，法官哈洛克-艾伦（Havelock - Allen）认定该建议不适当。因为“很明显，该基金的特点表明其不属于低风险类别的基金：①该基金受巴哈马管辖，那里没有给因破产遭受损失的投资者提供赔付的适当监管和立法；②该投资者购买的基金份额价值可能产生波动，且只能通过赎回变现；③广告对安全性的特点描述与招募说明书不符，仔细阅读就会发现，基金董事如有不当行为，投资者投入的资金会被滥用。”在摩根士丹利（Morgan Stanley Uk Group v. Puglisi Cosentino）一案中，银行向被告出售了货币连接票据，共计 1000 万美元，银行后要约以 900 万美元购回该票据。作为交易的一部分，被告同意在随后日期里再买回，随后被告不履约。被告提出反诉，称银行违反了证券协会投资者适当性义务和风险警告规则，郎默（Longmore）法官认定该产品不适合被告，因为该投资比以前的投资都要大，投资给被告带来非常大的流动性风险。①

如果采取比较风险方法，仍然有两个问题：一是风险分类很难；二是风险被过度强调。

2. 回报的适当性（return suitability）

即确保推荐的产品或服务与客户的财务目标及投资者目的匹配。

3. 产品的适当性

即投资产品风险与收益特点和投资者投资状况不存在不匹配、不适合投资者的情况。

4. 其他方面的适当性

如文件适当性（documentation and suitability）。在瑞银华宝（UBS AG v. HSH Nordbank AG (2009)）一案中，柯林斯勋爵（ Lord Collins）就指出“此事涉及的合同文件超过 500 页，其规模和复杂程度，毫无疑问也在许多其他交易中被复制，使其更难以理解，不然，为什么银行资深人士（并不一定是此案）对其机构业务所涉及的市场和风险知之甚少。”②

12.4.4 违反投资者适当性义务导致错误销售的法律责任

投资者适当性要求金融服务机构在推销投资产品时必须尽到适当性审查义务，如果推荐产品不适合，或在推荐过程中存在欺诈和误导，导致错误销售，就要承担相应的法律责任。大多数国家，错误销售责任落到了销售代理商而不是产品的创造者身上。如果销售者是按照管辖地代理关系进行，则创

---

① 参见前引陈肇鸿文。

② 参见前引陈肇鸿文。

造者要负责；如果第三人作推荐，则适当性义务就落到了推荐人的头上。①

12.5　我国有关投资者适当性制度的立法与司法

12.5.1　我国投资者适当性制度立法与存在的问题

1. 我国现行有关投资者适当性制度的立法

我国《商业银行法》《证券法》等有关投资产品销售、投资咨询和资产管理的规定中都没有关于投资者适当性评估的规定。要求金融机构在投资产品销售与提供投资顾问服务时履行投资者适当性评估义务的规定最早出现在银监会和证监会的有关监管规章中，其中，证券产品销售和投资服务投资者适当性制度在2008年《证券公司监督管理条例》第29条中作了明确规定，首先纳入了行政法规的范畴。

2. 存在的问题

(1) 在同类产品和同类业务上证监会和银监会的相关制度规定不协调、不统一，见表12-3。

表12-3　　　　证监会与银监会适当性规则的比较

概念	没有明确②	投资者适当性或适用性③
法律渊源	《商业银行法》《银行业监督管理法》都没有投资者适当性制度，只能适用银监会有关银行理财业务的监管规章	国务院颁布的《证券公司监督管理条例》、证监会的有关规章④及行业自律规范都有投资者适当性制度的规定⑤

① The Joint Forum (Basel Committee on Banking Supervision), Customer Suitability in the Retail Sale of Financial Products and Services, http://www.sfc.hk/sfc/doc/EN/general/general/lehman/Review%20Report/Exhibit%202.pdf (April, 2008)。2010年4月4日最后访问。

② 银监会2005年颁布的《商业银行个人理财业务管理暂行办法》第37条首次规定了银行提供理财顾问服务销售产品的投资者适当性评估义务，但银监会有关规章中一直没有明确地提出这一概念。

③ 2003年《证券投资基金销售适用性指导意见》中使用了“适用性”概念，后面颁布的规范性文件均使用“投资者适当性”的概念。

④ 证监会的规章包括有关创业板的2009年颁布的《创业板市场投资者适当性管理暂行规定》，有关证券投资基金销售的《证券投资基金销售适用性指导意见》和有关股指期货投资的《关于建立股指期货投资者适当性制度的规定》(试行)。

⑤ 行政法规主要是指国务院颁布的《证券公司监督管理条例》，自律规范包括中金所按证监会制定的《股指期货投资者适当性制度实施办法（试行)》《股指期货投资者适当性制度操作指引》等。

续 表

概念	没有明确	投资者适当性或适用性
推介或销售不适合产品	错误销售或不当销售①	错配②
规范方法上	所有产品统一适用《商业银行个人理财业务管理暂行办法》第 37 条	不同业务和不同产品有不同监管准则和标准。 《证券公司监督管理条例》第 29 条对证券公司从事证券资产管理业务、融资融券业务、销售证券类金融产品要进行适当性评估义务作了原则性规定，证监会则在《证券公司客户资产管理业务试行办法》③《证券投资基金销售适用性指导意见》《创业板市场投资者适当性管理暂行规定》《关于监理股指期货投资者适当性制度的规定》针对不同证券类产品和业务制定了不同的适当性监管标准
适用范围上（以证券投资基金销售为例）	银监会区分了一般销售和推荐与理财顾问下的推介与销售，前者不存在适当性评估义务，后者承担适当性评估义务。单纯销售证券投资基金无须履行投资者适当性评估义务④	证监会没有加以区分，所有证券产品销售都必须进行投资者适当性评估，包括证券投资基金的销售⑤

① 《商业银行个人理财业务风险管理指引》第 14 条、第 16 条。

② 《证券投资基金销售适用性指导意见》第 4 条。

③ 《证券公司客户资产管理业务试行办法》第 45 条没有明确提出适当性概念，但实际上要求进行适当性评估。

④ 《商业银行个人理财业务管理暂行办法》第 8 条、第 37 条。

⑤ 《证券投资基金销售适用性指导意见》第 3 条、第 4 条。

续 表

概念	没有明确	投资者适当性或适用性
法律责任	没有明确，只是笼统规定可采取审慎监管措施①	责令改正，给予警告，没收违法所得，并处以违法所得1倍以上5倍以下的罚款；没有违法所得或者违法所得不足3万元的，处以3万元以上30万元以下的罚款。对直接负责的主管人员和其他直接责任人员单处或者并处警告、3万元以上10万元以下的罚款；情节严重的，撤销任职资格或者证券从业资格②

（2）立法效力层次太低、法律责任制度不完善等诸多问题。目前有关投资者适当性的立法存在于行政法规和部门规章中，没有上位法依据，效力层次不高，也没有违反投资者适当性义务民事责任的规定，不够健全。有关投资者适当性制度规定的立法最高效力层次立法也就是新近国务院颁布的《证券公司监督管理条例》，许多具体规定都停留在监管机构的规章中，效力层级太低。而且，证监会和银监会的有关规定，对金融机构违反投资者适当性评估义务所应承担的法律责任都不明确，这就大大影响到该制度在投资者保护和防止错误销售和不当销售上的实效。

（3）在投资者适当性评估的规范上重形式而轻过程，这容易导致投资者适当性评估流于形式，无法有效防止产品销售过程中的误导与欺诈，杜绝错误销售的发生。《商业银行个人理财业务管理暂行办法》第37条规定，只有在银行提供理财顾问服务过程中销售投资产品时，银行才负有投资者适当性评估的义务。虽然《商业银行个人理财风险管理指引》第23条禁止银行向无

① 《商业银行理财业务风险管理指引》第62条规定，未按规定进行客户评估的，银行监督管理机构依据《中华人民共和国银行业监督管理法》的规定进行查处。但《银行业监督管理法》中并没有明确的关于理财业务的监管规范，只有第37条勉强可以靠得上。第37条规定，银行业金融机构违反审慎经营规则的，国务院银行业监督管理机构或者其省一级派出机构应当责令限期改正；逾期未改正的，或者其行为严重危及银行业金融机构的稳健运行、损害存款人和其他客户合法权益的，监管机构可以责令暂停部分业务、停止批准开办新业务；限制分配红利和其他收入；限制资产转让；责令控股股东转让股权或者限制有关股东的权利；责令调整董事、高级管理人员或者限制其权力和停止批准增设分支机构。其中，最适合于理财业务的应该是责令暂停或停止批准开办新业务。

② 《证券公司监督管理办法》第84条之（四）指出的未按照规定程序了解客户身份、财产与收入状况、证券投资经验和风险偏好，第84条之（五）推荐的产品或者服务与所了解的客户情况不相适应的情况。

经验客户或不适宜客户销售风险大的或衍生的工具，但同时又规定，客户主动要求了解或购买有关产品时，商业银行应向客户当面说明有关产品的投资风险和风险管理的基本知识，并以书面形式确认是客户主动要求了解和购买产品的。在对客户主动要求购买的情况下，银行就完全豁免了投资者适当性评估义务，而且，该规定给银行在适当性评估过程中弄虚作假提供了便利，只要客户签署了书面确认书，银行就完全不对错误销售承担责任了。

证监会《关于建立股指期货投资者适当性制度的规定》（试行）虽然要求股指期货产品销售者对投资者进行知识和经验测试，但对测试过程记录如何保持，以及如何防止销售者测试过程弄虚作假或误导却没有配套的制度安排，反而在第 6 条中把客户弄虚作假作为重点防范的对象。

12.5.2 有关投资者适当性争议的司法实践

1. 几个典型案例

笔者在北大法宝网站以“投资者适当性”进行全文检索，没有查到任何案例。以“投资者适合性”进行检索，同样未能检索到任何案例。采用高级检索，“案由”选择“金融委托理财合同纠纷”，检索出 8 个案例。8 个案例中，笔者找到如下几个有关投资者适当性的案例。

案例 1：刘克华诉兴业银行股份有限公司上海武宁支行等未尽风险提示义务证券投资基金交易纠纷案（2009 年）①

案情：原告刘克华，与被告于 2007 年 9 月 21 日签订了《兴业银行 2007 年第七期万利宝——“兴业基金宝”人民币理财协议书》，将 8.5 万元存到指定账户，2008 年 9 月协议到期后，该产品每份净值为 0.7～0.8 元，2008 年 10 月 10 日，原告提取理财本金 64315.41 元（含利息）。原告起诉要求被告赔偿理财本金损失 20684.59 元，利息 21250 元（按年息 25%计算），精神损害赔偿 2 万元。

原告诉称：其出于对银行的信任，并未细研协议文本，只知道该理财产品预期年收入率高达 8%～25%，上不封顶。原告指控武宁支行未告知风险，一年来也未以任何方式让其知悉真情。武宁支行辩称，双方协议书中明确写明该产品为“人民币非保本浮动收益型投资产品”，并特别写有“风险提示”，预期收益率并非保证收益；合同中还用粗体字提示投资者知晓所述风险，明

① （2009）沪二中民三（商）终字第 428 号。

确该理财计划的委托代理性质，自愿承担投资风险。因此，其诉讼请求缺乏法律依据。

一审法院判原告败诉，法院认定，原、被告协议中有风险告知内容“本产品为非保本浮动收益型投资产品。投资风险，可能导致客户收益甚至本金遭受损失。本理财计划有投资风险，预期收益率并不代表你一定获得保证收益，你应仔细阅读本理财协议条款，充分认知投资风险，谨慎投资”。原告作为一名具有完全民事行为能力的自然人，应对自身的行为负责，其在购理财产品时对相关风险应有一个基本认识。其没有仔细阅读协议内容，对协议没有充分的认识和理解，应视为是其个人放弃了自己的知情权，责任在其自己。

原告不服，提起上诉。

二审法院（2009 年 8 月 7 日审结）驳回上诉，维持原判。二审法院认为，本案系一起因个人委托银行理财而引起的商事纠纷。“本案中，两被告已在系争协议中进行了风险提示，产品描述中更明确表明‘非保本’产品。虽然文字表述与监管部门相关指引未能完全一致，但实质内容是相同的。且原告在系争协议上签名，应视为原告缔约时已认识到该委托理财产品存在一定的商业风险。同时，原告基于投资营利目的购买系争非保本理财产品‘兴业基金宝’，其从事的是投资行为，应当承担较一般民事主体更高的审慎注意义务”。①

对于本案，主审法官俞巍、范黎红等对其判决推理逻辑作出了解释。她们认为：“作为购买委托理财产品的客户，其所从事的是投资行为，其行为构成商行为，而非一般个人所从事的消费行为，因而，应当具备一般民事行为中民事主体更高的注意义务。”她们还认为：“商法是为精于识别自己的利益、竭力追求经济利益最大化的商人设计的，商人被推定为在商务活动方面是有能力、有经验的。因此，对于商人，对意思表示瑕疵的救济，较之民法，相对较弱。原因在于，商法的宗旨有别于民法，在于保障商事交易快速、有效进行，不能允许存在商人借口合同瑕疵而主张合同无效，进而规避合同责任的法律缝隙。”②

实际上，主审法官也注意到了银行投资产品销售过程中存在风险与收益披露不对称，银行误导消费者的情形，她们认为这就涉及了银行委托理财合

① （2009）静民二（商）初字第 38 号民事判决、（2009）沪二中民三（商）终字第 428 号民事判决。

② 俞巍，范黎红，冯国亮：“银行委托理财产品的购买者应承担商事主体的审慎注意义务”，《人民司法》16/2009 年。

同受托人的风险揭示义务与委托人的注意义务的平衡问题。[①] 她们指出："在银行个人理财产品的销售中，由于有销售任务的压力和销售业绩的刺激，一些销售人员经常有意无意地向理财产品的消费者弱化风险而强化收益。同时，理财产品在售出后，银行不向消费者披露理财资金的详细运用情况以及投资组合与风险收益变化情况的现象非常普遍，这使得消费者对理财资金的操作情况及风险状况一无所知。所以，银行委托理财合同受托方应当诚信披露理财产品的风险，而委托方作为从事市场投资的商主体，亦有承担关注所投资理财产品风险的注意义务。问题在于，如何在二者之间找到合理的平衡。"[②]

如何寻求二者之间的平衡呢？俞巍、范黎红等法官们又陷入矛盾中，她们否定了购买投资产品投资者的消费者身份以及因此而形成的投资理财关系属于消费关系，而是认定，购买理财产品的投资者属于"商人"，其购买投资理财产品的行为属于投资行为，构成"商"行为，而非一般的消费行为，因而，购买投资理财产品的投资者就要承担比一般民事行为民事主体更高的注意义务。她们进而得出结论，认为："由此可见，银行委托理财合同双方当事人都是商主体，与银行储蓄合同中一方银行为主体、另一方为个人消费者不同，告知义务的范围并不相同。在商事买卖中（双方均为商主体），告知的义务必须不被不合理地扩大。这在于商事交易中买方和卖方存在利益冲突，不能相互期待对方事无巨细地提供与交易有关的信息。否则，就会牺牲他的信息优势，从而减弱法律对效率的促进作用。与之相反，在单方商行为（一方为商人，另一方为消费者）中，商主体除了负有'不得欺骗客户'这一传统的'否定性义务'之外，又增加了一项'向客户提供信息'的积极义务。"

俞巍、范黎红等法官并非不知道银监会有关投资理财规章中有投资者适当性制度，但她们认为，法院只能根据投资者在投资者适当性测试中签署的文件来审查银行是否履行了投资者适当性义务，进而判定银行是否尽到了信息披露义务。如果客户通过了投资者适当性测试并在相关文件上签名，则客户就应承担相应的审慎注意义务的认定，自己对自己的选择负责，不得事后以重大误解反悔。

她们认为投资者适当性测试起到了筛选、过滤作用，可以对不适合的投资者进行有效隔阻。"行政监管中的适格投资者原则，保护了不同风险承受能力的投资者，为一般金融消费者画定了投资的禁区，避免其因缺乏专业知识

---

① 俞巍，范黎红："银行理财产品风险：卖者注意抑或卖者自负？——银行风险揭示义务与投资者审慎注意义务的司法平衡"，载应勇主编：《金融法前沿》（2010 年卷），695－704 页。

② 俞巍，范黎红："银行理财产品风险：卖者注意抑或卖者自负？——银行风险揭示义务与投资者审慎注意义务的司法平衡"，载应勇主编：《金融法前沿》（2010 年卷），695－704 页。

和风险承受能力却进入高风险领域而遭受损失，具有重大意义。”但她们认为，投资者适当性源于行政规章，在有关纠纷的诉讼中，法院难以直接援用解决有关纠纷，而只能通过审查金融服务机构是否尽到法律规定的信息披露义务而对金融服务机构是否尽到投资者适当性义务进行审查。她们解释说：“……该原则（投资者适当性）作为行政规章中确立的规则，在理财产品监管中，通过具体制度的实施，体现对理财产品风险的预防和行政监控。当理财产品纠纷诉诸法院时，司法着重于双方权利义务的平衡，而非直接介入银行理财产品的设计和运作，因而难以直接援用适格投资者原则。尽管如此，银行对客户进行的适格投资者测试及客户的签名，以及具体理财产品是否经行政审批或备案，都关系到司法实践中银行是否已经尽到信息披露义务、投资者是否已经尽到审慎注意义务的认定，是重要的证据材料。如银行将高风险的理财产品推销给不具备相应判断和承受能力的投资者，则可以认定银行未尽到信息披露义务的认定。而已通过相应风险能力测试的投资者则应承担相应的审慎注意义务，不得事后以重大误解为由主张撤销合同”。

案例 2：袁惠琴与恒生银行（中国）有限公司宁波分行金融衍生品种交易纠纷上诉案（2013）

浙甬商终字第 229 号

案情：2011 年 5 月 9 日，袁惠琴经人介绍至恒生银行（中国）购买了“步步稳”股票挂钩部分保本投资理财产品。同日，袁惠琴分别在个人客户风险评估问卷、确认函、股票挂钩部分保本投资产品认购申请表（以下简称申请表）等文本上签名。根据袁惠琴签名确认的个人客户风险评估问卷，袁惠琴的风险类别为三级。袁惠琴签署的确认函记载内容为：袁惠琴确认已收到版本号为“CNX172a（YX）8－1703/09E”的恒生银行（中国）有限公司股票挂钩部分保本投资产品条款及细则（以下简称条款及细则），并且已仔细阅读和充分理解该条款及细则的所有内容，愿意接受该条款及细则所载之条件与条款，特别是其中限制或免除恒生银行（中国）有限公司或其分支行责任的条款；袁惠琴已经阅读风险提示，充分了解并清楚知晓本产品的风险，愿意承担相关风险等。袁惠琴签署的申请表载明：袁惠琴投资的产品为股票挂钩部分保本投资产品，投资本金为 240000 元，投资期为一年（自 2011 年 5 月 12 日至 2012 年 5 月 11 日）；投资本金保证比率为 90%，挂钩股票为中国石化（386，HK）、中国电信（728，HK）、中国神华（1088，HK）、工商银行（1398，HK），投资款项来源于名下账号为 601－3042070051 的借记账户；

袁惠琴确认已收到、细阅及完全理解条款及细则副本、申请表副本、条件清单（编号为OTZR71）和资料概述；袁惠琴确认已完全理解此投资产品为非保本的投资产品，故于到期时投资本金可能会发生亏损，该损失可能会非常巨大，并可能不会获得任何收益等。恒生银行的客服人员在袁惠琴办理认购手续时，再次向袁惠琴申明认购理财产品的相关风险条款及确认袁惠琴已收到认购理财产品的销售文件（包括条款及细则、条件清单、资料概述和袁惠琴签署的申请表副本），并对过程进行了录音。林崇系袁惠琴购买上述理财产品的见证人。此后，袁惠琴在恒生银行开立账号为601－3042070051的账户，并汇入该账户240000元。嗣后，恒生银行告知袁惠琴，因其购买的股票挂钩部分保本投资产品——“步步稳”可自动赎回（OTZR71），曾于2011年9月26日发生“下档触发事件”，即所挂钩的工商银行股票（1398，HK）低于该挂钩股票最初股价之60%。2012年5月18日，恒生银行退回袁惠琴投资本金216000元。

本案争议的焦点：银行是否在风险告知上存在隐匿或误导。

袁惠琴认为，恒生银行出售理财产品，应该向袁惠琴提供该产品的真实信息，以供袁惠琴作出抉择，当初恒生银行的介绍与现在的解释，关于可能发生“下档触发事件”的时间，从原来的4日增加到240多日，投资亏损的概率增加了几十倍。如果按照恒生银行现在的解释，袁惠琴当初不可能购买该理财产品，现袁惠琴购买该产品并造成财产损失，系恒生银行误导所致。对此，袁惠琴曾委托林崇与恒生银行交涉，但恒生银行认为其没有任何过错。请求判令：恒生银行因其未提供真实信息而造成袁惠琴本金及利息损失共计31 800元。

一审法院：袁惠琴作为一名投资者，在未阅读理财产品文本内容的情况下就草率签名，显然不符合投资者应有的谨慎态度，对其主张，难以采信。恒生银行在投资产品系列文本中进行了风险提示，产品描述中更明确表明为“部分保本”产品，且在通过口头和书面形式确认袁惠琴已收到、阅读及理解投资产品的条款及细则等文本后，才向袁惠琴出售投资产品。为此，恒生银行在主观上已履行了告知义务，不存在故意隐瞒、误导的情形。

原告对一审判决不符，提起上诉称：

1. 上诉人在原审中并未提出仅收到该文件第8页至第17页，而是提出从未收到过该文件。如果恒生银行以确认函作为证据证明袁惠琴已签名确认收到该文件，由于其人工填写部分注明“CNX172a（YX）8－17 03/09E”，根据该版本文件，第8页为签署页，本来就由恒生银行存档，不可能交给袁惠琴，第9页至第17页为英文版条款，即使交付也不构成有效交付。上述确认

函是恒生银行拟证明袁惠琴收到条款及细则的最重要证据，其余由袁惠琴签名的内容全部为格式条款，现确认函存在重大瑕疵，其他证据当然就不足以证明恒生银行已将条款及细则提供给袁惠琴。

2. 原审法院适用法律错误。恒生银行在本案中提供的全部证据均系格式条款，现人工添加的内容与格式条款的内容不一致，根据《中华人民共和国合同法》第 41 条规定，应采用非格式条款。

根据《中华人民共和国消费者权益保护法》第 24 条规定，恒生银行不得以格式合同、通知、声明、店堂告示等方式作出对消费者不公平、不合理的规定，或者减轻、免除其损害消费者合同权益应当承担的民事责任。

二审法院判决：袁惠琴是向恒生银行购买理财产品，而不是为生活消费需要购买、使用商品或接受服务，本案不能适用《中华人民共和国消费者权益保护法》第 24 条、第 44 条的规定。袁惠琴提出恒生银行未向其提供涉案理财产品的真实信息，导致其重大误解从而造成经济损失，缺乏证据，难以采信。原审法院对本案事实认定清楚，适用法律正确，判决并无不当。

案例 3：吴其傅与渣打银行（中国）有限公司上海浦西支行委托理财合同纠纷上诉案（2008）

沪二中民三（商）终字第 509 号

案情：2007 年 5 月 17 日，吴其傅在渣打浦西支行分别在《个人理财适应性测试》《投资确认声明》《市场联动系列客户协议》《动态回报投资-市场联动系列［股票挂钩投资账户］》《开户申请表》等文本上签字。

吴其傅在上述文本上签字后，将人民币 100000 元存入与渣打浦西支行协议确定的账户内。2007 年 5 月 30 日，渣打浦西支行向吴其傅出具交易确认书，确认吴其傅已开立市场联动系列投资账户，同时要求吴其傅在 7 日内就确认书内容提出异议，说明确认书受相关协议所规限。2008 年 3 月 28 日、4 月 10 日，渣打浦西支行因吴其傅反映投资收益、提前赎回计算公式、银行文件的法律合规性等问题致函吴其傅。2008 年 4 月 16 日，吴其傅诉至原审法院，要求撤销双方签订的“金猪宝贝”理财产品合同；渣打浦西支行赔偿损失人民币 3500 元。一审法院判原告败诉。

原告不服，提起上诉，2008 年 10 月 9 日，二审法院审结此案，依然判原告败诉。二审法官俞巍、范黎红认为，上诉人在投资决策前已经通过了被上诉人的相应测试，上诉人所选取的理财产品特点与测试结果相符。上诉人签署的《投资确认声明》已将投资风险予以揭示，上诉人本人虽未亲自抄录确认风险揭示，但其在同一页上签名以及在《投资确认声明》上签名的事实，足以佐证上诉人已履行了风险告知义务。上诉人称其未看到合同条款就签字一节，本院注意到，《动态回报投资-市场联动系列［股票挂钩投资账户］》的签名页上，并无关于理财产品特点、构成、收益支付、提前终止等内容记载，而作为一名理财委托人在未阅看到理财产品内容的情况下就草率签字，显然不符合投资者应有的谨慎态度，从上诉人投资保本型理财产品的行为来看，更是难以想象的。因此在主观要件方面，上诉人所称的显失公平的理由，同样难以成立。关于是否构成重大误解的问题，上诉人的理由是被上诉人将不属于“金猪宝贝”理财产品的销售群作为推销对象，违反备案文件。但备案程序并非审批程序，且“主要定位于工薪白领以及中小企业主”并不是指仅限于该类人群，因此只要委托理财合同签约人的意思表示真实，在销售对象方面，不存在重大误解的问题。

案例4：林将吟与渣打银行（中国）有限公司委托理财合同纠纷上诉案（2009）

沪一中民三（商）终字第569号

案情：2008年6月12日，林将吟在新天地支行签署了一份《声明书》，该声明书由个人理财适应性测试和投资确认声明书两部分构成。适应性测试的答案汇总表明，新天地支行已经按照要求对林将吟进行了相关测试，测试范围涉及投资目的、对金融市场的了解程度、对本金损失及价格波动的承受度，测试部分还列出了供参考的产品种类，同时提示林将吟在交易前全面了解所有条款及风险并确认愿意承担相应风险。在测试完成的基础上，林将吟签署了投资确认声明书，表示其确认愿意投资于该等适合的产品并授权银行根据本人指示进行该等产品交易，根据已签署的声明书，林将吟表明其已阅读并理解了［动态回报投资条款及细则］及适用于其决定投资之特定种类的［动态回报投资］的附加条款及细则、［代客境外理财协议］，林将吟同意受该等条款所约束并声明已阅读、理解、同意其中阐述之风险，林将吟是在完全了解其条款、条件及风险的基础上进行［动态回报投资］交易和［代客境外理财］交易，有能力并愿意承担相应风险。

林将吟在签署上述文件后，将投资款人民币10000000元存入协议确定的账户内，新天地支行扣划人民币9735137.20元用于购买双方协议确定的“金通道”环球理财投资系列理财产品。2008年6月18日，渣打银行的理财产品MAXI0801在中国银行业监督管理委员会上海监管局备案。2008年9月28

日，林将吟向新天地支行提出针对理财计划编号为 MAXI0801 的《权重调整申请书》，要求将资产调整为 100%的现金（美元）。2008 年 10 月 16 日，林将吟向新天地支行发出《通知函》，要求终止理财委托，并要求新天地支行协助处理相关事项。新天地支行于 2008 年 10 月 29 日发给林将吟《回复函》称：因林将吟购买的是一年期的“金通道”环球投资系列理财产品，所以不能返还理财款项。双方遂发生争议，林将吟向法院提起诉讼，请求判令撤销林将吟与新天地支行之间签订的《认购申请书》，新天地支行返还林将吟人民币 10000000 元，并按照中国人民银行同期贷款利息赔偿林将吟自 2008 年 6 月 11 日起至实际支付日止的利息损失，渣打银行对新天地支行的上述支付义务承担连带责任。

一审法院判决：从林将吟签字的委托理财合同及相关文件的内容反映，其中对于理财产品投资的目的、确认方式、指示交易及风险提示等方面，文字表述并无歧义，能够达到签约人正常理解的程度。从原审法院已查明的事实反映，林将吟已阅看并了解“金通道”环球理财投资系列理财产品的委托理财合同及相关文件，对此林将吟并未就存在构成重大误解可撤销合同的情形举证证明。故林将吟的诉讼请求，缺乏事实和法律依据，应不予支持。

原告不服，提起上诉。

二审判决：林将吟与新天地支行签订委托理财合同，应当对自己所签订的一系列文件予以极大的关注，充分了解自己所购买理财产品的内容、投资风险、收益率、赎回及到期投资等重要事项，进而根据自己的专业能力和投资经验并结合理财专家提供的咨询意见自主做出选择。本案中，林将吟签署了认购申请书及一系列相关文件，经审查，合同文本充分提示了林将吟投资理财产品的名称、确认方式、投资风险等重要事项，在认购申请书第 7 页的投资指令项下，林将吟确认并且抄录，表示自己已阅读认购申请书的上述风险提示，充分了解并清楚知晓涉案产品的风险，愿意承担相关风险，而该项风险提示出现在认购申请书的第 5 页。双方签署的认购申请书右下角有明显的页码标识，任何一个具有正常判断能力的普通人都能够识别该认购申请书的完整文本应当由 8 页构成，上诉人林将吟作为具有一定经济实力的投资者，应当在签约时具有较强的辨别力，通常情况下一般不会忽略审核如此重要的信息。因此，上诉人主张签约时存在重大误解，理由不足，本院不予采信。根据已查明的事实，上诉人林将吟在认购理财产品时已全面阅读了完整的认购申请书，该合同内容完整，表述清晰，不存在歧义，被上诉人在缔约过程中不存在违法、违规行为，双方达成的合同具有法律约束力。林将吟应当根据合同的约定承担委托理财期间的正常风险损失，其要求新天地支行返还委托理财本金及赔偿利息损失的请求，没有事实和法律依据，本院难以支持。

案例5：刘南与荷兰银行（中国）有限公司北京东方广场支行委托理财合同纠纷上诉案（2009）

二中民字第12302号

案情：《“抵御通胀系列”之“荷兰银行/AIG聚集中国农产品总回报指数”挂钩结构性存款第三期（到期保本型）—澳元》理财产品已经向北京市银行监督管理局进行了报备，手续完善。2008年2月18日，刘南填写了东方广场支行的《个人账户开户申请书》《客户签署卡》，2月19日填写了《境内个人汇购申请书》，同时将5万澳元存入其在东方广场支行处开设的账户内。2月21日，刘南、东方广场支行签订了《申请表——梵高理财结构存款荷兰银行“抵御通胀系列”之“荷兰银行/AIG聚集中国农产品总回报指数”挂钩结构性存款第三期（到期保本型）—澳元》，该产品条款中写明募集期为2008年2月5日至22日，起始日为2008年2月29日，到期日为2013年3月1日，同时对提前赎回权、授权转账、产品风险披露声明等事项进行了明确约定。在该产品附表中，刘南亲笔书写了“本人已经阅读上述风险提示，充分了解并清楚知晓本产品的风险，愿意承担相关风险”。依据上述条款的约定，东方广场支行于起始日从刘南的账户中划出5万澳元，为刘南投资于该理财产品。除此之外，刘南还于2月21日、22日分别签署了《客户投资评估问卷》《荷兰银行（中国）有限公司“梵高理财结构存款”之条款及条件》《适合度问卷》等。2008年9月24日，刘南填写了东方广场支行的提前赎回申请表，依据该申请表以及刘南于2008年10月16日签署的《境内汇款申请书》，东方广场支行为刘南办理了账户关闭及余额资金的结汇转出手续，将余额人民币187778.86元转至刘南在中国工商银行北京分行方庄支行芳古园储蓄所账户内。现刘南持《境内个人汇购申请书》《境内汇款申请书》、陈栋证人证言等，认为东方广场支行在向刘南推荐销售《申请表-梵高理财结构存款荷兰银行“抵御通胀系列”之“荷兰银行/AIG聚集中国农产品总回报指数”挂钩结构性存款第三期（到期保本型）—澳元》理财产品的过程中，违反了《商业银行个人理财业务管理暂行办法》的相关规定，未对刘南进行风险承受能力的评估，亦未就该理财产品的高风险性向刘南进行详尽说明，且由于东方广场支行还存在诱导、欺诈、隐瞒事实等行为，导致刘南提前赎回造成经济损失人民币142621元，故起诉要求东方广场支行赔偿经济损失及利息共计人民币145621元。

一审判决：进行投资理财即存在收益或损失的不确定性。根据已查明的事实，东方广场支行的理财产品条款中，已对提前赎回权、授权转账、产品风险披露声明等事项进行了说明，刘南在委托东方广场支行投资理财的过程中，签署了东方广场支行的《境内个人汇购申请书》《境内汇款申请书》《个人账户开户申请书》《申请表-梵高理财结构存款荷兰银行“抵御通胀系列”之“荷兰银行/AIG聚集中国农产品总回报指数”挂钩结构性存款第三期（到期保本型）—澳元》及附表、《提前赎回申请表》《境内汇款申请书》等系列手续，足以说明刘南是在充分阅知该理财产品风险性的基础上，仍自愿购买了该产品，后又提前申请赎回。故刘南对其提前赎回理财产品造成的经济损失，应自行承担责任。现刘南认为东方广场支行在接受委托理财的过程中存在诱导、欺诈、隐瞒事实等行为，要求东方广场支行赔偿损失，缺乏事实及法律依据，该院不予支持。综上所述，判决驳回刘南的全部诉讼请求。

原告不服，提起上诉。

二审法院判决：根据《申请表-梵高理财结构存款荷兰银行“抵御通胀系列”之“荷兰银行/AIG聚集中国农产品总回报指数”挂钩结构性存款第三期（到期保本型）—澳元》的内容表明，如客户提前赎回并不保证可领回100%本金，且客户的投资收益也将受汇率波动的影响。刘南在该申请表的附表中写明“本人已经阅读上述风险提示，充分了解并清楚知晓本产品的风险，愿意承担相关风险”，故刘南上诉提出的因东方广场支行在其购买涉案理财产品前未进行任何风险提示，对其损失应承担赔偿责任的主张，本院不予支持。关于刘南上诉提出东方广场支行违反有关规定，未在刘南购买涉案理财产品前进行《适合度问卷》和《客户投资评估问卷》调查，更不顾刘南不适合购买涉案理财产品的调查结果，向刘南销售该理财产品的理由，根据本案中双方提交的证据和双方陈述可以确认，东方广场支行为刘南做了《适合度问卷》及《客户投资评估问卷》调查，刘南主张《适合度问卷》及《客户投资评估问卷》系在其购买了涉案理财产品后补做的，且问卷结果显示其不适合购买该理财产品，但其未能提供有效证据予以证明，东方广场支行对此亦予以否认，故对刘南的此项上诉理由本院不予采信。刘南上诉提出涉案理财产品未向有关部门备案及东方广场支行存在欺诈行为的主张，由于刘南对此未能提供有效证据予以证明，故对其此项上诉主张本院不予支持。

2. 司法在适用投资者适当性制度上存在的问题

（1）投资者适当性制度还没有得到消费者和法院的认真对待。实际上上述5个案例涉及的纠纷，焦点就是销售投资理财产品的银行是否履行投资者适当性义务，是否对投资者按照银监会有关规定进行了投资者适当性测试与评估，其推荐和销售给投资者的产品是否适合。但除了案例5外，在其他4个案例中，原告都没有明确提出投资者适当性问题，法院也没有对银行是否履行了投资者适当性义务进行审查（见表12-4），各方都似乎有意识地回避了投资者适当性问题。有关案件主审法官以投资者不是消费者，投资行为系“商”行为，从而从根本上否定了投资者适当性制度作为保护金融消费者的作用与功能。

表12-4　　　　案例比较

	案例1	案例2	案例3	案例4	案例5
案件发生时间	争议发生于2008年，案件审结于2009年	争议发生于2012年	2008年发生争议，2008年10月法院审结此案	2008年发生争议，2009年形成诉讼	纠纷发生于2008年，诉讼形成于2009年
支持原告请求的主要理由	被告银行未告知风险，基于信任，未细读银行提供给的协议文本	被告银行在投资适当性测试中存在欺诈与误导	理财产品不合法，被告银行未进行风险揭示	有重大误解，应撤销双方达成的投资理财合约	违反银监会投资者适当性规定，未对原告进行投资者适当性评估
被告抗辩	有风险提示，原告有签名认可	原告对包括适当性测试的全套销售文件都签名认可	以原告签署测试文件和确认书进行抗辩	原告签署了委托理财合同及相关文件	原告签署的有关文件证明被告按规定进行了适当性评估
产品销售有无投资者适当性测试	无。争议也未提及	未明确提及银监会有关投资者适当性的规定	未明确提到投资适当性	未明确提到投资者适当性	原告起诉的主要法律依据是银监会关于投资者适当性的规定

续 表

	案例1	案例2	案例3	案例4	案例5
法院判决	原告败诉。原告系投资者，投资行为系"商"行为，非需要受到特殊保护的消费者①	原告败诉。法院认为，原告不是消费者，不适用消费者保护法，法院不对签约过程进行审查	原告败诉。尽管被告未按银监会有关规定让原告亲自抄写确认风险揭示，但原告对有关文件签名足以证明被告履行了告知义务	原告败诉。原告签署的文件对理财产品的名称、投资风险、收益率、赎回及到期等事项均有载明。缔约过程不存在违法、违规行为	原告败诉。原告签署有关投资者适当性测试文件证明了原告接受了适当性测试，原告主张是在购买产品后进行的适当性测试，未能尽到举证责任*

*实际上法庭调查查明的事实证明，原、被告双方21日、22日签订《适合度问卷》，但这之前，原告已经向银行存入了资金，合同已经实际履行，这充分证明了银行未尽到投资者适当性义务，至于银行测试结果是否适当，不影响对银行违反适当性义务的认定。

（2）法院对银行销售理财产品过程只进行形式上的审查，而拒绝对销售过程中银行销售行为，包括投资者适当性测试、风险揭示以及与投资者口头交流等过程进行审查，从而让投资者适当性制度对投资者或金融消费者的保护功能完全丧失。从5个案例来看，原告起诉的主要理由就是银行在销售过程中存在欺诈与误导，因为银行的欺诈或误导，导致投资者在签约前投资者适当性测试、风险揭示等保护投资者或金融消费者的保护措施失灵，导致投资者错误地在有关法律文件上签名。在5个案例中，法官都刻意回避对银行销售过程进行实质审查，没有对相关文件签署过程中存在的瑕疵进行认真调查和审理，不作审查，完全以有关法律文件投资者和消费者签名来认定银行是否尽到投资者适当性义务和风险揭示义务。这不符合投资者适当性制度注

① 如前所述，虽然本案双方都没有提到投资适当性评估，也并未对此产生争议，但本案二审主审法官俞巍和范黎红等在事后对此案进行评论时，也提到了银监会有关投资理财规章中的"投资者适当性制度"，但她们认为，法官是无法对银行投资者适当性测试与评估进行干预的，法官只审查金融服务机构是否尽到法律规定的信息披露义务。事实上，从案件审理结果来看，法官审查银行信息披露时，也只是作形式审查，而不作实质审查，也就是说，只要有关文件上有投资者签名，就认定银行合格地履行了信息披露义务，法官就不对投资者与银行在认购产品的沟通过程进行实质审查。也就是即便在过程中银行方面存在欺诈或误导，导致投资者错误地认识并在有关文件上签名，法院也不予干预，而是视为投资者对权利的放弃。

重销售过程实质审查，保护消费者或投资者免受销售过程中的欺诈或误导伤害的本意。同时，也为金融服务机构和工作人员在推销产品过程中，故意误导或欺诈消费者或投资者，诱使其签订相关法律文件，以掩盖销售过程中的违法行为提供了激励。

(3) 忽视了投资者适当性义务是金融服务机构在推销或推荐投资产品时对投资者或消费者应尽的法定义务，是缔约前的义务的性质。从上述5个案例来看，法官把消费者购买投资理财产品看成是投资行为，是商行为，而不是消费关系，把金融服务机构投资者适当性义务和风险揭示义务看成是投资者或消费者民事权利，而不是金融服务机构的法定的强制性义务，并进一步推导出，消费者或投资者在适当性测试或风险揭示过程中如果没有提出异议，就视为放弃自己的权利，金融服务机构及其有关人员就不担责的结论。这很明显是对投资者适当性制度和风险揭示义务的错误理解，是对投资者适当性义务和风险揭示义务是法定的强制性的缔约前义务性质的否定。

12.6 我国投资适当性制度完善建议

(1) 我国应尽快制定统一金融工具发行与销售的监管立法和投资顾问法，建立统一的协调监管规则体系。我国目前没有专门规范投资产品发行与销售的立法，也没有专门规范投资服务，如投资咨询和资产管理的统一行为规范，我国可以借鉴欧盟、日本经验，制定专门的《投资产品销售法》和《投资顾问法》，统一投资产品和服务规则体系，统一投资产品、投资服务的分类，建立统一的规范体系，监理和完善监管协调机制，尤其是银行业和证券业监管之间的协调。只有专门立法才能消除监管规章散乱而不系统的乱象，使投资顾问服务、复杂投资产品发行与销售监管能够有法可依，促进我国金融服务业的发展，维护投资者的合法权益。

(2) 加强协调监管，以弥补分业监管体制存在的漏洞与缺陷。在目前情况下，我国要一步到位地对目前分业监管体制进行彻底改革是不现实的，但加强金融行业各监管机构尤其是证监会和银监会之间的协调监管却是刻不容缓的。目前银行投资理财业务中很大一部分业务属于证券业务，如证券投资基金等投资产品的发行与销售，理财顾问中某些涉及证券投资的咨询服务，这迫切需要银监会和证监会加强沟通与协调，作为过渡安排，银监会和证监会应当就这些银行与证券公司交叉的业务以及银证在投资理财上的合作建立畅通和稳定的协调机制，在产品发行与销售、投资咨询以及资产管理等方面加强规则制定与监管执法上的协调，消除监管的空隙和不协调，以便能够有效

规范市场秩序，促进金融创新和金融服务业的健康发展，维护投资者合法权益。

（3）投资者适当性制度完善上应该把规范的重点放到促销过程中销售人员与投资者的沟通与交流上，加强过程的规范与监管，重实质，轻形式，加强对金融服务机构及人员推销行为的监管，防止错误销售的发生。

（4）对投资者采取分类保护，根据投资产品复杂程度，对不同类型投资者采取适当的适当性保护。适当性包含产品的适当性、具体投资者的适当性、数量适当性、风险的适当性，对于普通投资者，在向其销售复杂投资产品时，如衍生工具，金融服务机构就承担着缔约前的妥当性测试义务，必须对投资者进行妥当性测试，以确保其销售给投资者的产品或服务是适当的。而对于专业投资者，则可豁免金融服务机构适当性义务。对于机构投资者，也要求金融服务机构在向其推销投资产品或服务时尽到合理的审慎适当义务，只有在有合理理由认定机构投资者具有独立评估风险、行使投资判断能力时，才可豁免其投资者适当性义务。

（5）立法应当明确对于复杂投资产品而言，投资者与产品的提供者与销售者之间形成的买卖关系就是消费关系，投资者作为金融消费者享受投资者适当性的特殊保护，投资者适当性义务是金融服务机构对金融消费者承担的缔约前的义务，即销售前的法定的、强制性的前置义务。

13 新加坡与美国场外非法期货交易法律规制比较

形式意义上的期货交易定义适用于变相期货或场外非法期货交易的缺陷是非常明显的，如果把场内交易作为期货交易定义的必要条件，那么只要不在期货交易所进行交易，即使是在实质意义上完全具备了期货交易的功能，但因为欠缺场内交易的特征，也不能被认定为是非法场外期货交易，如果把功能要件作为认定非法场外期货交易的构成要件，则可能将场外所有具有避险功能的衍生品交易都纳入非法期货交易或非法场外期货交易的范畴，打击范围过宽，单纯采取任何一种都不合适，唯一的选择就是采取把形式要件和功能要件相结合的方法。

13.1 非法场外期货交易的定义及主要特征

非法场外期货交易在我国被称之为变相期货交易。我国 2007 年《期货交易管理条例》（以下简称《条例》）提出了一个“非法场外期货交易”的概念。《条例》第 89 条对变相期货交易作了定义，即是指采用以下交易机制或者具备以下交易机制特征之一的交易：（1）为参与集中交易的所有买方和卖方提供履约担保；（2）实行当日无负债结算制度和保证金制度，同时保证金收取比例低于合约（或者合同）标的额的 20%。对于该定义，2011 年 12 月《国务院关于修改〈期货交易管理条例〉的决定（征求意见稿）的说明》（征求意见稿）就明确指出，2007 年《条例》虽然明确规定了变相期货交易，但对什么是期货交易缺乏明确规定，按保证金收取比例等作为判断是否属于变相期货交易的规定不够严谨，容易被规避。它还指出：“近年来，一些大宗商品中远期交易市场开展以大宗商品标准化合约为交易对象，采用集中竞价、电子撮合、匿名和保证金担保的交易方式进行具有明显期货交易特征的交易活动。这些交易活动在市场开办、主体资格、交易品种、交易规则、信息披露和风险防范等方面缺乏统一的规范和要求，脱离期货监督管理机构的统一监管，存在严重的市场风险和资金安全隐患，直接影响经济金融安全和社会稳定，

亟须进行清理整顿。”

很显然，国务院认为，要解决变相期货交易认定的问题，首先就必须解决期货交易的定义问题，必须对什么是期货交易作出明确规定，才能够为变相期货交易的认定建立一套适当标准。鉴于此，2012 年修订后的《条例》删除了有关“变相期货交易”的规定，而在修订后《条例》第 2 条增加了关于期货交易的定义。它规定：期货交易是指“采用公开的集中交易方式或者国务院期货监督管理机构批准的其他方式进行的以期货合约或者期权合约为交易标的的交易活动”。《条例》紧接着将期货合约定义为“期货交易场所统一制定的、规定在将来某一特定的时间和地点交割一定数量标的物的标准化合约”。期货合约包括商品期货合约和金融期货合约及其他期货合约。《条例》将期权合约定义为“期货交易场所统一制定的、规定买方有权在将来某一时间以特定价格买入或者卖出约定标的物（包括期货合约）的标准化合约”。修订后的《条例》第 6 条第 2 款规定：“未经国务院批准或者国务院期货监督管理机构批准，任何单位或者个人不得设立期货交易场所或者以任何形式组织期货交易及其相关活动。”结合上述规定，可以推导出，尽管取消了“变相期货交易”的规定，但修订后的《条例》实际上扩大了“变相期货交易”的外延，即所有在未经国务院或者国务院监督管理机构批准的期货交易所场所以任何形式组织的期货交易及相关活动都属于“变相期货交易”。

国外立法并没有“变相期货交易”的概念，但在文献中有类似的表达。在美国，涉及远期合约例外（forward contract exclusion）的法律文献中，就经常出现非法场外期货合约（illegal off - exchange future contracts）的概念。按照《商品交易法》，所有期货合约交易，除豁免或排除的外，都必须在指定的合约市场进行交易或执行。任何场外类似期货合约的场外交易（off - exchange that resembles future contracts）或场外期货合约（off - exchange future contracts）交易，只要不符合远期合约例外或豁免或排除的条件，通常都被监管机构和法院认定为非法的场外期货合约。从这个意义上来说，非法场外期货交易就等同于我国法律语境下的“非法场外期货交易”。

从我国有关非法场外期货交易立法演变以及美国监管执法和判例法关于“非法场外期货合约”的认定来看，非法场外期货交易是为规避期货交易监管，刻意以不受期货交易法律调整与监管的其他交易形式进行的非法期货交易活动。非法场外期货交易具有以下几个特征。

（1）当事人为规避期货交易监管，刻意以其他形式的交易，如不受期货交易法调整与监管的远期交易、杠杆交易以及其他交易形式出现。

（2）交易实质上构成了期货交易，或具有期货交易的特征与功能，或对合法期货交易市场带来负面冲击或影响。

（3）交易是违法的，违反了期货交易必须在依法设立的期货交易场所进行交易的法律规定。

非法场外期货交易具有广义和狭义两层含义，广义的泛指所有非法的场外期货交易活动或类似期货交易的活动，狭义则是指非法的具备期货交易特征和功能的交易活动。本书采用了广义上的概念。

13.2 非法场外期货交易产生的原因分析

非法场外期货交易实际上是一种规避期货交易监管的非法行为，非法场外期货交易的产生主要有以下几方面的原因。

13.2.1 场内与场外监管上的差异为监管套利提供了激励

在各国期货立法中，通常对期货交易与远期交易采取区别对待，要求期货交易必须在法律规定的受到严密监管的交易所内进行，而对现货远期交易通常都给予监管豁免的待遇，这种巨大的反差就给把期货交易包装成远期交易以逃避监管，进行监管套利提供了激励。

13.2.2 立法上的期货交易定义难以为非法场外期货交易的认定提供一个清晰的认定标准

除了场内与场外的显著特征外，区分期货交易与远期交易最重要的标准就是交易目的，而交易目的的认定要对整个交易的特征进行全面分析才能得出结论，其中一个重要的考虑因素就是合约交割的方式，即合约约定在将来某个日期交付商品时是否实际交付，而这往往只能等到交易完成后才能得出最终结论，这就增加了监管的难度，为非法场外期货交易提供了便利。

13.2.3 场内交易豁免和例外的规定也为非法场外期货交易提供了便利

虽然各国立法通常都要求期货交易必须在指定的依法设立的组织化的交易场所（organized trading facility）即场内进行，但立法同时也有一些例外的规定，如豁免或排除商品的期货交易，或在豁免的交易场所进行期货交易等，这些允许在场外进行的期货交易就为非法场外期货交易的发生提供了便利，许多本应纳入指定组织化交易场所进行的期货交易就可能包装成豁免监管的交易活动。

13.2.4 场外市场与场内市场的多头监管容易产生监管缝隙

这有两个方面的原因：一是非法场外期货交易游离于期货市场与现货市场、受监管市场与不受监管市场的边际，监管通常涉及期货市场监管部门、其他行业和职能监管部门之间跨部门的协调与配合，但监管协调、统一始终是一个难以解决的问题，因监管不协调导致的监管缝隙就很容易为非法场外期货交易的滋生创造了便利；二是随着金融创新，期货、互换和其他衍生工具、证券、保险、赌博监管界限日益模糊了，复杂金融工具性质上的重叠使对金融产品定性与识别并确定归口监管者变得非常难①，这就为投机者把非法场外期货交易设计为难以准确定性的复杂金融工具提供了激励，从而增加了监管的难度。

13.3 非法场外期货交易的分类

非法场外期货交易主要有以下几类。

13.3.1 仿场内期货交易的场外对敲

场外对敲（bucketing）是一种非法的交易活动，它是指非法经纪商谎称执行了客户买卖期货合约的订单，实际上是私下在场外参考场内期货合约价格自己同客户进行对赌，或是撮合客户参考场内期货价格相互间进行对赌。从事非法对敲的可能是具有期货交易所会员资格的期货经纪人，也可能是非法专门从事非法期货交易活动的奸商——对敲店（bucket shop）或高压房（boiler house）。通常各国期货交易法都明确禁止任何形式的非法对敲活动，包括场内经纪人在场外私下进行的对敲和在场外对敲店或高压房进行的非法对敲活动。

对敲实际上是一种以期货交易为名行非法赌博之实的非法活动，是一种虚假的期货交易活动。在非法对敲活动中，许多客户可能是无辜的，其真正意愿是要从事合法的期货交易，因受到经纪人或非法对敲店的欺诈，无意识地参与非法对敲活动，在这种情况下，受到蒙骗的客户是受害者。还有一种可能就是，参与对敲的各方完全是出于投机目的有意识地参与，此种情况下，对敲实际上就是一种非法的赌博。因此，场外对敲不属于狭义上的非法场外期货交易，而属于广义上的非法场外期货交易。

① Thomas Lee Hazen, Regulatory Gaps for Over - Counter Derivatives: Regulation of Derivatives, Insurance, Securities and Gambling, 34 - WTR Admin. & Reg. L. News 3 (2009).

13.3.2 伪装为豁免的场外远期交易

即以场外远期合约交易形式出现的非法场外期货交易。如前所述，各国有关期货交易立法都把远期交易看成是现货商品交易，无过度投机之虞，给予其监管上豁免待遇。在实践中，远期合约与期货合约外在特征通常非常近似，当远期交易不是通过商品实际交付而是采取对冲平仓进行交割时，远期交易与期货交易之间的区别就几乎不存在了。在伪装成远期交易的非法场外期货交易中，当事人在合约中虽然约定了实际交付商品或接受交付的义务，但这些义务可以通过转售、回售或不予执行予以解除，从而达到对冲平仓的目的。在美国，在商品衍生市场，把商品期货交易包装成远期交易的现象屡禁不止，形式与花样不断翻新。在我国，许多大宗商品中远期市场的中远期交易最终就发展成为了非法场外期货交易。

13.4 非法场外期货交易的认定标准

13.4.1 构成实质意义上的期货交易

对于不同形式的非法场外期货交易，有不同的认定标准。对于场外对敲，此类非法场外期货交易实际上就是非法赌博，非法特征非常明显，易于识别和认定。因此，在本研究中不再赘述。

对于各种包装成远期交易的非法场外期货交易认定实质上就是对期货交易与远期交易的区分。目前，各国立法与学界理论研究基本都达成共识，期货交易与远期交易的本质区别主要在其功能定位上，期货交易的主要功能是转移风险（risk shift），而远期交易的主要功能是商品的流通（commodity shift）。交易功能定位决定了交易目的，即从事期货交易的目的是投资（避险或投机），而远期交易的目的是当事人之间商业化的商品买卖（merchandising commodities）。因此，对交易进行目的测试就是识别与认定期货交易与远期交易的核心要件。要进行目的测试，需要采用哪些认定标准呢？本研究认为：在目的测试标准上，可以考虑以下几个要素。

（1）合约本身标准化的程度和是否容易被用于进行投机。

（2）交易制度安排是否具有仿场内交易的特征，尤其是场内交易所具有的集中交易、保证金交易、中央对手方清算、允许通过对冲平仓进行结算的特征。

（3）参与者是否具有真实的通过实际交付来履行合约的意图。这主要是根据交易方是否具有履行合约实际交付的能力与需求来进行判断。

13.4.2 不属于依法享受豁免的场外期货交易

这在如何区分期货交易与场外期货交易一章中有详细论述。

如果构成实质意义上的期货交易，又不属于可享受豁免的场外期货交易，则可认定其为非法场外期货交易。

13.5 非法场外期货交易的法律规制

前述分析表明，非法场外期货交易的产生实际上是期货交易立法中有关场内期货交易与豁免期货交易监管的场外各种现货交易或远期交易之间边界不清晰导致的。因此，非法场外期货交易的法律规制实际上涉及整个商品交易市场法律规制的统一与协调，也就是说，如何实现立法与监管上的协调与统一，消除因为不协调与不统一产生的监管缝隙和空白就是根除非法场外期货交易，防止监管套利的最终解决办法。在这方面，主要有两条路径。一是将通过商品交易统一立法和统一监管，使期货交易、远期交易、杠杆交易、现货交易在监管上采用统一标准，彻底消除非法场外期货交易进行监管套利的空间，从根本上解决非法场外期货交易场外泛滥的问题。另一条路径就是在分别立法、分别监管的基础上建立健全区分期货交易与远期交易、杠杆交易以及其他使用杠杆、保证金等交易方式的现货商品交易之间的规则体系，为监管执法提供清晰明了的认定标准，同时完善各类交易之间的监管协调机制，确保各类交易监管协调统一，最大限度减少监管空隙和盲区，遏制非法场外期货交易。目前，在发达国家，新加坡是采取前一种路径的典型，而美国则是选择了后一种路径的典型。

期货交易、非法场外期货交易的法律规制的出发点和最终目标其实都是一样的，即维护多层次商品交易市场的健康秩序，打击各种市场操纵和欺诈，抑制过度投机，保护投资者合法权益。强制将期货交易限制在受监管的场内进行是实现上述目标的最有效手段，而要确保此种手段完全奏效，就必须杜绝任何旨在规避场内监管的非法期货交易活动。因此，美国对非法场外期货交易的法律规制是在期交会监管执法实践中和法院在对期交会查处非法场外期货交易案件的司法审查中不断对立法者《商品交易法》立法宗旨与目的进行阐释而建立起来的一套制度体系。《商品交易法》的核心是反投机法①，该

① Lynn A. Stout，Why the Law Hates Speculators：Regulation and Private Ordering in the Market for OTC Derivatives，48 Duke L. J. 701 (1999)，p. 703.

法制定的一个首要目标就是打击投机。最初该法第5节就规定了“任何将来交付商品出售合约下的过度投机……对州际商务而言都是不适当和不必要的负担”，因此，《商品交易法》是一部重要的反投机法，要求大多数期货和期权合约只有在期交会核准后才能交易，且必须在受监管的期货交易所，因为在此种市场上，期交会有专门防范投机交易的技术规则。就抑制投机的效力而言，正如美国学者 Lynn A. Stout 所言，交易所的交易要求实际上就是法定变通形式的普通法规则，要求将来交付商品出售合约必须是通过实际交付来结算。① 因此，实际交付或具有实际交付意图就成为期交会和法院认定非法场外期货交易的核心标准。

判断当事人是否具有交付或接受交付的故意，需要综合整个交易情形（当事人身份、合约安排以及合约实际履行情况），这有相当大的裁量空间，在该标准的认定上很容易导致法律适用上的不确定性，为此，2008年美国《商品交易法》在修订时又增加了一个重大价格发现合约作为矫正措施，给予期交会对豁免市场豁免交易中与期货交易功能近似的重大价格发现合约，不管其是远期交易还是现货交易，也不管交易当事人的身份，都纳入期交会监管范畴，按照期货交易的监管标准进行监管。

为避免美国在非法场外期货交易标准适用上可能产生不确定性和飘移，新加坡则采取了更为简单易行的方法，即将所有商品合约交易纳入一个统一立法和统一监管体制下，完全实现统一监管，不给监管套利以任何可操作的空间，从而达到从根本上杜绝非法场外期货交易的目的。

13.6 新加坡场外非法期货交易的法律规制

13.6.1 1992年《商品期货法》

1992年，新加坡颁布了《商品期货法》（*Commodity Future Act* 1992），这是新加坡第一部专门调整商品期货的立法。1992年《商品期货法》第2节关于“商品”的解释是指橡胶和其他作为商品期货合约基础商品的产品。当时，新加坡商品交易所上市的商品期货产品主要是橡胶和咖啡期货。② 1992

① Lynn A. Stout, Why the Law Hates Speculators: Regulation and Private Ordering in the Market for OTC Derivatives, 48 Duke L. J. 701 (1999), p. 703.

② http://www.iesingapore.gov.sg/wps/portal/WCMPreview? WCM_GLOBAL_CONTEXT=/wps/wcm/connect/ie/My+Portal/Main/Others/Commodity+Trading+Act/Commodity+Trading+Act.

年《商品期货法》第 3 节（1）明确规定，该法不适用于新加坡国际货币交易所设立和维护的期货市场和新加坡金融局根据《期货交易法》批准设立的期货市场。同时，该法第 3 节（2）也明确规定，《期货交易法》不适用于贸易发展局（the Development Board，商品期货监管机构）批准的商品期货交易所和根据该法进行的商品期货交易。

制定 1992 年《商品期货法》的一个重要目标是打击非法商品期货交易，即借助立法对未获得许可的商品交易企业及个人交易者及非法商品交易活动采取严厉打击措施。其目的是消除对敲店，推动新加坡创造一个公平、透明的商品交易环境。对敲店是指通过各种伎俩诱导人们按照不公平合同条件开立交易账户的企业。新加坡非法商品交易通常都是奸商打出令人误导的招聘广告，诱导应聘者在公司开立账户，存款进行五花肉、大豆商品交易或股份指数等证券交易，通常开始时都会盈利，然后就开始损失钱，甚至本钱全失。这些对敲店谎称替客户进行期货交易，实际上通过对敲（bucketing，谎称替客户执行交易，实际上却没有）诱导客户进行对赌，或通过反复交易（churning），以便能够从客户赚取佣金，直至客户投资全部损失。①

1992 年《商品期货法》禁止任何场外非法期货交易。其第 44 节规定："在没有按照商品期货市场的交易规则和做法进行真实的商品期货合约买卖的情况下，任何人都不得故意执行或标榜自己已经执行商品期货市场买卖商品期货合约的订单。"该法将商品期货交易所、清算机构、商品期货经纪人、商品期货交易顾问和商品期货集合管理人及其从业人员都纳入调整范畴，要求它们必须按规定申领执照，对它们课以审计和向客户审计及向客户披露信息的法定义务，并规定了其行为规范，以确保投资者得到有效保护。

13.6.2 2001 年《商品交易法》取代《商品期货法》——将所有商品合约交易纳入统一立法和统一监管体制中

1992 年《商品期货法》并没有有效地根除场外非法期货交易商，因为大量非法期货交易都是以商品交易形式来诱骗客户的。为彻底根除场外非法期货交易，2001 年《商品期货（修正）法》（*the Commodity Future (Amendment) Act*）将其调整范围扩大到了对敲店，名称更改为《商品交易法》，此次修订主要是为了保护普通投资者。它还将柜台商品衍生品和现货商品合约纳

---

① Http：//www.iesingapore.gov.sg/wps/portal/WCMPreview? WCM _ GLOBAL _ CONTEXT＝/wps/wcm/connect/ie/My＋Portal/Main/Others/Commodity＋Trading＋Act/Commodity＋Trading＋Act.

入了《商品交易法》进行调整，以便将欺诈公众的对敲店彻底扫荡出去。不过，其意图并非是要阻碍合法柜台商品衍生品交易和商品现货经纪。①

新的《商品交易法》将其调整范围扩大到所有商品和所有商品交易。立法将“商品”概念扩大到包括除《期货交易法》调整的商品，如金融工具、黄金和石油期货之外的所有商品。“商品”之外的所有商品，包括农产品、商品、工艺品和其他作为商品期货合约、商品远期合约、杠杆商品交易、差价合约（contract made pursuant to trading in differences）和现货商品交易标的的商品，也包括上述商品指数、权利和权益与部长通过政府公告公布认定为商品的其他指数、权利或利益。它要求所有从事各种商品合约交易的企业和个人都必须申领执照，包括与商品期货合约、商品远期合约、杠杆商品交易、差价交易和现货商品交易经纪和顾问业务等。此外，提供咨询服务、经纪服务，从事商品远期合约、差价合约、杠杆交易、现货交易集合管理服务也都必须申领执照。

此外，修订后的《商品交易法》也将电子市场或商业模式纳入了交易场所概念，无论在新加坡还是在其他地方，只要进行商品合约交易，就属于该法调整范畴内的商品期货市场，但不包括只提供商品价格或其他信息的电子设施。见表 13－1。

表 13－1　　立法名称、调整范围、监管机构

立法名称	调整范围	监管机构
The Commodity Future Act of 1992，1993 年更名为《商品交易法》	在新加坡商品交易所交易的商品期货合约（主要是橡胶和咖啡）	贸发局
The Commodity Trading Act of 2011，2001 年（*Commodity Future*（*Amendment*）*Act* 2001）《商品期货法》修正案通过，该法名称由《商品期货法》更改为《商品交易法》	所有商品和所有形式的商品交易活动，包括与商品期货合约、商品远期合约、杠杆商品交易、差价交易和现货商品交易等有关的经纪与咨询业务	国际企业新加坡局

① “Commodity Futures and Certain Types of Commodity Trading”，http：//www. mti. gov. sg/legislation/Pages/Commodity% 20Futures% 20and% 20Certain% 20Types% 20of% 20Commodity% 20Trading. aspx.

续 表

立法名称	调整范围	监管机构
The Commodity Trading (Amendment) Act of 2007	商品期货转移到《证券与期货法》调整，修订《证券与期货法》关于“商品”的定义，在《金融顾问法》中引入“商品”的定义，商品期货受两法调整	新加坡金融局

2007年前，新加坡对商品期货与金融期货分别立法，分别监管。2007年的改革与修法，实现了期货交易的统一立法与统一监管。见表13－2。

表13－2　　新加坡商品期货与金融期货交易法律规范比较

	商品期货	金融期货
适用的法律	2001年前，1992年《商品期货法》； 2001年后，《商品交易法》； 2007年后，《证券与期货法》	2001年前，1986年《期货交易法》；① 2001年后，《证券与期货法》； 2007年后，《证券与期货法》
异同	监管框架、业务规范（business conduct）基本相似； 在审慎监管上，对资本与财务的要求不同	监管框架、业务规范基本相似； 在审慎监管上，对资本与财务的要求不同

新加坡将所有商品交易都整合到《商品交易法》，对多层次商品交易市场采取统一立法和统一监管体制的核心目的就是彻底根除非法期货交易，不给非法期货交易留下任何可钻的法律空子和监管空隙。2001年对《商品期货法》的修订，将涉及所有商品的所有商品交易（除受《期货交易法》，即2001年《证券与期货法》调整范畴内的金融商品及金融期货交易外）都纳入《商品交易法》的调整范畴，并要求所有从事各种商品合约交易，包括远期合约交易

① 1986年，《期货交易法》（*Future Trading Act*）第2节指出“商品”是指：（1）金融工具；（2）黄金和其他监管当局规定的商品、项目、产品、服务、权力和利益。

(forward contract trading)、差价交易(trading in differences)、杠杆商品交易(leveraged commodity trading)以及现货商品交易(spot commodity trading)的企业和个人都必须向监管当局申领执照，接受监管，不给非法期货交易提供任何可供利用的法律上的漏洞和监管上的空隙。除此之外，新修订的《商品交易法》和《证券与期货法》都明确规定禁止场外对敲。新加坡《证券与期货法》第207条(1)规定，任何人明知，执行或标榜自己已经执行期货市场期货合约订单，实际上并没有按照期货市场规则和做法买卖期货合约。(2)任何明知执行或标榜自己已经执行杠杆外汇交易外汇买卖订单，实际上并没有按照订单进行外汇买卖。新加坡《商品交易法》第44条"bucketing"规定："任何人都不得在没有按照商品市场的规则和做法进行真实商品合约买卖时故意执行或标榜自己已经执行商品市场商品合约买卖订单。"《商品交易法》第4节(1)规定："任何人都不得设立或协助设立或维持或标榜自己提供或维持商品市场，除非该商品市场已经获得贸发局的批准。"

为保持法律上和监管上的必要弹性，对于豁免的企业和个人，2001年《商品交易法》附表对享受执照申领豁免的人作了明确具体的列举。

13.7 美国对场外非法期货交易的法律规制

美国在场外非法期货交易法律规制路径选择上做出了与新加坡完全不同的选择，其特点体现在以下几个方面。

(1)《商品交易法》要求所有期货合约都必须在联邦指定的合约市场经过场内会员进行交易与执行，实际上是将所有不在指定合约市场交易的期货合约都视为场外非法期货交易。在1921年《商品期货法》起草过程中，众议院的版本规定对"任何在交易所、商会(board of trade)或类似机构或场所进行将来交付谷物出售合约"都可以禁止性税收，除非合约是通过联邦指定合约市场的会员或在指定合约市场进行的。参议院担心该措辞没有把对敲店纳入禁止之列，认识到众议院版本措辞可能给奸商发展私下场外期货合约交易留下空子，这些合约从技术上而言并不在法案涵盖的范畴，因为该合约并不是"在"(at, on, or in an exchange)交易所内。基于此，把"在交易所或类似场合或机构"删除了。众议院在联系会议时也认可参议院的看法。[1] 因此，1936年《商品交易法》并没有采用同样的措辞。该法第4节将任何在或按照

---

① William L. Stein, The Exchange - Trading Requirement of the Commodity Exchange Act, 41 Vand. L. Rev. 479 (1988).

美国商会（交易所）规则进行将来交付谷物出售合约都是非法的，除非该合约是在指定合约市场或通过指定合约市场成员进行的。根据立法历史可以看出，国会是想把交易所交易只限制在美国交易所订立的合约中。不过期交会则指出该解释将让不属于商会的地下交易所（private exchange）或对敲店不受触动，并因此削弱期货监管的核心目标——要求所有受监管商品的出售合约都必须在指定的交易所执行。因此，期交会就解释为所有出售将来交付商品的合约都必须在期交会指定的合约市场执行。①

1936年法增加了两个条款。一是4h节，禁止除合约市场会员外任何人从事商品期货经纪业务，同时禁止从事任何招揽和接受期货合约订单的场所，除非该订单是在合约市场或通过合约市场成员执行。二是4b节，禁止合约市场成员对敲客户订单（bucketing customer orders）。对敲包括交易所成员自己作为相对方与客户交易，或将客户订单彼此进行匹配。将这些规定结合起来解读，就是禁止所有场外期货交易。4h节要求所有期货交易都必须通过交易所会员进行，而4b节要求所有订单都必须通过合约市场交易设施进行。1968年国会修订了4b条款，将禁止对敲的适用范围扩大到合约市场会员以外的任何人。1982年国会再次修订，完善了该条款。将4b节和4h节合并成现在的6（a）节，规定任何人从事将来交付商品买卖都是非法的，除非该交易是在联邦指定的合约市场或根据合约市场交易规则进行的。反过来解读，只要不是在联邦指定的合约市场或根据合约市场交易规则进行的将来交付商品买卖，都是非法变相的期货交易。

（2）通过豁免或排除的规定将近似期货合约的远期合约、豁免交易所交易的期货交易和柜台衍生市场排除在场外非法期货交易范畴之外。

对于豁免的远期合约，前面已有详细阐述，在此不再赘述。

按照2000年《商品期货现代化法》的规定，下列合约、交易或协议豁免《商品交易法》适用：涉及非农业商品；均是合格合约参与方；不在交易设施上签订或执行。这共有4类。

①柜台衍生品交易。一对一的交易，《商品交易法》2（g）规定的涉及非农业商品的合约或交易：达成协议或签约时双方都是合格合约参与方；通过一对一谈判达成；不在交易设施上交易和执行。

②排除商品（excluded commodity）的交易。涉及排除商品的交易，符合下列情形：双方在达成协议和签约时都是合格合约参与方；不在交易设施上

① William L. Stein, The Exchange - Trading Requirement of the Commodity Exchange Act, 41 Vand. L. Rev. 480 (1988).

执行或交易。被排除的商品包括利率、汇率、货币、证券、证券指数、信用风险或指标，债务或权益工具、气候、通胀指数或指标，其他宏观经济指数或指标。此类排除商品交易或合约不一定是一对一谈判，可以是完全标准化的。

③豁免商品（exempted commodity）上的交易。涉及或豁免商品的合约或交易：在合约订立时双方均为合格合约参与方；不在交易设施执行或交易。享受豁免。

豁免的商品被定义为任何除排除商品或农产品外的商品，包括金属（贵金属、半贵重和非贵重）、电力、非农业能源产品、电信带宽、电信记录和排放信用。此类交易也无须一定是一对一谈判的，但此类交易仍然要受到反欺诈和操纵条款的约束。但反欺诈条款不适用于合格商业实体之间的交易，除非一方是政府部门。

④涉及银行的互换协议（covered bank swap agreement）。《商品期货现代化法》“银行产品法”部分包含了一个与《商品交易法》监管排除的银行间或银行提供的互换协议（covered swap agreement）。该互换协议被定义为包括涉及非农业产品的互换：第一，双方在签约时均为合格合约参与方；第二，不在交易设施上交易或执行。银行被定义为包括存款机构、外国银行、外国银行美国分支机构、信用社等和上述实体的受监管子公司。

《商品期货现代化法》确立了3个层次期货市场：一是指定合约市场，监管最严厉，零售投资者可参与；二是交易期货合约的豁免交易所，该交易所可以被认可为衍生品交易执行设施，受到的监管很少；三是正式承认的机构投资者之间的柜台衍生市场。见表13-3。

表13-3　美国多层次期货市场比较

	特点	交易产品	上市的产品及参与者
合约市场	存在实物的市场或电子通信系统	（1）进场必须取得会员资格（无论是地面还是电子设施）；（2）必须获得期交会的指定；（3）产品上市期交会要进行实质审查，目前采取原则指导，事后审查	（1）任何人都可参与交易；（2）交易衍生品不受限制

续 表

	特点	交易产品	上市的产品及参与者
DTEF	受到监管较轻，更少核心原则约束	(1) 可以选择允许合格的合约参与者进行交易，通过为衍生清算组织成员的经纪期货商且净资本不少于2000万美元的个人进入该市场交易，但该交易设施只能交易那些涉及不那么容易被操纵的商品的衍生品。期交会解释只限于被排除的商品。 (2) 证券期货产品。 (3) 可以选择交易被排除或豁免的商品。 (4) 只允许合格商业实体（《商品交易法》1a (11) 定义）以自己的账户进行交易，它就可以上市《商品交易法》1a (4) 所列举的除农业商品外所有商品的衍生品	(1) 合格的合约参与者；(2) 严格条件限制下的个人；(3) 合格商业实体
豁免交易所（EBT）	受到有限监管。受反欺诈、操纵约束，期交会有权要求该设施提供交割和交易数据	允许交易的商品：(1) 无现货市场；(2) 供给无限，或足够充分，有充分流动的现货市场，让交易几乎不可能被操纵。限制在被排除的商品。涉及证券、证券篮子或指数不允许交易	合格的合约参与者

(3) 期交会根据《商品交易法》授权豁免或排除的类期货交易的商品合约交易，这包括前述布伦特解释和能源解释里所包含的远期交易、杠杆交易、冲销交易等。

(4) 不属于《商品交易法》豁免或排除的或期交会根据符合豁免或排除的将来交付的商品合约交易，都属于场外非法期货交易。

(5) 被豁免远期交易以及被豁免商品交易只是享受《商品交易法》必须进场交易和接受有关监管的豁免，仍然要受到《商品交易法》禁止操纵和欺诈的约束，与此同时，被豁免商品交易和被排除的商品交易受到联邦其他行业监管法和州商品法典的调整和监管，见表13-4。

表 13-4　　美国调整商品交易市场的法律体系

<table>
<tr><td colspan="3">州际商务</td><td>州内商务</td></tr>
<tr><td colspan="2">《商品交易法》</td><td>行业监管法</td><td>统一商品法</td></tr>
<tr><td>直接调整</td><td>间接调整①</td><td rowspan="2">1.《联邦能源法》调整州际间电力批发与传输交易。
2.《天然气法》调整州际间燃气批发与传输交易。
3. 2005 年《能源政策法》② 禁止在与燃气、电力能源及燃气和电力传输上采用操纵或欺诈伎俩或合谋手段操纵市场。
以上 3 部法规都由联邦能源监管委员会负责实施。
4. 2007《能源独立与安全法》也包含概括性的禁止石油批发市场操纵和欺诈行为的规定，并授权联邦贸易委员会制定条例或规则禁止石油批发市场的操纵或欺诈行为③</td><td rowspan="2">美国《模范州商品法典》（the Model State Commodity Code），该法典旨在监管场外期货和期权合约、远期和其他实物商品销售合约，而不是交易所交易的商品期货合约或期权。该法典涉及高压房和对敲店，面向公众商品销售中的欺诈。模范法典是向给州提供能够填补联邦和州证券和商品监管上缝隙</td></tr>
<tr><td>场内商品期货交易</td><td>豁免的远期交易和豁免或排除商品的场外商品交易，不区分期货交易、远期交易与期货交易。但不能豁免和排除《商品交易法》反操纵和反欺诈规定</td></tr>
</table>

说明：从美国调整商品市场法律体系来看，《商品交易法》是一般法，而行业监管法属于特殊法，州有关调整商品交易的法律则构成对联邦法的补充。从《商品交易法》的调整范围来看，它实际上是将所有商品市场的所有商品交易都纳入该法调整范畴，所有商品市场和商品交易都纳入期交会监管范畴，只不过是对不同市场根据市场参与者、交易标的分别采取直接调整和监管与间接调整与间接监管的方法，对凡是属于必须纳入场内进行的商品期货交易，采取直接调整和直接监管的方法，而对于豁免或排除的商品交易，采取间接的调整和监管方法。

---

① 这里所谓间接调整，是指虽然《商品交易法》将远期交易、合格的合约参与者个性化谈判达成豁免商品或排除商品交易（包括期货交易、商品互换、现货与远期交易）以及合格商业实体个性化谈判。

② 2005 年《能源政策法》修订了《天然气法》和《联邦能源法》，采取了概括性禁止电力与燃气批发与传输欺诈和操纵条款。授权能源监管委员会制定实施细则，能源监管委员会在 2006 年相应出台了 670 指令（Order No. 670）模仿证交会 10b-5 规则，概括性规定禁止在电力与燃气批发与传输市场采用操纵或欺诈伎俩或阴谋。

③ 2009 年，联邦贸易委员会颁布了“有关市场操纵的禁止”规则，该规则也借鉴和模仿了证交会 10b-5 规则。Theodore A. Gebhard，Prohibiting Fraud and Deception in Wholesale Petroleum Markets：The New Federal Trade Commission Market Manipulation Rule，31 Energy L. J. 125（2010）.

表 13－5　美国与新加坡对期货市场以外其他商品合约交易的立法及监管模式比较

	美国间接监管模式	新加坡直接监管模式
立法	1.《商品交易法》豁免了远期现货合约、在合格合约参与方或合格商业实体之间排除商品或豁免商品的商品合约交易的期交会的监管，但同时又规定，豁免交易仍然要适用《商品交易法》反操纵和反欺诈的规定。 2. 2008 年再次授权期交会对豁免市场或豁免交易的重大价格发现合约进行监管，再次收窄了豁免监管的范围，同时，这也实际上给予了期交会对不受其监管商品市场（豁免期货市场、远期市场和现货市场）的重大价格发现和合约享有优先的管辖权（不管是否有其他监管的存在）。 3. 调整能源市场的行业监管法《能源政策法》《能源独立与安全法》	1. 2001—2008 年商品期货、商品远期、杠杆交易、差价交易和现货交易均受《商品交易法》调整。 2. 2012 年后，现货商品交易受《商品交易法》调整，商品期货、商品远期及其他商品衍生品交易均受《证券与期货法》调整
监管	由专业监管部门、行业监管部门、职能监管部门共同分享监管职责。美国期货交易委员会统一负责商品市场的监管，能源监管委员会负责能源市场的监管，联邦贸易委员会负责石油批发市场的监管。 除受《商品交易法》反欺诈和反操纵规定约束外，商品远期合约交易豁免适用《商品交易法》，因此，三部门监管管辖权主要集中在远期合约市场欺诈和价格操纵行为的查处执法活动	2001—2008 年，新加坡对商品现货交易市场、商品远期交易市场和商品期货市场采用了统一的监管标准，对交易市场（交易所）运营者、清算机构、商品经纪人、商品集合管理人的市场准入监管、行为监管都适用统一立法，由统一监管部门履行监管职责。 2008 年、2012 年经过调整后，现货市场仍适用《商品交易法》，由国际企业新加坡局履行监管职责，而商品期货市场、商品远期市场和其他商品衍生市场则统一由金融局监管，适用《证券与期货法》，但监管方法及手段、监管标准基本相同

14 两种立法体例下证券现货与期货市场交易监管与立法的协调——澳、新、韩、美四国比较

14.1 澳大利亚

14.1.1 证券与期货合约分开立法：从1986年《期货业法》到1989年《公司法》

在澳大利亚，最早提出证券与期货统一立法是在1985年联邦制定的《期货业法》过程中。当时有人提出将期货业法统一到证券业法中，但联邦议会最终没有采纳该建议。理由：将期货业法纳入证券法不可行，这样做将使证券业法非常复杂和累赘，而且也无视了期货和证券市场之间存在的差异。证券市场涉及的是财产权利的转让，而期货市场的主要功能是便利风险管理，而不是财产的转让。①

为了给期货和证券交易所交易各种产品提供一个合适的监管框架，1986年《期货业法》采纳了以下制度安排。①立法调整范围。《期货业法》适用于期货合约、期货合约期权、期货交易所交易的商品期权（不在交易所交易的可交付商品期权不适用），将《证券业法》的一些规定适用于基础工具为证券的期货合约（如禁止内幕交易）。②对于实物商品出售或不在交易所交易的商品期权则不受监管。③与此同时，《证券业法》则只适用于证券和股票交易所交易的商品期权（不包括期货期权）、资产管理账户（discretionary accounts）销售或商品集合的参与权。④《公司法》将适用于商品集合参与权的发行。

1989年联邦《公司法》通过，它涵盖所有公司和证券领域，将联邦立法机关通过的《公司法》《公司（股份收购）法》《证券业法》《期货业法》都整

① The Parliament of the Commonwealth of Australia House of Representatives, Future Industry Bill 1986 Explanatory Memorandum, 1986.

合到该法。虽然是纳入了同一部法典，但证券与期货合约都分别设有专章调整。1989 年《公司法》第 8 章是专门调整期货合约的一章。立法采用了“期货合约”的概念。《公司法》第 7 章则是专门调整证券的。既不属于期货合约，又不属于证券的衍生品则不受《公司法》调整。1989 年《公司法》第 72 条（1）（d）明确将包括澳大利亚银行或商人银行作为一方当事人的货币互换、利率互换、远期外汇合约和远期利率合约等排除在第 8 章“期货合约”的定义之外（实际上《期货业法案》也是这样规定的）。

实际上，1989 年《公司法》并没有改变原来证券与期货合约分别立法、分别监管的体制，但立法者意识到，证券与期货合约存在概念的重叠和交叉，证券与期货合约统一到一部法典后更容易引起法律适用上的混乱和监管上的重叠。为此，该法第 92 节“证券”定义中包含了一个排除但书，即“不包括期货合约”。但对于既符合期货合约的定义又符合证券的定义的金融产品的归类，仍然面临困惑，有两种可能的解释。（1）期货合约定义优先。如果一个合约既属于第 92 条（1）的（a）～（e）的“证券”定义，也符合“期货合约”的定义，它就只能是期货合约，而不能是证券，因为排除的措辞。（2）具体证券定义优先。把期货合约从证券定义中排除必须让位于具体包含在第 7 章证券的定义。①

14. 1. 2　证券与期货统合立法——2001 年《公司法》

1989 年《公司法》在金融产品上的非此即彼的“二分法”（不是证券就是期货合约）有以下几个方面的缺陷。

1. 让柜台衍生品完全游离于监管之外

1989 年《公司法》采取“二分法”所确立的市场监管体制将证券和期货合约区分开来。一般情况下，属于证券的金融产品就在证券交易所交易，属于期货合约的则在期货交易所或柜台期货市场交易。第 8 章采用了“期货合约”的概念，而且规定，期货合约交易，不包括其他衍生品交易，必须而且只能在交易所交易。不属于期货合约的衍生品在《公司法》不被看作是一个独立类别的金融产品，衍生品归类为证券或期货合约分别进行监管。银行或商人银行作为当事人一方的货币互换、利益互换、远期外汇和远期利率合约的不受《公司法》调整，《公司法》第 72 条（1）（d）关于期货合约的定义中就将其排除了。② 不属于期货合约的柜台衍生品长期以来一直处在无法可依，

① the Corporate Law Economic Reform Program (CLERP) Paper No 6.

② the Corporate Law Economic Reform Program (CLERP) Paper No 6.

不受监管的状态。

鉴于此，当时的联邦监管机构——澳大利亚证券委员会发布了涉及某些柜台衍生品交易的政策声明，宣布如果申请人满足某些标准，就可获得豁免期货市场的待遇（exempt futures markets）。其中，申请人必须是受监管的设施提供者，限制于适当的人，且交易必须是获得核准的种类。

2. 证券与期货合约二分法导致兼具证券与期货合约特征的产品在法律适用上充满了不确定性

传统期货市场边界划分及认定理论依据及方法都面临金融产品创新和新的商业实践所带来的新的挑战。（1）证券与期货合约的界限日渐模糊。这表现在以下几个方面：一是衍生品同时在澳大利亚股票交易所和悉尼期货交易所上市交易；二是实质上类似的产品在澳大利亚交易所作为证券交易，在悉尼期货交易所却作为期货合约交易（如澳交所的 ASX LEPOs 和悉尼期货交易所的可交付股份期货合约（deliverable share futures contracts）；三是某些衍生品到期时存在实物资产权利转移（如权益期权、可交付的期货合约）；四是新开发出来的兼具传统证券特征和期货特征的新产品，如允许衍生工具持有人从基础证券分红受益的捐赠权证（endowment warrants）。（2）证券与期货合约功能上日渐趋同。商业实践背离了传统证券为投资产品而衍生品为风险管理工具的看法。目前，投资者使用相关衍生品和证券产品作为实现特定的投资战略的替代。如果投资者期望从股票价格波动中获利，则他可以购买股份，或购买期权，或接受权证，或购买单个股份期货等。为实现投资多样化，以降低风险，也可以购买股份组合或股份价格指数期货合约。

3. 阻碍了竞争，不利于金融创新

对证券与期货的区分阻碍了市场提供者之间的竞争和在市场准入的进入壁垒。如澳大利亚证券交易所（ASX）期望交易被法律归类期货合约的衍生品，就必须申请核准作为期货交易所，或寻求将其作为证券合约交易的监管许可。而悉尼期货交易所（SFE）如果要上市归类为证券的衍生品，也面临同样的麻烦。

构建交易所上市金融产品的监管制度耗时耗力，而开发新产品的机遇转瞬即逝，耽搁将给予竞争者采取战略应对的时间，而市场参与者刻意通过产品设计进行的监管套利将导致市场扭曲。①

针对 1989 年《公司法》证券与期货合约二分法存在的缺陷，澳大利亚联

① 1995 年，澳大利亚对《公司法》部分——期货和证券法进行修订，引入了对新金融产品监管的灵活机制，允许针对交易所交易某些特定交易协议制定条例，为这些协议提供量身定做的条例，该修订实际上是为后续全面立法修改的一个过渡安排。

邦议会在2001年通过的《金融服务金改法》对澳大利亚《公司法》上关于"证券"和"期货合约"的法律进行了全面系统的修订和调整。

(1) 在金融产品上分类上以"证券"和"衍生品"二分法取代了原来"证券"与"期货合约"的二分法。按照修订后的澳大利亚《公司法》第761(A)条，证券是指：①股份；②债券；③股份或债券上的衡平权利或利益；④认购期权，通过发行方式，获得股份或债券；⑤通过发行方式认购上述证券和被管理的投资计划的权益。第761(A)条将衍生品定义为一方当事人将来某个时间须向另一方提供对价的安排，要提供的对价是派生于或参考其他东西确定的。将来某个时间是指安排达成后不能少于监管机构有关条例规定的天数的某个时间。参考其他东西是指对价或安排价值的确定是全部参考或部分参考某些其他东西（无论何种性质和是否可交付），包括资产、利率或汇率、指数或商品。衍生品的定义明确将将来提供服务的合约（contract for the future provision of services）和有形财产实际交付买卖合约排除（contract for delivery of tangible property）。

衍生品是指符合下列情形的安排：①一方当事人有或有义务购买，另一方有或有义务按照将来某个日期的价格出售有形财产（除澳大利亚或外国货币外）。②该安排允许出售方的义务通过支付现金的方式履行或进行抵销，而不是财产的实际交付。③市场惯例或获得执照市场的规则允许出售方通过将其出售义务与其他同类出售方享有购买义务的安排抵销。仅仅因为对价参考消费者价格指数等类似通胀指数来确定的财产买卖安排，并不就是衍生品。

第761条(C)(D)(c)(3)还明确规定，属于第764条(A)(1)证券概念范畴的安排，不能作为衍生品，也就是说，如按照立法的定义，某类金融产品同时属于证券或衍生品的，则证券概念优先。

根据新的《公司法》第7章，证券和期货合约分开监管被更为通适的涵盖所有金融产品和服务的制度取代。它调整金融市场和中介的执照申领、产品披露和其他事项。制度的核心是金融产品的定义，包括证券和衍生品的概括性术语，衍生品的定义非常宽泛，将所有交易所交易的期货和场外柜台衍生产品都包括在内，并采纳了单一金融市场许可制度和单一中介执照制度，涵盖证券和衍生品中介。

(2) 在证券与衍生品的定义上，决定采取功能方法（functional approach）而不是产品的法律特征与技术特征来定义，也就是说，证券与衍生品的区分应集中在功能上，而不是外在的特征上，以确保功能类似产品受到的监管相同，以消除法律上的空隙，防止监管套利。证券被定义为包括一方实体债券或股份上法律或平衡上权利或利益（legal or equitable right or inter-

est)，其准确的范畴不确定。衍生品被定义为一种安排，按照该安排一方必须向另外一方当事人支付对价，该对价派生于或参考其他东西来确定。该定义排除了将来有形财产交付的合约和将来提供服务的合约。

（3）在证券与衍生品的关系上，如二者发生重叠与交叉，证券定义优先，即如果某类金融产品同时可归类为证券和衍生品，则视为证券，而非衍生品。衍生品的定义中明确排除了证券，这样，如果一个产品既可以归类为衍生品又可以归类为证券，则优先归类为证券。

（4）证券与衍生品不但统一到金融产品的概念下，而且它们之间在监管上的差异也非常接近。澳大利亚立法者认为，证券和衍生品之间的区别正在消失，它们的功能正趋于同化，衍生品和证券分开监管已经不令人满意了。因此，有必要将原来调整各类金融产品的分散、差异化了的立法由一个规范所有金融产品的单一立法单一制度来取代，以确保功能类似的产品受到的监管相同，消除法律上的空隙。① 见表 14－1。

表 14－1　　　　证券交易与衍生品交易监管比较②

	证券	衍生品	备注
监管理念：二者功能上不同③	证券的经济功能本质上是为实体提供募集资金的手段	衍生品派生于基础标的，如资产、汇率或利率、指数等价值，有两个目的，即投机和风险管理。证券和衍生品在结构和经济功能上有很大差异	但这些说法越来越受到质疑。公司和证券委员会（CASAC）试图区分证券和衍生品，尽管注意到二者之间经济功能日渐趋同，其还是建议基于与清算有关的技术原因保持二者的区分，以及证券价值主要取决于发行人的表现，而衍生品价值与基础标的有关

① Ian Ramsay，Special Feature：Legal and Reform Issues in the Regulation of Financial and Capital Markets：Financial Service Reform in Australia，5 Sing. J. Int'l & Comp. L. 485.

② 除注释特别说明外，以下资料均出自 Benjamin B Saunders，Has the Financial Services Reform Act Fixed the Problems with the Regulation of of Securities and Derivatives，(2010) 21 JBFLP 33.

③ Merton and Bodies 提出金融体系的 6 个核心功能说，即清算（clearing and settling payments）、荟萃资源并再分为等份额（pooling resources and subdividing shares）、转移资源（transferring resources）、提供信息和解决激励问题（providing information and dealing with incentive problems）。澳大利亚公司和证券委员会（CASAC）就衍生品提出了 7 功能说，即风险管理、多样化（diversification）、完成市场（completing markets）、取得交易效率（achieving transactional efficiency）、降低波动（reducing volatility）、套利（arbitrage）和投机（sepculation）。

续 表

	证券	衍生品	备注
监管目标	消费者与投资者保护，借助信息披露义务消除产品发行人与消费者之间的信息不对称	消费者与投资者保护，借助信息披露义务消除产品发行人与消费者之间的信息不对称	澳金融服务委员会把金融产品信息披露义务和消费者保护的正当性建立在其复杂性与产品发行人和消费者之间的信息不对称的基础上
监管上的差异	披露、执照许可和其他事项	披露、执照许可和其他事项	

14.2 新加坡

在 2001 年前，新加坡对商品期货和金融期货采取的是分别立法与分别监管的两套监管体制。新加坡调整期货交易的第一部立法是 1986 年《期货交易法》(*Future Trading Act*)，该法调整范围只限于金融期货，不包括商品期货。该法第 2 节指出"商品"主要包括两类：金融工具；黄金和其他监管当局规定的商品、项目、产品、服务、权力和利益。

1992 年，新加坡颁布了《商品期货法》(*Commodity Future Act* 1992)，这是新加坡第一部专门调整商品期货的立法。1992 年《商品期货法》第 2 节指出"商品"是指橡胶和其他作为商品期货合约基础商品的产品。当时，新加坡商品交易所上市商品期货产品主要是橡胶和咖啡期货。① 1992 年《商品期货法》第 3 节（1）明确规定，该法不适用于新加坡国际货币交易所设立和维护的期货市场和新加坡金融局根据《期货交易法》批准设立的期货市场。同时该法第 3 节（2）也明确规定，《期货交易法》不适用于贸易发展局（the Development Board，商品期货监管机构）批准商品期货交易所和根据该法进行的商品期货交易。

2001 年新加坡颁布了《证券与期货法》《商品交易法》，分别取代了《1986 年期货业法》和 1992 年《商品期货法》。

---

① http：//www.iesingapore.gov.sg/wps/portal/WCMPreview? WCM _ GLOBAL _ CONTEXT=/wps/wcm/connect/ie/My+Portal/Main/Others/Commodity+Trading +Act/Commodity+Trading －Act.

1999年12月，新加坡股票交易所和新加坡国际货币交易所（International Monetary Exchange）合并成为新加坡交易所（the Singapore Exchange），为适应证券市场与金融期货市场整合的需要，新加坡政府对证券立法与期货立法进行了整合，2001年颁布了《证券与期货法》。它整合了《证券业法》（*the Securities Industry Act*）和《期货交易法》（*the Future Trading Act*），并把公司募集资金和单位信托的有关规定从《公司法》摘出来纳入其中。① 与此同时，2001年还颁布了《金融顾问法》（*the Financial Advisors Act*），对金融咨询采取单一立法，从业者申领单一执照。

2001年《证券与期货法》和《金融顾问法》对新加坡资本市场监管框架进行了全面改革，建立了一个全新的监管体制。新的监管制度分为两类：从事金融产品顾问服务的受《金融顾问法》调整，从事金融产品交易或代表客户从事交易的受《证券与期货法》调整。①证券和期货市场中介执照申请一体化，即申领单一执照。所有从事金融产品交易的人都采取单一执照制度，而不是根据产品和业务性质分别申领执照。②重新定义了"证券交易""期货经纪""市场"的概念，认可交易系统提供者作为市场运营者，包括海外交易所运营的系统，如电子交易系统。③建立健全证券和期货清算法律和监管框架，包括在法律上给予所有核准清算机构豁免适用破产法。原来《期货交易法》涉及清算机构，而类似规定在《证券业法》中却没有。《证券与期货法》则规定了适用于证券与期货市场清算机构的一般性规则。除完善清算机构规定外，还就清算机构成员破产规则的效力作出了新的规定，以确保成员破产不会中断清算的进行。

2007年《商品交易法（修正）法》（*the Commodity Trading* (*Amendment*) *Act of* 2007）将商品期货转到由《证券与期货法》调整，监管权由国际企业新加坡局转移到金融局，这样调整将为新加坡建设成为期货交易中心创造便利，由单一的监管者监管所有期货有关活动，将理顺从事商品期货和金融期货经纪业务的执照申领和合规标准等方面的关系，通过单一的执照制度，创造更为亲善的投资环境。②

此次修订还将柜台商品衍生和现货商品合约纳入《商品交易法》的调整范畴。

经过此次修订后，金融期货、商品期货，包括黄金、石油期货都纳入《证券与期货法》调整范围，而《商品交易法》规定的"商品"则只包括除纳

① MAS, "The Securities and Futures Act 2001" Consultation Document (2001).

② MAS, "The Securities and Futures Act 2001" Consultation Document (2001).

入《证券与期货法》调整范围之外的任何农产品、商品或物品以及这些商品的指数、权利或权益的商品远期合约、杠杆商品交易、差价合约和现货商品交易。

2008年2月，新加坡把商品期货监管从负责《商品交易法》的国际企业新加坡局（the International Enterprise Singapore Board，IE）转移到了由新加坡金融局负责实施的《证券与期货法》。而其他期货衍生品（如商品远期、商品差价合约、杠杆商品交易）和现货商品交易，仍然由国际企业新加坡局负责，受《商品交易法》调整。

对于2008年的调整，新加坡金融局在征求意见中解释说，这样"可以让业界对商品衍生品和商品期货之间的监管方法有更清晰的了解"。业界则认为，这预示着，将商品期货转移到《证券与期货法》将让商品交易受到更严格的监管。因为按照该法，所有实体都必须遵守相关资本、营业规范、风险管理和报告要求，而目前这些实体适用的《商品交易法》规定了不同标准。①

随后在2012年又将商品衍生品的监管转移到了新加坡金融局。在《将商品衍生品监管从国际局转移到金融局征求意见书》中，金融局解释将商品衍生品监管权力集中到金融局的目的是让主要种类柜台衍生品的监管方法相协调和更加一致，让市场参与者更清楚了解商品衍生品和商品期货之间的监管差异。2012年改革基本上实现了场内与场外衍生品市场的统一立法与统一监管。对于这些改革，新加坡金融局阐释的理由有以下几点。①日益标准化的商品衍生品与商品期货之间的特征日益相似，二者之间界限日渐模糊，以致很难弄清楚具体合约到底属于《商品交易法》还是《证券与期货法》管辖。②满足国际标准的要求。20国峰会要求改善柜台衍生市场的监管，金融稳定局随后发布落实20国峰会的报告，提出了几个要求，随即许多国家都尽心监管改革，加强了对柜台衍生品的监管。为满足国际标准要求，新加坡金融服务局建议将《证券与期货法》调整范围扩大包括商品、信用、权益、外汇和利率5大类"衍生合约"。在将来立法修改中，将把"商品"作为衍生资产的一个种类。而目前《商品交易法》中的"商品"包括所有有形商品，而无形商品则可以通过规章来界定，到目前为止，还没有纳入无形商品。经过此次修改后，只有实物交付清算的商品远期合约排除在《证券与期货法》调整范畴外，其他所有商品衍生产品都被纳入了《证券与期货法》调整范畴。

① Gillian Carr，Financial authorities in Singapore have recommended consolidating the oversight of all commodity derivatives and futures to one regulatory body，as part of a proposed broader move to regulate the country's market in line with international standards，http：//www.risk.net/energy-risk/news/2156355/singapore-commodity-derivatives-regulation-set-overhaul.

新加坡《证券与期货法》将期货合约定义为具有下列效力的合约：①一方当事人同意在将来某个时间按照当时应支付的价格向另一方交付特定数量的商品；②双方通过结算签约时特定数量商品的价值和在将来某个时间该商品的价值的差价来履行其义务，包括期货期权交易，但不包括监管当局规定的此类合约。

具体来说，上述所说的合约的效力是指：①一方当事人在将来某个时间和在该时间按照特定价格根据期货市场的交易规则确定的条款和条件，或按照期货市场的惯例交付特定数量的商品；②双方通过结算签约时特定数量商品的价值与将来某个特定时间该商品价值的差价履行其义务，该差价是根据合约签订所在期货市场的交易规则或惯例来确定的，包括期货期权交易，但不包括监管当局规定的不包含在内的此类合约。

新加坡《证券与期货法》规定，证券是指：①政府发行或拟发行的债券或股票；②公司或未注册实体发行或拟发行的债券或股票；③任何与这些债券、股票或股份有关的权利、期权或衍生品；④任何差价合同或目的为或假装为保障利润或避免损失，通过参考下列波动：(i) 上述债权、股票或股份价格或价值波动； (ii) 上述债权、股票或股份一组的价值或价格的波动；(iii) 上述该债券、股票或股份的指数；(iv) 集合投资计划的份额；(v) 商业信托单位；(vi) 商业信托单位的衍生品，或 (vii) 其他当局规定的产品或某类产品，但不包括：(i) 期货市场上交易的期货合约；(ii) 汇票；(iii) 期票 (promissory note)；(iv) 新加坡或其他地方的银行或金融公司法发行的存单；(v) 当局规定的某一产品或某类产品。①

综上所述，新加坡在处理证券市场与期货市场交叉与重叠所引起问题时选择的解决路径和方法有以下几个特点：①在证券市场和金融期货市场进行合并（新加坡股票交易所和交易金融期货的新加坡国际货币交易所（International Monetary Exchange）合并成为新加坡交易所）基础上，对证券与金融期货实行了统一立法与统一监管；②明确规定了政府债券、股票和公司债券与股票的期权或衍生品属于证券，并明确将期货市场上交易的期货合约排除在证券定义外；③在立法技术上，对于证券与期货合约的法律规范，需要差别对待的地方，《证券与期货法》有专门章节分别对期货合约交易和证券交易做出规定，其他则适用一般性的规则，如第 12 章“市场行为”（market conduct），就对证券与期货合约分别作出了规定。

由于市场高度统一，监管上高度统一，因此在新加坡，因证券合约与期

① Securities and Futures Act.

货合约定性而引起的法律争议和管辖冲突基本上是不存在的。

14.3 韩国

韩国《金融投资服务和资本市场法》完成了证券与期货统一立法，该法将金融投资产品归类为证券与衍生品两类。证券被定义为："韩国公民或外国人发行的金融投资工具，除取得该金融工具支付金额外投资者不再承担任何支付义务（除投资者认购和出售该基础资产承担支付义务外）。证券包括债务证券、权益证券、受益凭证、投资合同证券、衍生连接证券和证券存储凭证。衍生连接证券，它是指代表某种权利，支付或获得金额按照事先确定的基于基础资产单位或指数的价格、利率、指标的计算公式来计算的合约。

衍生品被定义为"符合下列情形的合约权利：①约定在将来某个特定时间交付货币或类似财产，支付金额根据基础资产，基础资产价格，利率，指标，单位，或上述因素上的指数来计算的合约；②当事人约定给予，根据当事人单方面意愿，进行交付和接受货币或类似物品交易的权利，按照基础资产，基础资产价格，利率，指标，单位，或上述要素上的指数来计算的合约；③当事人达成交换货币或类似物品的合约，按照事先确定的价格在将来某个期限内，金额按照基础资产、基础资产价格、利率、指标、单位和上述要素基础上的指数的价值进行计算的合约。"衍生品包括远期、期权、互换合约，场内和场外的衍生品。

区分衍生挂钩证券与衍生品的标准就是是否可能存在超出其本金的损失，即金融投资产品的投资者是否有义务在投资该产品之后承担额外支付义务。因为购买衍生挂钩证券时，购买者支付了所有应付价款，所以无论发生什么变化，购买者不会另行负担支付义务。如信用违约互换与信用挂钩票据，前者为衍生品，后者为衍生挂钩证券，在分类上将其分为证券，但在投资者保护上却将其作为衍生品看待。

韩国《金融投资服务和资本市场法》在金融投资产品的定义上采用了功能方法，即以产品的功能作为定义的基础。不过，立法者担心单纯抽象定义容易产生法律上的不确定性。因此，立法才进一步将金融投资产品分为证券和衍生品两类，并采取列举的方法以最大限度降低法律不确定性。这样的安排可清楚表明：一旦满足证券或衍生产品的条件，将被认定为金融投资产品，不属于证券或衍生产品就不是资本市场法调整的投资产品。

证券和衍生品区分的标准就是是否可能存在超出其本金的损失，即金融投资产品的投资者是否有义务在投资该产品之后承担额外的支付义务。证券就意味着这些投资产品是由韩国或外国人发行的，不存在投资者在完成购买支付后（除投资者在行使买卖基础资产权利时承担支付义务）承担额外支付义务的情况。投资者购买股份或债券除支付购买价款外不会承担额外支付义务。而如果购买股票指数期货，为该投资支付的是保证金，投资者就负有按照股票价格指数计算进行支付的义务，该金融投资产品就属于衍生品。金融投资产品，一旦被归类为衍生品，就必须受到比证券更严格的监管。

衍生连接证券有衍生因素，支付总额根据基础资产价值变化或基础指数变化而变化。从这个意义上来说，嵌入衍生品证券与衍生工具类似。不过，购买包含衍生品证券的投资者在购买时支付了全价，不会蒙受超过其初始投资总额的损失。因此，此类产品被定义为证券。例如，典型的信用违约互换是衍生品，而完全支付信贷挂钩票据是包含衍生品的证券，按照归类原则包含衍生的证券被归入证券，不过在投资者保护上又被当作衍生品看待。

14.4 美国证券与期货分别立法情况下证券与期货合约的认定及法律规范

美国在证券交易与期货交易上一直坚持分业经营、分业监管体制。在20世纪70年代，当金融期货开始出现，并越来越多以证券、证券指数为基础资产的金融衍生品开始泛滥时，期交会与证交会在管辖上的冲突就不时发生，为解决它们之间的冲突，就必须对涉及证券的金融期货或其他金融衍生品是证券还是期货合约进行区分和定性，在此过程中，通过监管机构之间的不断磨合、协调，以及相关立法的不断发展和完善，逐步建立起了一套区分证券与期货合约的规则体系和认定标准。

14.4.1 2000年《商品期货现代化法》关于期交会与证交会在证券类衍生品上监管分工

按照《商品期货现代化法》确立最终监管框架，期交会与证交会在以证券为基础资产的金融期货及证券基础互换的监管分工上做出了如下安排。

1. 证券期货

《商品期货现代化法》确立了单个证券期货和窄基证券指数期货（统称证券期货）在证券交易所和期货交易所上市交易，归期交会和证交会共管的监管框架，取消了对单个股票期货和窄基股票指数期货的禁令。期交会对不属于证券期货的宽基证券指数期货享有专属管辖权。证券期货产品（securities future products）被定义为证券期货或任何证券期货的出售、认购、马鞍、期

权或特权。而且《商品交易法》授权，证券期货产品基础证券必须是期交会和证交会联合确定的合适的普通股或其他权益证券。

2. 豁免证券期货

豁免证券期货属于期交会专属管辖。按照《商品交易法》第 3 条（a）（12）的规定，豁免证券（除市政证券外）期货合约属于期交会专属管辖的范畴。豁免证券期货可以在合约市场或衍生品交易执行设施以类似其他商品期货合约的方式进行交易。

3. 宽基证券期货

按照《商品交易法》第 2 条（a）（C）（ii）的规定，建立在一组或证券指数上的期货专属于期交会管辖，只要满足某些条件，就可以在合约市场和衍生品交易执行设施（DTEF）进行交易。这些条件具体而言就是：（1）合约必须是现金结算（或以交付除市政证券以外豁免证券结算）；（2）合约交易不易于进行合约价格操纵，或被用来操纵基础证券、该证券的期权或包括该证券的指数和一组证券的期权的价格操纵；（3）一组证券或证券指数不得构成证交会和期交会联合制定规则所规定的“狭窄基础证券指数”（narrow - based securities index）。

4. 结构性证券或混合工具

在《商品期货现代化法》颁布前，期交会先例已经为某些与价值、利率、汇率挂钩的，或规定交付，一个或一个以上的利率、证券、外汇或其他商品，作为证券或存单出售的混合工具提供了免受《商品交易法》监管的安全港。但判例对此类工具的发展施加了很大限制。《商品期货现代化法》极大地扩大了排除在《商品交易法》监管范围外的混合工具范围，包括主要（predominantly）是证券或银行存款的产品。《商品交易法》第 2 条（f）将决定性成分属于证券的所有混合工具排除在《商品交易法》的监管范围外。混合工具被定义为根据价值、价格水平、利率、汇率计算一次性支付或几次支付的证券，或规定一个或几个商品的交付。

按照《商品交易法》的规定，如果满足下列标准，该混合工具就被认定为证券：①工具发行人在交付工具时获得了认购工具的全部价款；②在混合工具有效期限期间持有人不需要向发行人支付价款以外的其他支付，无论是作为保证金、结算或其他；③工具发行人不受逐日盯市保证金条件的约束；④工具不是作为期货合约或期权进行销售的。

《商品期货现代化法》第 4 章《银行产品法》包括一个平行的排除《商品交易法》监管，适用于主要是银行产品的混合工具（predominantly banking products）。此类意义上的混合工具被定义为确定的银行产品（identified banking product)，一类包括存款和贷款，由某些银行提供，具有一次或多次的偿付，与一类或几类商品的交付，或利率或价值等指数挂钩的产品。

是否“主要是银行产品”的测试如同上面混血证券“显著”测试。即：①发行人必须在发行时取得了全部购买价款；②持有人无须提供购买价格之外其他额外支付；③发行人不会受到逐日盯市保证金的约束；④该工具不是作为期货合约或期权销售。

5. 证券基础互换

2000年颁布的《商品期货现代化法》在1934年《证券交易法》基础上增订了3A条款，规定无论是证券基础的互换还是非证券基础的互换都不属于证券，禁止证交会按照《证券法》或《证券交易法》，建议或暗示对证券基础的互换进行注册。把证券基础的互换排除在证券定义和证交会监管的范畴，但它仍规定，证券基础的互换仍受到《证券法》反欺诈条款的约束。同时它还规定，非证券基础的互换不属于要注册和受《证券法》反欺诈约束的互换。但它并没有禁止互换看做是证券。

2001年，期交会采纳了包括窄基础指数的权益证券期货上市标准。2006年，证交会和期交会采纳了允许进行窄基础债务证券指数期货和债务证券期货交易的规则。债务证券指数将被看做是窄基础，当每个指数元素属于票据、债券或债务凭证，没有权益证券；指数包含超过9种并由超过9个非关联发行人发行的证券；纳入指数发行人发行的证券任何一种都不会超过指数权重的30%；任何包含在指数中5种非关联发行人的证券不超过指数权重的60%；任何一类发行人发行证券都满足具体附加要求。狭窄基础债务证券指数规则与有关权益证券的规则不同。

证交会和期交会后来达成的协议规定，任何产品或交易，如果当事人承担获得或支付（积极或消极的）证券指数或篮子的价值就由期交会监管，任何当事人享有的都是获得一篮子证券或证券指数价值的权利而不是义务（即期权）则由证交会监管。

除了投资工具是期货还是证券，证交会和期交会的管辖争议也涉及了专业投资经理和顾问。证券集合投资通常是以互助基金形式销售，该证券投资集合发行人为投资公司，投资公司受1940年投资公司法调整，由证交会监管。相反，商品期货和期权集合投资，即众所周知的商品集合，则属于期交会管辖，要求注册为期货集合管理人（commodity pool operators)，而期交会监管商品集合管理，商品集合通过发行证券募集资金则受联邦证券法调整。期交会要求商品集合管理人注册为投资公司。而投资公司受证交会监管，在投资商品工具作为证券组合管理部分时，该公司就被排除在期交会管辖范围

外，不作为商品集合管理人看待。

在投资顾问领域，证交会和期交会也存在管辖冲突，从事证券投资的投资顾问受证交会管辖，受1940年投资顾问法调整。而从事商品有关投资的顾问则为商品交易顾问（commodity trading advisor），则受期交会管辖。

14.4.2 2010年《金改法》对期交会与证交会在涉及证券金融衍生品上的管辖分工

《金改法》721节（a）和761（a）节规定了互换、证券基础互换、混合互换、证券基础互换合约，并授权证交会和期交会进一步对这些概念加以定义。《金改法》修订了1934年《证券交易法》修订后的3（a）（68）规定证券基础互换，可以是任何为互换的交易，且该互换是建立在：①窄基证券指数（包括与之有关任何权益或价值）；②单个证券或债务（包括相关权益或价值）；③与证券单个发行人或窄基证券指数的发行人们有关的事件发生或不发生，只要该事件直接影响到发行人的财务报告，金融债务或财务状况。

经《金改法》修订的《商品交易法》1（a）（47）（B）（iii）规定，受1933年、1934年法调整的证券、存款凭证、证券篮子或指数，包括其他权益或基于其上的价值的卖出、买进、马鞍、期权都从互换和证券基础互换中定义中排除。

2012年8月，期交会与证交会按照《金改法》要求联合颁布了“产品定义规则”。[①] 规则解释说，互换或证券基础互换分类是在当事人达成交易时进行，在该工具有效期内，一直有效。如果宽基证券指数在有效期内变成窄基，仍然属于互换。基于利率和其他货币利率，而本身不是基于一个或多个证券属于互换。而基于债务证券、贷款或窄基础指数的收益的工具为证券互换，不过基础参考是美国政府债券一种的工具是互换，而非证券互换。基础参考是一种证券期货的工具也属于证券互换，如果基础参考资产是期货合约，则属于互换。对于总收益互换，如果是单个证券、债务或窄基证券指数基础上的，属于证券基础互换，宽基证券指数或两个或以上债务基础上的为互换。窄基证券指数：期交会再次重申先前的解释，窄基证券指数是指数包含证券不超过9种。

“产品定义规则”就证券指数到底是窄基还是宽基提供了明确的认定标准。

① “Further Definition of ‘Swap,’ ‘Security - Based Swap,’ and ‘Security - Based Swap Agreement’; Mixed Swaps; Security - Based Swap Agreement Recordkeeping,” CFTC and SEC Joint Final Rule.

1. 证券指数是否属于窄基证券指数下的窄基的判断标准

(1) 数量和集中标准（Number and Concentration Critira）

如果下列任何一个问题的回答都是肯定的，则该指数是窄基的。

(a) 该指数是否有9个或9个以下的组合证券？

(b) 是否有组合证券在指数权重超过30%？

(c) 任何5只非关联发行人发行的证券在指数的权重是否超过60%？

(2) 平均日交易量测试（Average daily Trading Volume Test）

(d) 占指数权重25%的重最低的组合证券日平均交易交易量总价值低于5千万美元（或如果组合证券超过15只的情况下，少于3千万美元）。

2. 判断债务证券指数是否属于窄基证券指数的标准

(1) 数量和集中标准

如果下列3个问题任何1个回答都是肯定的，该指数是窄基。

(a) 该指数是否包含有9个以下非关联发行人发行的9只以下的债务证券？

(b) 包含在指数中组合证券的发行人是否在指数整个权重中占比超过30%以上？

(c) 5个非关联发行人的证券在指数权重中占比是否超过60%？

(2) 公开信息获得测试（public information availability Test）

如果上述3个问题的回答都是否定的，(d) ～ (h) 的情形都满足了，则该指数就只能是窄基的。

(d) 包含在指数中证券的发行人被按照1934年《证券交易法》13节或15 (d) 进行信息披露。

(e) 包含在指数中证券的发行人有一个世界范围的市场，非关联方持有其已发行的证券价值超过7亿美元。

(f) 包含在指数中的证券发行人已经发行的票据、债券、担保债券或债务凭证本金余额累计至少10亿美元。

(g) 按照《证券交易法》及其规则，该证券属于豁免证券。

(h) 包含在指数中证券的发行人是政府或外国或外国的一个政府部门。

3. 判断信用违约互换下证券指数是否属于窄基证券指数的标准

(1) 数量和集中标准

下列3个问题中任何1个回答是肯定的，则该指数就是窄基的。

(a) 指数组合证券或参考的证券的非关联发行人是否在9个以下？

(b) 指数中实际分配到某参考实体或发行人的证券的权重在整个权重是否超过30%？

(c) 指数中实际分配到任何5个非关联参考实体或证券的5个非关联发行人在指数中权重是否超过60%?

(2) 公开信息获得测试

如果上述3个问题都是否定的，且下列(d)～(j)个标准都满足了，则该指数也就是窄基的。

(d) 参考实体或证券发行人必须按照《证券交易法》或相关条例进行信息披露。

(e) 参考实体或证券发行人满足了《证券交易法》规则12g3-2(b)豁免的条件。

(f) 参考实体或证券发行人世界范围内已发行普通权益非关联人持有的权益市场价值超过7亿美元。

(g) 参考实体或证券发行人已发行的票据、债券、担保债券、贷款或债务凭证(除循环贷款外)本金余额至少为10亿美元。

(h) 指数中的参考实体是豁免证券发行人或包含在指数中的证券按照《证券交易法》3(a)(12)和相关规则是豁免证券。

(i) 参考实体或发行人是政府、外国政府或外国政府的政府部门。

(j) 如果参考实体或证券发行人是资产担保证券发行人，该资产担保证券是按照1933年《证券法》注册的并有公开可获得分销报告的。

14.4.3 证券交易与期货交易监管上差异

1. 在保护投资者上的差异

要求经纪商向客户推荐适合客户的交易是证交会对证券经纪业务监管的一个核心。而期交会一直拒绝采纳投资者适当性规则，只要求期货经纪商在向客户推荐或兜售期货产品时，提供风险披露文件。

2. 保证金在交易上的功能不同

国会在1934年《证券交易法》中作出了一个规定，即允许联储设定股票交易保证金水平。它指示证交会实施该规定。联储随后发布了T条例，将大多数股票保证金规定为50%。而期货合约交易的保证金一直都是由交易所，而不是监管机构确定的，虽然联邦政府试图加以控制。期货业一直抵制联邦政府插手干预保证金事项，即使是在能源和其他商品价格暴涨时，直到次贷危机发生。

3. 在内幕交易监管上宽松有别

证交会一直把阻止内幕交易作为执法重点。而与证交会相反，在国会要求对期货市场内幕交易研究后，期交会在1984年得出结论，不追随证交会在内幕交易监管上的立场。因为衍生品交易中使用的大多数信息都是市场信息，而不是上市公司有关的内幕信息。期交会认为交易者应当自由使用这些市场信息，以更好地为商品期货定价。期交会的立场最终被国会采纳，《商品交易法》规定，该法反欺诈条款不应被解读为要求任何人披露任何可能影响商品或交易价格、理论和水平的重大信息，除非向另外一个人作出披露是防止产生重大误导所必需的。

4. 在卖空上立场也有很大不同

证交会在历史上一直把证券单边买方市场（one sided - buy side），相反，期货交易者认可市场涨跌，商品市场做空和做多都被看做是发现价格同等重要的，而在证交会历史上一直把做空看做是操纵。2008 年 9 月 19 日，当雷曼向联邦破产法庭申请破产时，证交会暂时禁止了 799 家金融股票的卖空。

5. 期货市场与证券市场的监管力度也有很大差异

衍生行业，一直由芝加哥商品期货交易所领导，长期抵制监管，对期货市场的监管相对宽松；证券市场的监管则一直比较严格。

不过，从总体趋势来看，二者差异不是在扩大而是在缩小，尤其是 2007—2008 年金融危机后，期货行业的监管空前加强了，尤其是在打击投机的反市场操纵和内幕交易领域。2010 年美国国会通过的《金改法》第 753 节修订商品交易法，禁止任何违反该法颁布后 1 年内期交会颁布的规则或条例规定的“操纵性的或欺诈性手段或伎俩”。该规定刻意借用了 1934 年《证券交易法》第 10b 条反欺诈条款的措辞，从而引起了业界对期交会将制定类似证交会 10b - 5 那样的禁止内幕交易规则，法院将来也会直接移植证券内幕交易判例来处理期交会提起的反内幕交易案件的普遍担心。

期交会根据 753 节规定，采用了 180.1 和 180.2 规则，这些规则模仿了证交会 10b - 5 规则，规定“任何人，直接或间接使用或利用，试图使用或利用，在互换、州际商务商品出售、期货有关的交易中，任何操纵或欺诈的手段或伎俩”。尽管期交会否认在适用这些规则时直接援引证交会查处有关案件的先例，但也承认将受到 10b - 5 规则司法判例的指导。

后 记

我对衍生行业领域法律研究始于2008—2009年美国访学期间。其时金融危机全面爆发，作为一个长期研究金融法的学者，自然不会对金融危机发生的原因不加关注，这引领我进入了对冲基金、衍生行业等领域的法律研究。2009年回到北京后，得益于中国金融期货交易所研究上的合作和资助，我在期货法基础理论领域投入了大量时间、精力进行研究，并最终酿成此书（此书部分成果也是合作研究的产物）。

对于此书写作，我首先要感谢中金所杜惟毅先生，是他让我将金融衍生品研究切入期货法立法基础理论研究领域。

我还要感谢中金所法律部李鸣良博士、程红星博士、普丽芬博士和法律部其他年轻才俊们，以及中金所研发部的张晓刚主任、蔡向辉博士、于延超博士、邢雪飞博士等，我们在一起有过多次深入研讨，我从中收获良多。

此外，我还要感谢中金所，本书的写作和出版受益于中金所的支持与资助。

中国财富出版社科教分社主编寇俊玲和谷秀莉编辑为本书的顺利出版付出了很多心血，她们的耐心和敬业保证了本书的质量，我在此致以真诚的感谢。

最后，我要感谢恩师信春鹰先生在百忙之中挤出时间为本书作序。

贺绍奇

2015年6月